JN441458

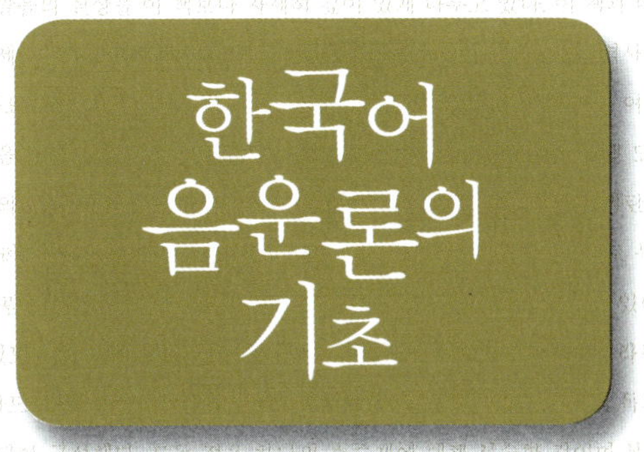

배주채 지음

삼경문화사

머리말

이 책은 한국어음운론의 기본적인 내용을 간결하고 평이하게 서술한 책이다. 언어학의 하위분야들 가운데 음운론은 딱딱하고 어려운 편이다. 더구나 한국어는 웬만한 언어들보다 음운론적으로 복잡한 언어이다. 그래서 한국어음운론을 체계적으로 서술한 책들은 대부분 딱딱하고 어렵고 복잡함을 면치 못한다. 그 결과 많은 사람들에게 한국어음운론은 오르지 못할 높고 험한 산으로 남아 있다. 이 책은 왕초보 독자들이 그 산의 등정에 자신 있게 도전할 수 있도록 도와줄 것이다.

누구든지 한국어음운론에 쉽게 다가갈 수 있도록 하기 위해 음운론이라는 이론을 직접 다루기보다 발음이라는 실제 현상을 살피는 과정에서 자연스럽게 이론을 깨달을 수 있도록 했다. 또 한국어의 발음은 한글표기와 매우 규칙적으로 대응하므로 표기도 함께 다루었다. 그렇지만 1장에서 강조한 것처럼 독자들은 표기와 발음을 잘 구별해야 할 것이다.

이 책은 전체 내용을 11개의 장(章), 89개의 절(節)로 나누고 각 절을 똑같은 체제와 분량에 담아 구성했다. 모든 절은 하나의 소주제에 대해 서술한 것이며 본문, 심화학습, 탐구문제로 이루어져 있다.

- 본문: 소주제에 관한 기본적인 사항들을 짤막짤막한 명제들로 쪼개 단순하게 설명하면서 일상적이고 전형적인 용례들을 함께 제시해 쉽게 이해할 수 있게 했다. 문장으로 서술하기에 복잡한 내용은 표로 일목요연하게 정리했다.
- 심화학습: 본문의 내용을 잘 이해한 독자가 조금 더 높은 수준으로 나아가는 데 도움이 되는 내용을 서술했다.
- 탐구문제: ①은 본문의 내용을 이해했는지 확인하는 평범한 문제이다. ❷는 본문이나 심화학습의 내용을 활용한 복합적인 문제 또는 비판적인 안목을 기르도록 자극하는 문제이다. 탐구문제 전체에 대한 자세한 풀이를 부록에 실었다.

초보 수준의 독자는 본문과 탐구문제 ①만 독파할 것을 권한다. 본문과 탐구문제 ①이 쉽게 느껴지는 독자는 심화학습과 탐구문제 ❷를 통해 사고의 지평을 넓힐 수 있다.

어느 시점엔가 이 책의 수준을 넘어서게 된 독자에게는 다음 책들이 도움이 될 것이다.

(1) 배주채, 《한국어의 발음》, 삼경문화사, 2003(초판)/2013(개정판).
(2) 이진호, 《한국어의 표준 발음과 현실 발음》, 아카넷, 2012.
(3) 배주채, 《국어음운론 개설》, 신구문화사, 1996(초판)/2011(개정판).
(4) 이진호, 《국어 음운론 강의》, 삼경문화사, 2005(초판)/2014(개정판).
(5) 최명옥, 《국어 음운론》, 태학사, 2004(초판)/2008(제2판).
(6) 신지영, 《말소리의 이해》, 한국문화사, 2000(초판)/2014(개정판).

(1)은 한국어 발음의 실상을 이 책보다 자세히 깊이 있게 다루고 있다. 이 책과 마찬가지로 이론적 설명보다는 다양한 사례와 자료의 분석에 중점을 두고 있다. (2)는 〈표준 발음법〉과 〈한글 맞춤법〉의 발음 관련 조항들을 상세히 해설한 책이다. 관련 연구 논저들의 인용과 함께 발음의 역사적 변화 및 여러 방언의 발음도 다루고 있다.

한국어음운론이라는 학문에 본격적으로 진입하고자 하는 독자에게는 한국어음운론의 주요 개념을 간결하게 설명한 (3)이 도움이 될 것이다. (4)는 한국어음운론의 여러 개념과 쟁점을 더 자세히 서술한 책이다. (5)는 생성음운론이라는 이론에 맞추어 한국어음운론을 체계적으로 서술한 책이다. (6)은 자음과 모음을 중심으로 한국어의 발음을 음성학의 관점에서 이해하는 데 도움을 준다.

아무쪼록 이 책을 읽는 모든 이들이 발음의 오묘한 이치를 깨닫고 한국어의 조화로운 짜임새를 발견함과 더불어 음운론의 줄거리를 붙잡아 전보다 더 환해진 세상을 느끼게 되기를 바란다.

2015년 5월 25일

지은이 씀

차례

한국어음운론의 기초

차례

차례

1

기본 개념

내가 하는 말 거꾸로 말해 봐.
"다 같은 것은 같다."

"다같 은것 은같 다"
"다 같은 것은 같다."
똑같네!

"다 같은 것은 같다."를 [다 가튼 거슨 갇따]라고 발음했겠지.
그걸 거꾸로 말하면 [따갇 슨거 튼가 다].
아무 말도 아닌데?

1.1. 표준발음과 현실발음

◆ **표준어**는 규범으로 정해진 언어이다. 표준어와 **현실어**는 완전히 일치하지는 않는다.

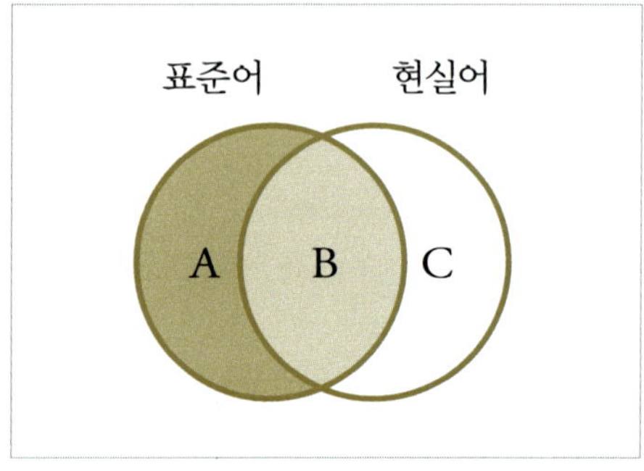

◆ A는 표준어이지만 현실어로 쓰이지 않는 말이다.

- 동사 '비우다'의 과거형 '비우었다'는 표준어형이지만 현실어로 쓰이지 않는다.

◆ B는 현실어로 쓰이는 표준어이다.

◆ C는 현실어로 쓰이지만 표준어가 아닌 말이다.

- 간접인용의 표현 '한다라고'는 표준문법에 어긋난다.
- '으스스하다'를 뜻하는 '으시시하다'는 표준어휘에 속하지 않는다.
- '신문'의 발음 [심문]은 표준발음이 아니다.
- 현실어에서 '흔듦'을 '흔듬'으로 적기도 하지만 표준표기가 아니다.

◆ 한국어의 발음을 기술할 때 **표준발음**만을 대상으로 할 수는 없다. 예를 들어 [ㅔ]와 [ㅐ]를 구별해 발음하는 사람이 거의 없는데 표준발음에 따라 둘을 다른 모음으로 기술하면 현실을 제대로 반영하지 못하게 된다. 따라서 **현실발음**도 기술 대상으로 삼아야 한다.

◆ 이 책에서는 **중앙어**(수도권의 현실어) 중에서 청장년층의 발음이 한국어의 현실발음을 대표한다고 간주하고 표준발음과 현실발음을 모두 기술하되 현실발음을 더 중요하게 다룬다.

심화학습

- 표준어는 인위적으로 정해 놓은 언어이다. 표준어는 한번 정해 놓으면 그것을 개정하기 전에는 변하지 않는다. 그러나 현실에서 우리가 사용하는 실제 언어는 시간의 흐름에 따라 끊임없이 변화하고 있다. 그렇기 때문에 표준어와 현실어가 불일치하는 부분이 있을 수밖에 없다.

- 한 언어를 구성하는 주된 요소는 어휘, 문법, 발음(음성), 표기(문자)의 네 가지이다. 표준어와 현실어도 이 네 가지 요소로 이루어져 있다.
  - 표준어: 표준어휘, 표준문법, 표준발음, 표준표기
  - 현실어: 현실어휘, 현실문법, 현실발음, 현실표기

- 《표준국어대사전》에는 '현실어', '표준발음', '현실발음', '중앙어' 같은 용어가 표제어로 실려 있지 않다. 그렇지만 한국어의 어떤 발음을 기술의 대상으로 삼을지를 논의할 때 이런 용어가 꼭 필요하다.

탐구문제

1. 언어 이외의 문제에서 규범과 현실이 불일치하는 사례를 들어 보라.

2. 다음 말들은 본문의 A, B, C 중 어디에 속하는지 말해 보라.
   - 에서야: 편지가 오늘에서야 도착했다.
   - 윈도우: 윈도우 프로그램을 다시 깔았다.
   - 떨구다: 조용히 눈물을 떨구었다.
   - 뭐: 뭐에 불은 왜 켜 놨니?
   - 방구, 끼다: 너 방구 꼈지?
   - [버스]: [버스]를 기다린다.
   - [쎈치]: 24인치는 몇 [쎈치]야?

1.2. 표준 발음법

- 한국어의 표준발음을 규정한 것이 〈표준 발음법〉(1988)이다. 부록 참조.
- 〈표준 발음법〉은 30개의 조항에서 간단한 규칙과 몇몇 예를 통해 표준발음을 규정하고 있다.
- 〈표준 발음법〉이 한국어의 모든 단어에 대해 표준발음을 알려 주지는 않는다.
- 단어별 표준발음은 국립국어원 홈페이지(http://www.korean.go.kr)에 실려 있는 《표준국어대사전》에서 찾을 수 있다.
- 사전은 표제어로 올라 있는 말에 대해서만 발음정보를 제공한다는 한계가 있다. 표제어로 올라 있지 않은 '없을 듯하다' 같은 말의 발음을 사전에서 확인할 수는 없는 것이다. '없을 듯하다'의 표준발음은 [업:쓸뜨타다]이며 '없다, 듯하다'에 대한 사전의 발음정보와 함께 〈표준 발음법〉의 규칙을 잘 적용해야 알아낼 수 있다.
  - 《표준국어대사전》에서 확인할 수 있는 내용: 없다 [업:따], 듯하다 [드타다]
  - 〈표준 발음법〉의 규칙을 적용해 확인할 수 있는 내용: 없을 [업:쓸], 없을 듯하다 [업:쓸뜨타다]
- 북한의 표준어는 **문화어**라 부른다. 북한의 표준발음에 관한 규정은 〈문화어 발음법〉(1988)에 나와 있다.
- 북한의 단어별 표준발음은 《조선말 대사전》(초판 1992, 증보판 2005)에 나와 있다.
- 남북한의 표준발음은 큰 차이가 없다. 남북의 언어적 차이는 발음보다는 어휘에 집중되어 있다.

심화학습

- 《표준국어대사전》은 1999년에 종이사전의 형태로 초판이 발행되었고 2008년에 국립국어원 홈페이지를 통해 웹사전 형태로 개정판이 발행되었다. 《네이버 국어사전》(http://dic.naver.com/)은 이것을 바탕으로 한 것이다. 한편 《고려대 한국어대사전》(2009)은 현실어를 많이 반영한 것이 특징인데 발음표시는 《표준국어대사전》과 거의 같다. 《다음 국어사전》(http://dic.daum.net/)은 이 사전을 바탕으로 하고 있다.

- 최근의 전자사전들은 표제어의 발음을 녹음된 음성으로 들려 주는 기능을 가지고 있어서 사전 이용자가 발음을 실감 나게 확인할 수 있다. 종이사전은 발음을 글자로 적어 줄 수밖에 없기 때문에 발음표시가 다소 추상적이고 이해하기 어려울 수 있다. 그러므로 전자사전의 출현은 발음정보를 쉽고 정확히 제공하고자 하는 사전 편찬자에게 획기적인 사건이다.

탐구문제

1 다음 말들의 표준발음이 무엇인지 조사해 보라.

- 교과서, 식용유
- 비곗살
- 독하다
- 놓다, 놓지, 놓았겠어요

2 다음 말들의 남북한 표준발음을 사전에서 찾아 비교해 보라.

- 독립
- 사건, 창고
- 인간적
- 같이
- 독하다

1.3. 표기와 발음

◆ 한글은 **표음문자**(表音文字)이기 때문에 표기와 발음이 일치해야 이상적일 것이다. 그러나 한국어를 소리 나는 대로만 적으면 읽고 이해하기가 불편한 경우가 꽤 많다. 그래서 한글맞춤법은 표기가 부분적으로 발음과 달라지더라도 독해(讀解)가 편리하도록 정해졌다.

◆ 발음이 같은 단어를 **동음어**라 한다. 동음어 중에는 '배(인체)'와 '배(과일)'처럼 표기까지 똑같은 것도 있지만 표기가 다른 동음어도 많다. 이때 표기와 발음을 구별해 인식할 필요가 있다.

◆ 발음이 같지만 표기가 다른 단어

- 너머/넘어, 저기/적이, 기피(忌避)/깊이, 바름/발음(發音), 지반(地盤)/집안, 지피다/짚이다/집히다, 낫/낮/낯, 빗/빚/빛, 입/잎, 밑신개/밑씻개, 묵다/묶다, 삼다/삶다, 익다/읽다, 다치다/닫치다/닫히다, 마치다/맞히다, 부치다/붙이다

◆ 원래는 동음어가 아니었지만 현실어에서 [ㅐ]와 [ㅔ]가(일부 자음 뒤에서는 [ㅒ]와 [ㅖ]까지도) 발음이 같아지고 모음의 길이를 구별하지 않게 되면서 똑같이 발음하게 된 단어

- 개/게/걔/계(計), 개집/게집/계집, 매다/메다, 재적생(在籍生)/제적생(除籍生), 패기(覇氣)/폐기(廢棄), 중개(仲介)/중계(中繼), 사레/사례(謝禮), 결재(決裁)/결제(決濟), 재고(再考)/제고(提高), 펜(pen)/팬(fan)

◆ 원래는 동음어가 아니었지만 현실어에서 [ㅙ, ㅞ, ㅚ]의 발음이 같아지고 모음의 길이를 구별하지 않게 되면서 똑같이 발음하게 된 단어

- 꽤/꾀, 금궤(金櫃)/금괴(金塊), 괘도(掛圖)/궤도(軌道)/괴도(怪盜), 왜국(倭國)/외국(外國)

◆ 발음을 기술하는 일은 주어진 발음을 맞춤법에 얽매이지 않고 정확하게 한글로 적는 데서 시작된다.

심화학습

- 동음어는 동음동철어와 동음이철어를 합친 개념이다.

유형			뜻
동형어	동음어	동음동철어	발음도 같고 표기도 같은 단어
		동음이철어	발음은 같고 표기는 다른 단어
	이음동철어		표기는 같고 발음은 다른 단어
이형어	이음이철어		발음과 표기가 모두 다른 단어

- 한글을 배우는 초기에는 맞춤법에 맞게 적기가 어렵다. 그러나 맞춤법에 어느 정도 익숙해진 후에는 소리 나는 대로 적기가 오히려 더 어려울 수 있다. 맞춤법에 맞게 적는 것은 단어마다 정해져 있는 표기를 따라 적기만 하면 된다. 그에 반해 소리 나는 대로 적을 때는 그 순간에 난 발음이 무엇인지에 대해 사람마다 다르게 판단하는 일이 흔하다.

탐구문제

1. 현실어를 소리 나는 대로 적은 다음 문장들의 뜻을 추측하여 맞춤법에 맞게 적어 보라.
   - [누니마니와서기리끙켜떼요]
   - [도저이이쓸쑤가엄는니리라고마레따]

2. 다음은 현실어에서 동음어들이다. 각 단어의 의미를 문맥으로써 분명히 확인할 수 있는 예문을 단어마다 하나씩 만들어 보라.
   - 빗/빚/빛
   - 결재/결제
   - 금궤/금괴
   - 마치다/맞히다

한국어음운론의 기초

2

음성기관

'君(군)'의 첫소리는 어금닛소리지.
혓바닥 안쪽이 입천장에 닿는단 말이야.
그럼 어느 그림을 가지고 글자 모양을 정하면 좋을까?

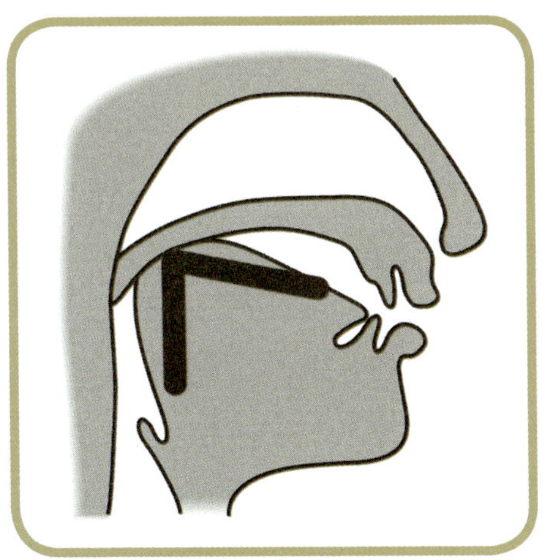

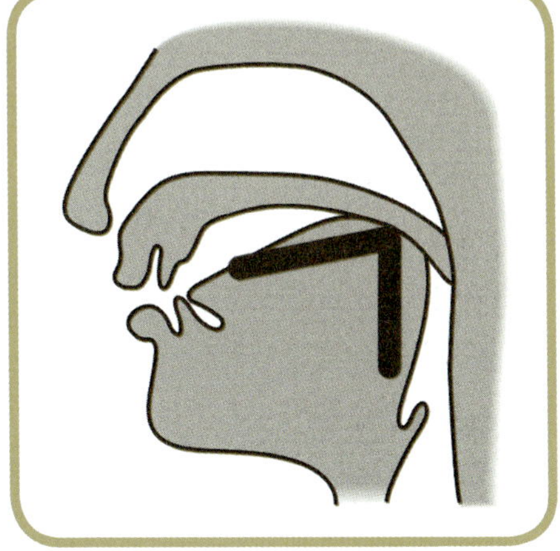

2.1. 음성기관의 모습

◇ 발음할 때 사용하는 인체의 여러 기관을 음성기관이라 한다.

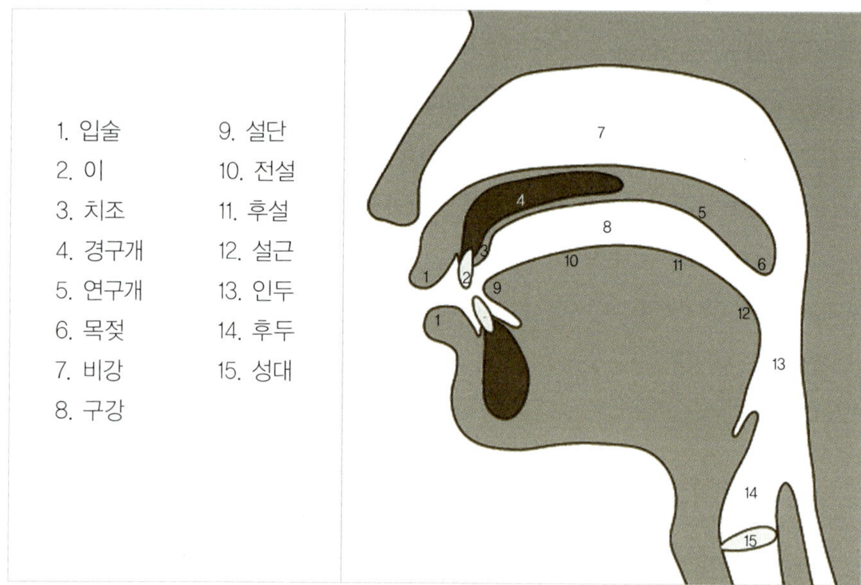

◇ 일반적으로 음성은 허파에서 출발한 공기가 기관(氣管), 후두, 인두, 목젖, 그리고 구강이나 비강을 통과하면서 만들어진다. 좋은 발음은 이러한 여러 음성기관의 정확한 움직임으로부터 나온다.

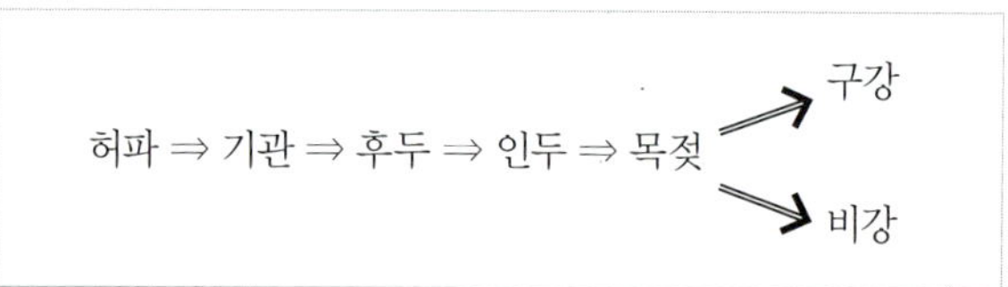

◇ 발음할 때 가장 많은 역할을 하는 기관은 후두에 있는 성대와 구강에 있는 혀이다.

심화학습

- 음향학은 모든 종류의 소리를 과학적으로 연구하는 물리학의 한 분야이다. 음성학은 음향(音響) 가운데 특별히 음성(音聲 speech sound =말소리)만을 연구한다. 물리학과 언어학의 경계에 있는 분야이다.
- 음성기관에서 음성이 만들어지는 양상을 연구하는 음성학을 조음음성학이라 한다.
- 음성기관에서 음성을 만들어 내는 일을 조음(調音)이라 한다. 음성기관을 가지고 공기의 흐름을 잘 조절(調節)해야 원하는 음성을 만들어 낼 수 있으므로 '지을조(造)'가 아닌 '고를조(調)'를 쓴다.

탐구문제

1. '가, 나, 다 …… 하'를 발음하면서 들이쉬는 숨을 이용해 발음해야 하는 경우가 있는지 관찰해 보라.

2. 《훈민정음해례》(1446)의 〈서문〉에서 정인지(鄭麟趾)는 한글로 바람 소리, 학 울음소리, 닭 울음소리, 개 짖는 소리도 적을 수 있다고 했다. 아래의 내용을 참고하여 현대언어학의 관점에서 정인지의 서술을 어떻게 이해하는 것이 합리적인지 생각해 보라.

   음성(말소리)은 구어를 실현하는 수단으로서 분절음과 음절 같은 음성단위들로 구성되어 있다. 사람의 웃음소리, 울음소리, 재채기하는 소리, 기침하는 소리, 코 고는 소리, 휘파람 소리도 모두 음성기관에서 나는 소리이지만 음성단위로 구성되어 있지 않기 때문에 언어학적으로는 음성으로 인정하지 않는다. 웃음소리를 묘사한 의성어 '하하하, 깔깔깔, 킥킥' 등은 분절음과 음절로 구성되어 있다. 그렇지만 웃음소리 자체는 의성어가 아니다. 위의 여러가지 소리들과 그것들을 묘사한 의성어는 서로 다른 존재인 것이다.

2.2. 성대와 목젖

- **성대**(聲帶)는 후두와 기관(氣管) 사이에서 문 역할을 하는 근육이다. 성대의 틈을 **성문**(聲門)이라 부른다.
- 성대를 움직여 성문을 통과하는 공기의 흐름을 조절한다.
- 성대가 서로 가볍게 붙은 상태에서 기관으로부터 공기가 나오면 공기의 압력 때문에 성대가 잠깐 동안 떨어져 소량의 공기가 지나간 후 다시 성대가 붙고 다시 떨어졌다 붙고 하는 동작이 빠른 속도로 반복된다. 이것이 성대의 진동이다.
- 성대가 진동하여 나는 음성을 **유성음**(有聲音)이라 한다. **무성음**(無聲音)은 성대의 진동이 없는 상태에서 만들어진다.
- **목젖**은 입천장의 안쪽 끝에 목구멍 쪽으로 늘어진 살이다.
- [압]의 [ㅂ]을 발음할 때는 목젖이 목구멍의 뒷벽에 붙어 코로 통하는 길을 막으므로 공기가 비강(鼻腔)으로 나가지 못한다. [ㅂ]처럼 비강으로 공기가 지나가지 않고 발음되는 음성을 **구강음**(口腔音)이라 한다.
- [암]의 [ㅁ]을 발음할 때는 목젖이 목구멍의 뒷벽과 떨어져 코로 통하는 길이 열리므로 공기가 비강으로 나갈 수 있다. [ㅁ]처럼 비강으로 공기가 지나가면서 발음되는 음성을 콧소리 또는 **비강음**(鼻腔音) 또는 **비음**(鼻音)이라 한다.

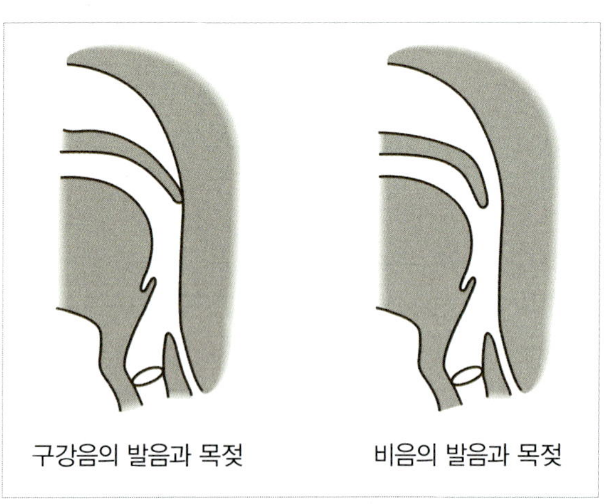
구강음의 발음과 목젖　　비음의 발음과 목젖

심화학습

◆ 성대를 위에서 내려다본 모습

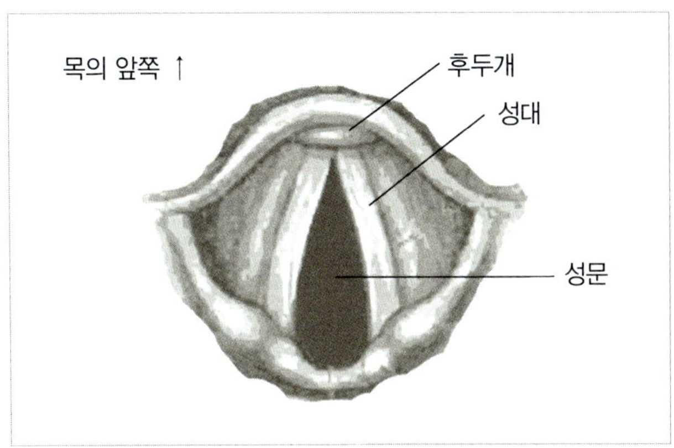

탐구문제

1 [압]과 [암]의 [ㅂ]과 [ㅁ]을 얼마나 오래 발음할 수 있는지 관찰해 보라. 숨이 계속되는 한 계속 발음할 수 있는 것은 어느것인가? 발음을 계속할 수 있는 경우에 공기는 어디로 새어나오는가?

2 다음 문장을 최대한 멀리 들리지 않게 다양한 방법으로 말해 보라. 어떤 방법이 효과가 큰가?

- 내가 누군지 알아맞히면 천재라고 부를게.

2.3. 혀와 입천장

◇ 혀는 음성기관 중 가장 자유롭게 움직이는 기관이므로 발음을 다양하게 만들어 내는 데 가장 크게 기여한다.

◇ 모음을 다양하게 구별하는 데 혀가 중요하게 쓰인다. 혀의 위치가 다르면 구강과 인두강의 크기가 달라져서 소리의 울림이 달라지고 모음의 음가가 달라진다. 예를 들어 [ㅣ]를 발음할 때는 구강이 작고 인두강이 크며 [ㅜ]를 발음할 때는 그 반대이다.

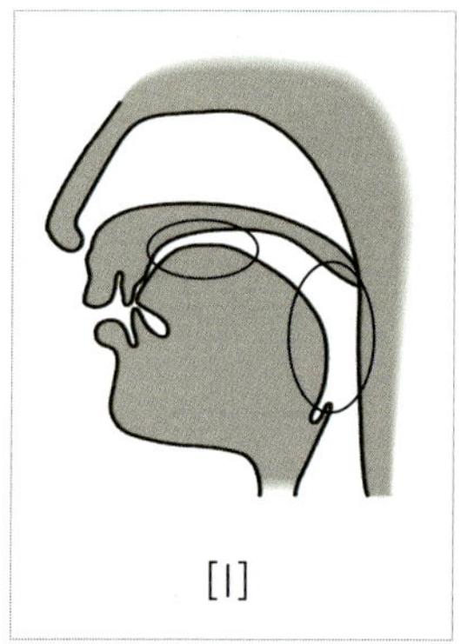

[ㅣ]

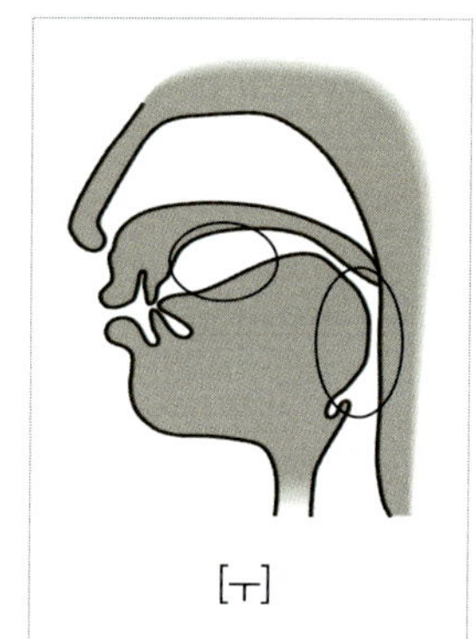

[ㅜ]

◇ 자음을 발음할 때는 혀의 어느 부위를 입천장의 어느 부분에 대거나 접근시키느냐에 따라 음가가 달라진다.

◇ 혀는 **설단**(舌端, 혀끝), 혓바닥, **설근**(舌根, 혀뿌리)으로 나누어진다.

◇ 설단은 다른 부위들보다 움직임이 자유로워서 비교적 많은 자음을 구별하는 데 쓰인다.

◇ 혓바닥을 두 부분으로 나누면 **전설**(前舌)과 **후설**(後舌)로 나눌 수 있고 세 부분으로 나누면 전설, **중설**(中舌), 후설로 나눌 수 있다.

◇ 입천장은 **치조**(齒槽, 치경 齒莖), **경구개**(硬口蓋), **연구개**(軟口蓋)로 나누어진다.

◇ 치조는 윗니 뒤쪽의 도드라진 잇몸이다. 치조는 설단과의 협력을 통해 다양한 자음을 만들어낸다.

심화학습

- 음성기관으로서의 혀의 중요성은 인류가 오랜 옛날부터 인식하고 있었다. 일부 언어에서 '혀'를 가리키는 단어를 '말, 언어'의 뜻으로 사용하는 것이 그 증거이다. '혀'를 뜻하는 영어 'tongue'과 프랑스어 'langue'는 '언어'를 뜻하기도 한다. 중국 고전에서 '삼촌설(三寸舌)'이라는 표현은 길이가 세 치밖에 안 되는 짧은 혀라는 뜻으로, 사람을 움직이는 뛰어난 언변을 비유할 때 자주 쓰였다. 한국어에서 '혀를 놀리다'는 말을 한다는 뜻의 숙어로 쓰인다.
- 설근은 자유롭게 움직이기 어려워 자음의 발음에 기여하는 바가 적다.
- 발음할 때 혀와 입천장의 자연스러운 짝은 다음과 같다.
  - 설단 — 윗니와 치조
  - 전설 — 경구개
  - 후설 — 연구개

탐구문제

1. '가, 나, 다 …… 하'를 발음할 때 혀를 움직이지 않고도 발음할 수 있는 것이 있는지 관찰해 보라.

2. 윗니, 윗잇몸과 달리 아랫니, 아랫잇몸이 음성을 만드는 데 별다른 역할을 하지 않는 이유를 생각해 보라.

한국어음운론의
기초

3

분절음과 초분절음

3.1. 분절음

◆ 우리가 사용하는 말은 아무리 긴 말이라도 기본적으로 문장의 연속으로 이루어져 있다. 문장은 더 작은 **언어단위**로 분석된다.

- 문법단위: 형태소, 단어, 문장
- 음성단위: 분절음, 음절

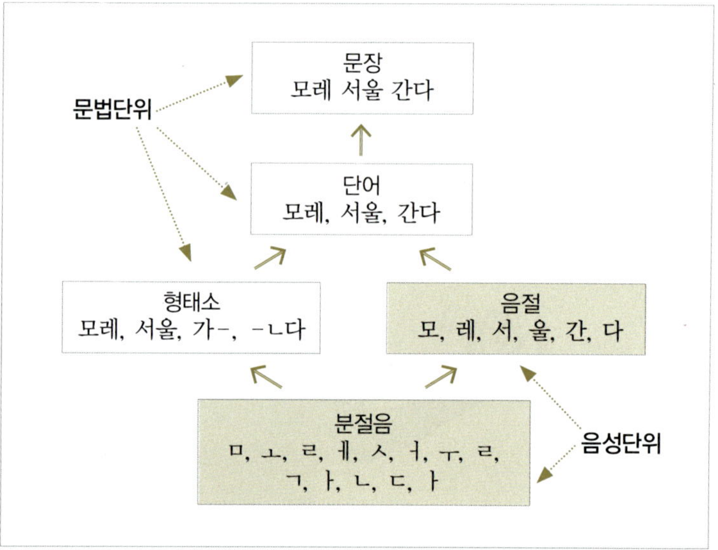

◆ 작은 언어단위가 더 큰 언어단위를 구성하는 방식은 **단선적**(單線的)이다. 예를 들어 **분절음**(分節音 segment)을 한 줄로 연결하면 음절이 될 수 있고, 음절을 한 줄로 연결하면 단어가 될 수 있으며, 단어를 한 줄로 연결하면 문장이 될 수 있다는 뜻이다.

◆ 분절음은 자음, 모음, 반모음으로 나누어진다.

◆ **음성단위**는 음성학과 음운론에서, **문법단위**는 문법론과 어휘론과 의미론에서 연구한다.

심화학습

- 언어단위 결합의 단선성 때문에 단위들의 순서가 매우 중요하다. 예를 들어 어순이 바뀌면 문법단위들의 문법기능이 달라지기도 하고 의미가 달라지기도 하며 경우에 따라서는 옳은 문장이 틀린 문장이 되기도 한다. 음운론에서도 음성단위의 순서는 매우 중요하다. 예를 들어 음절 '막'과 '흑'을 '막흑'의 순서로 연결하면 [마큭]으로 발음되고 '흑막'의 순서로 연결하면 [흥막]으로 발음되어 발음이 꽤 다르다.

탐구문제

1 다음 문장을 분석해서 얻어지는 음절과 분절음을 순서대로 나열하고 음절 수와 분절음 수의 비율을 계산해 보라.

> 물도 공기만큼 중요하다. [물도 공기만큼,중요하다]

- 음절:
- 분절음:
- 음절 : 분절음=

2 언어단위로 분석한 결과 분절음도 하나이고 음절도 하나이고 형태소도 하나이고 단어도 하나인 말이 있을 수 있는지 생각해 보라.

3.2. 음소와 변이음

◆ 분절음은 분석의 정밀한 정도에 따라 **음성**(phone)과 **음소**(音素 phoneme)로 나누어진다.

- 음성: 원어민이 인식하지 못하는 음성적 차이까지 정밀하게 분석한 분절음. [ ] 안에 음성기호로 적는다.
- 음소: 원어민이 인식하고 있는 음성적 차이를 기준으로 분석한 분절음. / / 안에 음성기호 또는 한글로 적는다.

◆ 명사 '고기'의 발음을 적는 방법은 두 가지가 있다.

적는 방법	음성전사=정밀전사	음소전사=간략전사
뜻	음성을 단위로 하여 표기함	음소를 단위로 하여 표기함
'고기'의 발음	[kogi]	/koki/=/고기/=[고기]

◆ [kogi]를 구성하는 [k], [o], [g], [i]가 각각 음성이고, /koki/를 구성하는 /k/, /o/, /k/, /i/가 각각 음소이다.

◆ 한글은 낱글자가 대체로 음소에 대응하는 **음소문자**이다. 그래서 [고기]와 /고기/와 /koki/가 모두 똑같은 **음소전사**(音素轉寫 phonemic transcription)가 된다. 이 책에서 발음을 한글로 적을 때 일상적인 용법에 따라 /고기/ 대신 [고기]로 적을 것이다.

◆ 한국어 원어민은 음소 [ㄱ]을 자동적으로 음성환경에 따라 무성음 [k]와 유성음 [g]로 발음한다. 그리고 [k]와 [g]를 서로 다른 소리로 인식하지 못한다. 이것은 어린 시절에 굳어진 발음습관이므로 고치기가 어렵다.

◆ 음성 [k]와 [g]를 음소 [ㄱ]에 속하는 **변이음**(變異音 allophone 또는 **이음** 異音)이라 부른다.

◆ 음소 /k/와 /g/를 구별하는 언어의 화자는 [kogi]라는 발음을 듣고 [k]와 [g]가 서로 다른 음성임을 쉽게 인식한다. 그러나 그들이 [k]와 [g]를 자동적으로 음성환경에 맞게 발음하려면 많은 연습이 필요하다.

심화학습

- 음소를 음운(音韻)이라 부르기도 한다. 음소와 음운을 서로 다른 뜻으로 사용할 때도 있는데 그때는 음소보다 음운이 더 넓은 범위를 뜻한다. 음소를 분절음소의 뜻으로 사용하고 음운을 분절음소와 초분절음소를 모두 가리키는 것으로 사용하는 것이 그 예이다. 또 음운을 문법, 어휘와 대립하는 언어부문의 이름으로 사용할 때는 음운이 뜻하는 범위가 가장 넓다.
- 음성을 좁은 의미로 사용할 때는 음소와 대립하는 'phone'을 가리키고, 더 넓은 의미로 사용할 때는 말소리(speech sound)를 가리키기도 하고 음운부문을 가리키기도 사용한다. 혼란을 줄이기 위해 'phone'을 단위음(單位音)이나 단음(單音)으로 번역하기도 한다.
- '물, 불, 뿔, 풀'은 첫 분절음만 달라서 서로 다른 단어로 구별된다. 이러한 단어의 무리를 최소대립어 또는 최소대립쌍이라 한다. 최소대립어는 둘 이상의 음성이 서로 다른 음소임를 증명하는 증거로 이용된다. 이 네 단어는 한국어에 [ㅁ], [ㅂ], [ㅃ], [ㅍ]이라는 네 음소가 존재함을 증명한다.

탐구문제

1 한글을 음소문자로 분류하는 이유를 다음의 'ㄹ'을 가지고 설명해 보라.

- 달[tal]
- 달이[tari] 뜬다.

2 다음 예들 중에서 최소대립어인 것과 아닌 것을 구분해 보라. 그리고 그 이유를 설명해 보라.

① 지갑, 직업 ② 반달, 발달 ③ 같지, 갔지 ④ 어떻게, 어떡해

3.3. 초분절음

◆ 음절을 구성하는 음성단위로 분절음 외에 **초분절음**(超分節音 suprasegmental)도 있다. 초분절음에 대한 화자의 인식은 분절음보다 약하다.

◆ 초분절음은 음성학적으로 세 종류로 나누어진다.

- 음장(音長): 장단(長短), 소리의 길이
- 음고(音高): 고저(高低), 소리의 높이
- 음강(音强): 강약(强弱), 소리의 세기

◆ 초분절음은 모음에 얹혀(모음과 동시에) 실현될 때가 많다.

◆ 음고가 단어와 단어를 구별하는 기능을 가지고 있을 때 **성조**(聲調 tone)라 한다.

◆ 경상방언, 함경방언, 그리고 강원도 동해안 지역의 방언(영동방언)에 성조가 있다. 이들 방언의 성조로는 고조(高調 H), 저조(低調 L), 상승조(上昇調 R)가 쓰인다.

- 경남방언에서는 수다스럽다는 뜻의 문장 "말이 많다."(저고 저고 LH LH)와 동물인 말에 관한 문장 "말이 많다."(고저 저고 HL LH)가 성조로써 구별된다.

◆ 15세기 한국어에도 성조가 있었다. 옛 문헌에 쓰인 **방점**(傍點)이 성조를 나타내는 기호였다. 방점이 하나면 거성(去聲 고조)이고 둘이면 상성(上聲 상승조)이며 없으면 평성(平聲 저조)이었다.

◆ 음고가 단어의 의미와 관계없이 문장의 의미에 변화를 줄 때 **억양**(抑揚 intonation)이라 한다. 억양은 언어보편적으로 나타난다.

- "말이 많아요."의 끝이 낮아지는 억양은 평서문임을 표시하고 "말이 많아요?"의 끝이 높아지는 억양은 의문문임을 표시한다.

◆ 단어를 구별하거나 문장의 의미에 변화를 주기 위해 사용하는 음강을 **강세**(强勢 stress)라 한다. 한국어에서는 문장 안에서 강조할 말을 강하게 발음하는 문장강세만 쓰인다.

심화학습

- 초분절음을 운율적 요소(prosodic feature) 또는 운소(韻素 prosody)라고도 한다.
- 문학에서의 운율(韻律 prosody)은 음절률(音節律), 음위율(音位律), 음성률(音聲律)로 나눈다. 음절률은 음절의 수에 규칙성이 있는 것이라서 초분절음과는 관계가 없다. 음위율은 일정한 위치에 같은 단어나 형태소 또는 분절음이나 초분절음이 반복적으로 나타나는 현상이다. 시를 지을 때 이렇게 음위율을 맞추는 것을 압운(押韻)이라 한다. 음성률은 초분절음이 연결되는 유형에 관한 것이다. 그러므로 음위율 일부와 음성률이 초분절음에 바탕을 두고 있다.
- 영어에는 단어강세가 있어서 강세의 위치가 단어와 단어를 구별한다. 중국어에는 성조가 있다. 일본어에는 악센트가 있다고 말한다. 일본어의 악센트는 한국어 방언의 성조와 유사하다.

탐구문제

1. "말이 많다."(수다스럽다는 뜻)의 성조 실현에 관한 다음 표를 참고하여 시대어와 방언 간의 초분절음의 대응관계를 말해 보라. '상'은 상성, '거'는 거성, '장'은 장음, '단'은 단음을 나타낸다.

시대어와 방언	15세기 한국어	경남방언	함경방언	전남방언
성조의 실현	상거상거	LHLH	HLHL	장단장단

2. 성조가 있는 방언의 사전을 편찬할 때 성조를 표시해야 하는지 생각해 보라.

3.4. 어휘적 장음

◇ **음장**(音長)은 장음(긴소리)과 단음(짧은소리)으로 이루어진다.

◇ 표준어에는 첫음절의 모음이 **단모음**(短母音)이냐 **장모음**(長母音)이냐에 따라 구별되는 단어들이 있다. 이들은 최소대립어이다.

- 눈(인체) / 눈:(날씨)
- 말(동물), 말(부피의 단위) / 말:(언어)
- 밤(야간) / 밤:(과일)
- 병(甁) / 병:(病)
- 광주(光州) / 광:주(廣州)
- 단모음(單母音) / 단:모음(短母音)
- 방화(防火) / 방:화(放火)
- 수직선(垂直線) / 수:직선(數直線)
- 연기(煙氣), 연기(延期) / 연:기(演技)
- 전력(全力) / 전:력(電力), 전:력(戰力)
- 정(丁) / 정:(鄭) 예 정약용(丁若鏞) / 정:몽주(鄭夢周)
- 조(曺) / 조:(趙) 예 조식(曺植) / 조:광조(趙光祖)
- 키 / 키:(key)

◇ 표준어 단어의 첫음절에 쓰인 장음을 **어휘적 장음**이라 부른다. 단어를 구별하는 데 쓰이는 장음이라는 뜻이다.

◇ **비어두 단음화**(短音化): 원래 장모음이던 것이 비어두(非語頭), 즉 단어의 첫음절이 아닌 곳에 놓이면 단모음이 된다.

- 첫+눈:→첫눈 정:+말:→정:말
- 구운+밤:→군:밤 고:속+도:로→고:속도로

◇ 현실어에서 음장은 일부 지역의 노년층에만 남아 있고 장년층 이하는 대체로 음장을 구별하지 못한다. 국어사전은 장모음을 가진 모든 단어에 장음부호를 표시하고 있지만 현실발음에서는 무시되고 있다.

심화학습

- 음장과 장음은 다른 말이다. 장음은 긴소리와 같은 말이고 음장은 소리의 길이와 같은 말이다. 음장에는 장음과 단음이 모두 포함된다.
- 전통적인 한국 방언에 대한 조사에 따르면 한반도 북부의 낭림산맥, 중부의 태백산맥, 남부의 소백산맥을 경계로 하여 서쪽은 음장방언권, 동쪽은 성조방언권이다. 제주방언에는 음장도 성조도 없다.

탐구문제

1. 다음 단어들의 뜻과 표준발음을 국어사전에서 찾아 보고 각 쌍이 동음어인지 아닌지 말해 보라.
   - 반감(反感) / 반감(半減)
   - 의사(醫師) / 의사(義士)
   - 제설(除雪) / 제설(製雪)

2. 〈표준 발음법〉의 제6항 [붙임]에 따르면 다음과 같은 경우에 장음화가 일어난다. 이때 장음화가 일어나는 이유가 무엇인지 생각해 보라.
   - 보아 → 봐 [봐:]
   - 두어 → 둬 [둬:]

3.5. 표현적 장음

◇ **표현적 장음**은 특정한 단어의 어감(語感)을 변화시키기 위해 사용하는 장음이다. 단어가 원래 가지고 있는 **어휘적 장음**과 구별된다.

◇ 어두의 표현적 장음은 정도를 강조하여 어감을 변화시킨다. 형용사나 부사의 발음에 많이 나타난다.

- 형용사: 높다 [놉:따], 넓은 [널:븐], 더럽다 [더:럽따], 깨끗하다 [께:끄타다], 길쭉하다 [길:쭈카다]
- 부사: 금방 [금:방], 높이 [노:피], 아주 [아:주], 저기 [저:기], 훨씬 [훨:씬], 힘껏 [힘:껃]

◇ 비어두의 표현적 장음은 '~하다' 형용사나 의성의태어에 많이 나타난다. 이 경우의 장음은 공간적인 크기, 시간적인 길이, 정도 등을 강조하여 어감을 변화시킨다.

- '~하다' 형용사: 조용하다 [조용:하다], 길쭉하다 [길쭈:카다], 뜨뜻하다 [뜨뜨:타다], 둥그스름하다 [둥그스름:하다]
- 의성의태어: 꾸벅꾸벅 [꾸벅:꾸벅], 비틀비틀 [비틀:비틀], 어슬렁어슬렁 [어슬렁:어슬렁], 문이 스르르 [스르르:] 열렸다.

◇ 어휘적 장음과 달리 표현적 장음은 모든 세대가 잘 인식하고 있다.

어휘적 장음	표현적 장음
어두에만 나타난다.	어두와 비어두에 모두 나타난다.
단어의 어휘적 의미와 관계있고 어감과 관계없다.	단어의 어휘적 의미와 관계없고 어감과 관계있다.
음장이 다르면 단어가 다르다.	음장이 달라져도 같은 단어이다.
장음과 단음을 화자가 선택할 수 없다.	장음과 단음을 화자가 선택한다.
사전에 표시되어 있다.	사전에 표시되어 있지 않다.

심화학습

표현적 장음은 화자의 특별한 감정을 강조하기 위한 것이기 때문에 그 길이가 상황에 따라 달라질 수 있다. "문을 살짝 연다."를 발음할 때 문 여는 동작의 조심스러움, 부드러움, 느림 등을 강조하기 위해 어두음절에 표현적 장음을 얹어 [살:짝]으로 발음할 수 있다. 이때 화자의 표현적 의도에 따라 어두음절의 길이는 더 많이 길어질 수도 있다. [사아아알짝]처럼 발음할 수도 있는 것이다.

탐구문제

1. 다음 두 문장이 나타내는 동작을 연기해 보고 둘의 의미 차이를 설명해 보라.
   - 꾸벅꾸벅 [꾸벅꾸벅] 존다.
   - 꾸벅꾸벅 [꾸벅:꾸벅] 존다.

2. '~하다' 형용사와 의성의태어 중에서 비어두에 표현적 장음이 나타날 수 있는 단어와 나타날 수 없는 단어를 하나씩 제시해 보라.

한국어음운론의
기초

4

모음

ㄱ ㄴ ㄷ ㄹ ㅁ ㅂ
ㅅ ㅇ ㅈ ㅊ ㅋ ㅌ ㅍ ㅎ
ㅏ ㅑ ㅓ ㅕ ㅗ ㅛ ㅜ ㅠ ㅡ ㅣ

a b c d e f g h i
j k l m n o p q r
s t u v w x y z

4.1. 단순모음과 이중모음의 차이

◆ 모음은 **단순모음**(單純母音)과 **이중모음**(二重母音)으로 나누어진다. 단순모음을 단모음(單母音)이라고 부르기도 한다. 좁은 의미의 모음은 단순모음만 가리킨다.

◆ 단순모음은 혀와 입술이 정지한 상태에서 발음한다. [ㅣ]를 발음할 때 처음부터 끝까지 혀와 입술이 움직이지 않는다. 따라서 [ㅣ]는 단순모음이다.

◆ 이중모음은 혀나 입술을 움직이는 과정에서 발음한다. [ㅑ]를 발음하는 도중에 혀의 위치가 달라진다. 혀가 [ㅣ]의 위치에서 시작해 [ㅏ]의 위치에서 끝난다. 따라서 [ㅑ]는 이중모음이다.

◆ 단순모음은 분절음 하나로 이루어져 있지만 이중모음은 분절음 두 개로 이루어져 있다. 이중모음의 두 분절음을 발음하기 위한 음성기관의 모양이 서로 다르기 때문에 음성기관을 움직이면서 발음하게 된다.

단순모음 [ㅏ]의 음성기호	a
이중모음 [ㅑ]의 음성기호	ja
이중모음 [ㅘ]의 음성기호	wa

◆ 이중모음 [ㅑ](ja), [ㅘ](wa)의 중심이 되는 분절음은 단순모음 [ㅏ](a)이다. /j, w/는 이중모음의 부수적인 분절음이다. 이들은 단순모음과 결합하여 이중모음을 형성할 때만 사용된다. 이러한 분절음을 반모음(半母音 semivowel)이라 한다. 반모음 기호 'j'는 '요드(yod)'라고 읽는다.

◆ 이중모음은 반모음과 단순모음의 결합으로 이루어져 있다.

이중모음=반모음+단순모음

심화학습

- 단순모음(simple vowel, monophthong)을 단모음(單母音)으로 번역하기도 하지만 단모음(短母音)으로 오해하기 쉬우므로 단순모음으로 번역하는 것이 낫다.
- 단순모음과 대립하는 개념을 나타내는 정확한 용어는 복합모음(complex vowel)이다. 복합모음에는 이중모음과 삼중모음이 있다. 한국어에는 삼중모음이 없으므로 복합모음 대신 이중모음이라고만 해도 무방하다. 삼중모음이 있는 영어, 중국어 등을 기술할 때는 복합모음이라는 용어가 필요하다.
- 반모음 /j, w/는 음성기관이 정지한 상태에서 발음되는 음성이 아니다. /j/는 혀가 [ㅣ]를 발음하는 위치에서 출발하여 뒤따르는 단순모음을 발음하는 위치로 움직이는 과정에서 발음되는 음성이다. 마찬가지로 /w/는 입술이 [ㅜ]나 [ㅗ]를 발음하는 것처럼 둥글게 오므라진 상태에서 시작하여 입술이 완전히 펴질 때까지의 과정에서 발음되는 음성이다.

탐구문제

1. 'ㅟ'를 다음 두 가지 방법으로 발음해 보고 'ㅟ'가 단순모음인지 이중모음인지 판단해 보라.
   (1) 입술을 움직이면서 발음한다.
   (2) 처음 입술 모양을 그대로 유지하면서 발음한다.

2. 다음 질문에 대한 답을 조사해 보고 한국어와 영어의 /j, w/가 서로 어떻게 다른지 생각해 보라.
   (1) 영어에서 /j, w/를 반모음으로 분류하는가?
   (2) 영어에서 /ja, wa/ 등 /j, w/로 시작하는 발음을 이중모음으로 분석하는가?

4.2. 단순모음 분류의 기준

◆ 언어마다 단순모음의 수가 다르지만 [ㅣ, ㅏ, ㅜ]는 모든 언어에 존재하는 보편적인 단순모음이다.

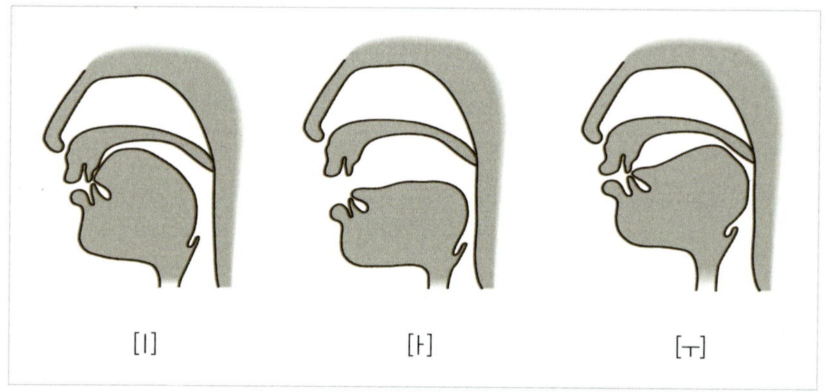

◆ [ㅣ]는 혀를 최대한 앞으로 내밀어 발음하고 [ㅜ]는 혀를 최대한 뒤로 집어넣어 발음한다. [ㅏ]는 혀를 내밀지도 않고 집어넣지도 않은 중간 위치에서 발음한다. (혀의 앞뒤 위치의 차이)

◆ [ㅣ], [ㅜ]는 혀를 최대한 높여 발음하고 [ㅏ]는 혀를 최대한 낮추어 발음한다. (혀의 높이의 차이)

◆ [ㅜ]는 입술을 둥글게 오므려 발음하고 [ㅣ], [ㅏ]는 입술을 자연스럽게 펴 발음한다. (입술 모양의 차이)

기준	단순모음의 종류	예
혀의 앞뒤 위치	전설모음 중설모음 후설모음	[ㅣ] [ㅏ] [ㅜ]
혀의 높이	고모음 중모음 저모음	[ㅣ], [ㅜ] [ㅏ]
입술 모양	평순모음 원순모음	[ㅣ], [ㅏ] [ㅜ]

심화학습

- 단순모음 수가 가장 적은 언어의 단순모음은 /i, a, u/라고 한다. 이른바 3모음체계의 언어이다. 단순모음 수가 넷 이상일 때는 이 셋에 다른 단순모음을 추가한다. 세계적으로 흔한 5모음체계는 대부분 /i, e, a, u, o/로 이루어져 있다. 일본어, 스페인어, 라틴어 등이 이러한 5모음체계를 가지고 있다. 한국어는 5모음체계에 단순모음을 더 추가한 모음체계를 가지고 있다(6모음체계~10모음체계).
- 혀의 높이는 입을 벌리는 정도, 즉 개구도(開口度)와 관계가 있다. 개구도를 기준으로 하면 고모음을 폐모음(閉母音), 저모음을 개모음(開母音)이라 부른다.
- 혀의 높이를 넷으로 나눌 때는 중모음을 반고모음(반폐모음)과 반저모음(반개모음)으로 나눈다.

탐구문제

1. 다음 두 상태에서 [ㅣ], [ㅏ], [ㅜ]를 발음해 보고 언제 발음이 자연스럽고 부자연스러운지 관찰해 보라.
   (1) 윗니와 아랫니가 완전히 닿도록 한 상태에서
   (2) 입을 크게 벌린 상태에서

2. 여러 언어에서 '엄마, 아빠'를 뜻하는 단어의 모음으로 [ㅏ]가 많이 나타나는 이유를 설명해 보라.

4.3. 표준어의 단순모음체계

◇ 표준어의 단순모음은 10개이다. 이 10개가 이루는 체계를 **10모음체계**라 한다. 10모음체계의 가장 큰 특징은 전설모음 5개와 후설모음 5개가 대칭적이라는 점이다.

혀의 앞뒤 위치 / 입술 모양 / 혀의 높이	전설모음		후설모음	
	평순모음	원순모음	평순모음	원순모음
고모음	ㅣ	ㅟ	ㅡ	ㅜ
중모음	ㅔ	ㅚ	ㅓ	ㅗ
저모음	ㅐ		ㅏ	

표준어의 원칙발음 10모음체계

ㅣ/i/, ㅔ/e/, ㅐ/ɛ/, ㅟ/y/, ㅚ/ø/, ㅡ/ɯ/, ㅓ/ʌ/, ㅏ/a/, ㅜ/u/, ㅗ/o/

◇ 'ㅟ, ㅚ'를 이중모음으로 발음하는 것도 표준발음으로 허용한다. 'ㅟ, ㅚ'를 이중모음으로 발음하면 단순모음은 8개가 되어 다음과 같은 **8모음체계**를 형성하게 된다.

혀의 앞뒤 위치 / 입술 모양 / 혀의 높이	전설모음	후설모음	
	평순모음	평순모음	원순모음
고모음	ㅣ	ㅡ	ㅜ
중모음	ㅔ	ㅓ	ㅗ
저모음	ㅐ	ㅏ	

표준어의 허용발음 8모음체계

심화학습

- 전설모음 글자 'ㅣ, ㅔ, ㅐ, ㅟ, ㅚ'는 모두 'ㅣ'로 끝난다. 한글 창제 때 'ㅣ'는 현대와 같은 전설모음 /i/를 적는 글자였고 'ㅔ, ㅐ, ㅟ, ㅚ'는 각각 이중모음 /ʌj, aj, uj, oj/를 적는 글자였다. 이 네 이중모음이 근대에 각각 단순모음 /e, ɛ, y, ø/로 바뀌었다(이중모음의 단순모음화). 이중모음 속의 /j/가 가진 전설성 때문에 'ㅔ, ㅐ, ㅟ, ㅚ'가 전설모음으로 바뀐 것이다. 그래서 결국 전설모음 글자들이 모두 'ㅣ'로 끝나게 되었다.
- [ㅡ], [ㅓ]를 음성기호 'ɨ, ə'로 적는 학자들도 있다. 'ɨ, ə'는 중설모음 기호이고 'ɯ, ʌ'는 후설모음 기호이다. [ㅡ], [ㅓ]가 정확히 중설모음도 후설모음도 아니기 때문에 편의에 따라 둘 중 한쪽을 선택하고 있다.
- 'ㅟ'가 이중모음일 때는 /wi/로 발음된다. 'ㅚ'가 이중모음일 때는 [ㅞ] /we/로 발음된다.
- 반모음 'j'를 'y'로, 단순모음 [ㅟ], [ㅚ]를 각각 'ü, ö'로 적는 학자들도 있다.

탐구문제

1. 다음의 각 쌍 중에서 한쪽을 한 사람이 발음하면 다른 사람이 듣고 어느 쪽을 발음한 것인지 알아맞혀 보라. 이를 바탕으로 각자의 말에서 [ㅔ]와 [ㅐ]가 서로 다른 음소로 존재하는지 판단해 보라.
   - 게집, 개집
   - 네 이름, 내 이름
   - 있데, 있대

2. 영어, 중국어, 일본어, 프랑스어, 독일어 등에 단순모음 [ㅟ, ㅚ]와 비슷한 단순모음이 있는지 조사해 보라.

4.4. 현실어의 단순모음체계

◇ 중앙어는 단순모음이 7개이다(**7모음체계**). 이것은 표준어의 허용발음 8모음체계에서 [ㅔ]와 [ㅐ]의 구별이 없어진 결과이다(음소의 **합류**).

혀의 앞뒤 위치 / 입술 모양 / 혀의 높이	전설모음	후설모음	
	평순모음	평순모음	원순모음
고모음	ㅣ	ㅡ	ㅜ
중모음	ㅔ	ㅓ	ㅗ
저모음		ㅏ	

7모음체계

◇ 경상방언은 대체로 [ㅡ]와 [ㅓ]가 합류한 **6모음체계**를 사용한다.

혀의 앞뒤 위치 / 입술 모양 / 혀의 높이	전설모음	후설모음	
	평순모음	평순모음	원순모음
고모음	ㅣ		ㅜ
중모음	ㅔ	ㅓ	ㅗ
저모음		ㅏ	

6모음체계(1)

◇ 북한에서는 표준어의 허용발음 8모음체계가 사용되지만 젊은 세대는 [ㅡ]와 [ㅜ]가 합류하고 [ㅓ]와 [ㅗ]가 합류한 6모음체계를 사용한다.

혀의 앞뒤 위치 / 혀의 높이	전설모음	후설모음
고모음	ㅣ	ㅜ
중모음	ㅔ	ㅗ
저모음	ㅐ	ㅏ

6모음체계(2)

심화학습

- 표준어의 원칙발음 10모음체계는 중부방언의 노년층과 전라방언의 노년층에만 남아 있다. 표준어의 허용발음 8모음체계는 이 두 방언의 장년층 일부와 북한방언의 장년층 이상 세대에 남아 있다.
- 중앙어에서 [ㅔ]와 [ㅐ]의 합류로 동음어가 많이 생겨났다(1.3절 참조).
- [ㅔ]와 [ㅐ]가 합류하여 형성된 모음을 현실어 7모음체계와 6모음체계(1)에서 [ㅐ]가 아닌 [ㅔ]로 본다. 이것을 [ㅐ]로 본다면 [ㅔ] 자리가 뻥 뚫린 단순모음체계를 설정해야 할 것이다. 음소체계에서 한 줄의 가장자리가 빈 것은 자연스럽지만 중간이 빈 것은 부자연스럽다. 그래서 [ㅔ]와 [ㅐ]가 합류한 결과를 [ㅐ]가 아닌 [ㅔ]로 보는 것이다.

탐구문제

1. 일부 경상방언 화자는 [ㅡ]와 [ㅓ]를 구별할 수 있어서 7모음체계를 가지고 있다. 주변의 경상방언 화자가 [ㅡ]와 [ㅓ]를 구별할 수 있는지 다음 예들을 이용해 관찰해 보라.
   - 글, 걸
   - 증상, 정상

2. 제주방언의 노년층은 [ㆍ]를 발음하며 그 음가는 [ɐ]라고 한다. [ㆍ]는 단순모음체계의 어느 칸에 들어갈 수 있는지 조사해 보라.

4.5. j계 이중모음

◆ 반모음 /j/가 들어 있는 이중모음을 **j계 이중모음**이라 한다.

표준어(6개)	ㅑ, ㅕ, ㅛ, ㅠ, ㅒ, ㅖ
현실어(5개)	ㅑ, ㅕ, ㅛ, ㅠ, ㅖ

ㅑ/ja/, ㅕ/jʌ/, ㅛ/jo/, ㅠ/ju/, ㅒ/jɛ/, ㅖ/je/

◆ j계 이중모음은 'ㅣ+단순모음'과 비슷하지만 조금 다르다.

[ㅑ]	[ㅣㅏ]
/ja/	/ia/
반모음+단순모음	단순모음+단순모음
한 음절	두 음절

◆ j계 이중모음은 혀가 전설고모음 [ㅣ]를 발음하는 위치에서 출발하여 뒤따르는 단순모음을 발음하는 위치에서 멈춘다.

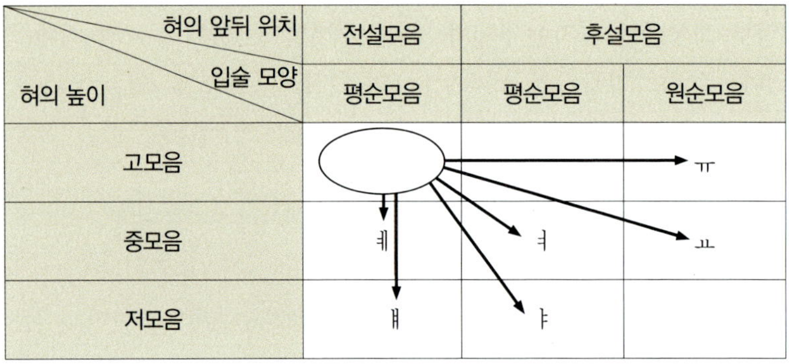

혀의 앞뒤 위치 / 입술 모양 / 혀의 높이	전설모음	후설모음	
	평순모음	평순모음	원순모음
고모음			ㅠ
중모음	ㅖ	ㅕ	ㅛ
저모음	ㅒ	ㅑ	

심화학습

➲ 이중모음은 단순모음을 바탕으로 형성된다. 그러므로 이중모음체계에 [ㅖ] /je/, [ㅒ] /jɛ/가 있으려면 단순모음체계에 [ㅔ] /e/, [ㅐ] /ɛ/가 있어야 한다. 단순모음 [ㅔ]와 [ㅐ]를 구별하지 못하는 화자가 이중모음 [ㅖ]와 [ㅒ]를 구별할 가능성은 없는 것이다. 이와 마찬가지로 단순모음 [ㅔ]와 [ㅐ]를 구별하는 화자만 이중모음 [ㅞ] /we/와 [ㅙ] /wɛ/를 구별할 수 있다.

탐구문제

1 한글 창제 때 'ㅏ, ㅓ, ㅗ, ㅜ'에 점을 하나 더 찍어 만든 글자가 'ㅑ, ㅕ, ㅛ, ㅠ'이다. 이때 더 찍은 점의 기능을 무엇이라 말할 수 있는가?

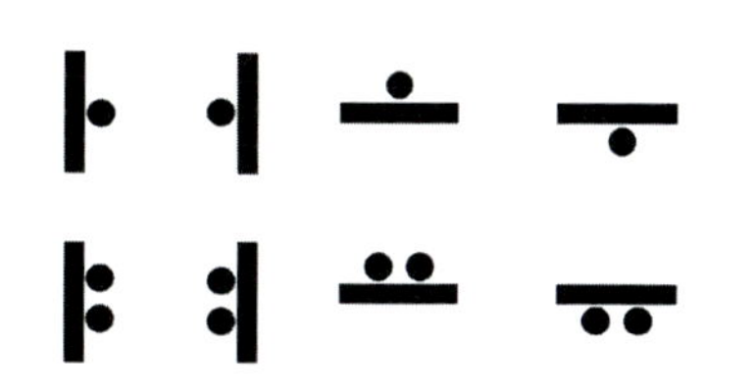

2 영어에는 다음 단어들의 발음에서 보듯이 이중모음 /aɪ/, /ɔɪ/가 존재한다. 한국어의 [아이], [오이]는 이 둘과 어떤 점에서 다른가? (영어 /a/, /ɔ/, /ɪ/의 음가와 한국어 [아], [오], [이]의 음가가 조금 다른 점은 무시한다.)

- /aɪ/: I /aɪ/, buy /baɪ/, time /taɪm/
- /ɔɪ/: boy /bɔɪ/, Troy /trɔɪ/, noise /nɔɪz/

4.6. w계 이중모음

◇ 반모음 /w/가 들어 있는 이중모음을 **w계 이중모음**이라 한다.

표준어(원칙발음)(4개)	ㅘ, ㅝ, ㅙ, ㅞ
표준어(허용발음)(5개)	ㅘ, ㅝ, ㅙ, ㅞ, ㅟ
현실어(5개)	ㅘ, ㅝ, ㅞ, ㅟ

ㅘ/wa/, ㅝ/wʌ/, ㅙ/wɛ/, ㅞ/we/, ㅟ/wi/

◇ w계 이중모음은 'ㅗ/ㅜ+단순모음'과 비슷하지만 조금 다르다.

ㅘ	ㅗㅏ	ㅜㅏ
wa	oa	ua
반모음+단순모음	단순모음+단순모음	
한 음절	두 음절	

◇ w계 이중모음은 입술을 오므린 상태에서 시작하여 편 상태로 끝난다.

◇ [ㅘ], [ㅝ], [ㅙ], [ㅞ]는 혀가 후설모음 [ㅗ]나 [ㅜ]를 발음하는 위치에서 출발하여 뒤따르는 단순모음을 발음하는 위치에서 멈춘다.

혀의 앞뒤 위치 / 혀의 높이	전설모음	후설모음	전설모음	후설모음
고모음				
중모음	ㅞ	ㅝ		
저모음			ㅙ	ㅘ

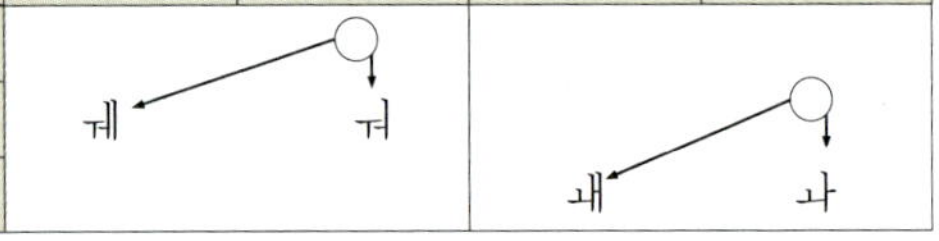

◇ [ㅟ] /wi/는 음성학적으로 [ɥi]이기 때문에 단순모음 [ㅟ] [y] 발음에서 시작하여 오므린 입술을 편다. 혀는 전설고모음 위치에서 움직이지 않는다.

심화학습

[wi]와 [ɥi]는 발음이 다르다. [wi]는 처음에 혀가 후설의 위치에서 출발하는 반면 [ɥi]는 처음부터 전설의 위치에 놓여 있다. [wi]는 '우이'를 빠르게 한 음절로 뭉쳐서 발음한 듯한 소리이다. '우' 부분을 발음할 때 혀를 분명히 후설에 두기 때문에 [ɥi]와 음가가 다르다. [wi]는 영어 'we /wi/'나 프랑스어 'oui /wi/'와 비슷한 발음이다.

탐구문제

1. 현실어의 w계 이중모음을 표기와 대응시킨 표이다. 빈칸을 채워 보라.

음소전사(한글)	[ㅗㅏ]	[ㅜㅓ]	[ㅜㅔ]	[ㅜㅣ]
음소전사(음성기호)	/wa/			
표기	ㅘ			

2. 한글 창제 때 'ㅘ'는 'ㅗ'와 'ㅏ'를 결합하여, 'ㅝ'는 'ㅜ'와 'ㅓ'를 결합하여 만듦으로써 /w/가 서로 다른 글자 'ㅗ'와 'ㅜ'로 표현되게 되었다. 그렇게 한 이유가 무엇인지 조사해 보라.

4.7. ɰ계 이중모음과 ɥ계 이중모음

◆ 반모음 /ɰ/가 들어 있는 이중모음 [ㅢ]를 **ɰ계 이중모음**이라 한다.

◆ [ㅢ]는 [ㅡ ㅣ]와 비슷하지만 다르다.

[ㅢ]	[ㅡ ㅣ]
/ɰi/	/ɯi/
반모음+단순모음	단순모음+단순모음
한 음절	두 음절

◆ 반모음 /ɥ/가 들어 있는 이중모음 [ㅟㅓ]를 **ɥ계 이중모음**이라 한다.

◆ [ㅟㅓ]는 [ㅟㅓ]와 비슷하지만 다르다.

[ㅟㅓ]	[ㅟ ㅓ]
/ɥʌ/	/yʌ/
반모음+단순모음	단순모음+단순모음
한 음절	두 음절

◆ [ㅟㅓ]는 ㅟ용언의 활용형 '뀌어, 뛰어, 쉬어, 휘어, 바뀌어, 사귀어, 할퀴어' 등을 줄여 발음할 때만 나타난다. 예를 들어 [뀌어]는 [뀌ㅓ]로, [바뀌어]는 [바뀌ㅓ]로 줄어들 수 있다. 8.8절 참조.

- 뛰어라 [뛰어라~뛰ㅓ라], 쉬어도 [쉬어도~쉬ㅓ도], 휘었다 [휘얻따~휘ㅓㄷ따]
- 바뀌어서 [바뀌어서~바뀌ㅓ서], 사귀어도 [사귀어도~사귀ㅓ도], 할퀴었는데 [할퀴언는데~할퀴ㅓㄴ는데]

◆ 'ㅟㅓ'는 맞춤법에서 인정하지 않는 글자이다. 그래서 [뀌어]가 한 음절로 줄어든 발음 [뀌ㅓ]를 맞춤법에 맞게 한글로 적을 방법이 없다.

◆ [ㅟㅓ]는 표준발음으로 인정하지 않지만 현실어에서는 자주 사용한다.

심화학습

- [ᅴ]의 앞소리가 반모음이냐 뒷소리가 반모음이냐에 대해서는 논란이 있다. [ᅴ]의 앞소리를 반모음으로 분석하는 견해를 따르면 /ɰi/가 되지만 뒷소리를 반모음으로 분석하는 견해를 따르면 /ɯj/가 된다. 그런데 [의]와 [의:]를 구별하는 발음에서 후자의 [의:]는 앞소리가 아닌 뒷소리가 길게 발음된다. 길게 발음될 수 있는 것은 반모음이 아니라 단순모음이다. 즉 [ᅴ:]는 /ɰi:/로, [ᅴ]는 /ɰi/로 분석하는 것이 자연스럽다.
- 'ᆑ'는 한글 창제 때 만들어졌으나 잘 쓰이지 않고 사라진 글자이다. 그 음가는 [ɥʌ]에 가까웠을 것으로 추측된다.
- [ᆑ]를 한글로 적고자 하는 사람들이 흔히 사용하는 글자는 'ᆏ'이다. 또 어떤 사람들은 'ᆐ'를 낫다고 생각하기도 한다. 'ᆏ'와 'ᆐ' 중에서 어느것이 더 좋은 표기인지 결정하기 어렵다. 이에 비해 'ᆑ'는 한글 창제 때 만들어졌다는 점에서 역사적인 의미도 있는 글자이다.

탐구문제

1. "의의가 있다."에서의 '의의(意義)'의 표준발음은 다음 두 가지이다. 이 두 발음을 음성기호로 적어 보라.
   - 원칙발음 [의:의]
   - 허용발음 [의:이]

2. 'ᆑ'라는 글자를 맞춤법에서 인정하게 되면 새로 생기게 될 음절자로 어떤 것들이 있을지 나열해 보라.

4.8. 이중모음체계

◇ 표준어의 원칙발음에서는 이중모음이 모두 11개이다.

유형	이중모음
j계 이중모음	[ㅑ, ㅕ, ㅛ, ㅠ, ㅒ, ㅖ]
w계 이중모음	[ㅘ, ㅝ, ㅙ, ㅞ]
ɰ계 이중모음	[ㅢ]
ɥ계 이중모음	(없음)

◇ 표준어의 허용발음에서는 이중모음이 모두 12개이다.

유형	이중모음
j계 이중모음	[ㅑ, ㅕ, ㅛ, ㅠ, ㅒ, ㅖ]
w계 이중모음	[ㅘ, ㅝ, ㅙ, ㅞ, ㅟ]
ɰ계 이중모음	[ㅢ]
ɥ계 이중모음	(없음)

◇ 현실어의 이중모음은 모두 11개이다.

유형	이중모음
j계 이중모음	[ㅑ, ㅕ, ㅛ, ㅠ, ㅖ]
w계 이중모음	[ㅘ, ㅝ, ㅞ, ㅟ]
ɰ계 이중모음	[ㅢ]
ɥ계 이중모음	[ㆋ]

심화학습

- 《훈민정음해례》에 j계 이중모음에 관한 다음과 같은 내용이 있다.

  "[ㅣ]에서 시작해 [ㆍ, ㅡ]로 끝나는 음성은 우리말에서 사용할 일이 없다. 그러나 이런 발음이 어린이 말이나 변방의 시골 말에 간혹 나타나는데 마땅히 'ᄀᆝ, ᄀᆜ'와 같이 두 글자를 결합해 적어야 할 것이다."

  이것은 당시의 어떤 방언에 이중모음 [ᆝ] /jɐ/, [ᆜ] /jɯ/가 있었음을 말한다. 새 문자를 만드는 과정에서 표준발음과 방언의 발음 문제를 진지하게 검토했었던 것이다.

- 신경준(1712~1781)은 《훈민정음운해》(1750)에서 방언의 발음에 /jɐ/가 존재함을 다음과 같이 증언했다. 그리고 /jɐ/를 적는 글자로 'ᆝ' 대신 'ᆢ'를 사용했다(신경준은 《훈민정음해례》를 보지 못했던 듯하다). /jɐ/와 'ᄋᆢᄃᆞᆲ'은 현재 제주 방언에 남아 있다.

  "우리나라 한자음에 [ㆍ] 중성을 가진 것은 매우 많으나 [ᆢ]를 가진 것은 하나도 없다. 다만 방언에서 여덟을 'ᄋᆢᄃᆞᆲ'이라 할 뿐이다."

- /jɯ/는 현대의 강원도 영동방언에 남아 있는 것으로 확인된다. 이 방언에서 쓸개를 /jɯːr/이라 한다. 이 발음을 현대의 학자들은 한글로 [ᄋᆜᆯː]이라고 적기도 한다.

탐구문제

1. 표준어의 허용발음에서 [ㅟ]는 이중모음 목록에 추가되지만 [ㅚ]는 왜 추가되지 않는지 설명해 보라.

2. '반모음+단순모음' 구조의 이중모음을 상승이중모음, '단순모음+반모음' 구조의 이중모음을 하강이중모음이라 부른다. 이때 '상승, 하강'이 무슨 뜻인지 조사해 보라.

4.9. 모음자의 조직과 모음체계

◇ 모음을 나타내는 글자, 즉 **모음자**(母音字)는 낱글자 하나로 쓰기도 하고 낱글자 두세 개를 조합해 쓰기도 한다.

◇ 모음자 가운데 낱글자는 'ㅏ, ㅑ, ㅓ, ㅕ, ㅗ, ㅛ, ㅜ, ㅠ, ㅡ, ㅣ'의 10개이다. 나머지 모음자 11개 'ㅐ, ㅒ, ㅔ, ㅖ, ㅘ, ㅙ, ㅚ, ㅝ, ㅞ, ㅟ, ㅢ'는 낱글자들의 조합이다.

◇ 낱글자 중의 일부는 단순모음을 표시하고 나머지는 이중모음을 표시한다. 조합된 글자도 일부는 단순모음을 표시하고 나머지는 이중모음을 표시한다. 모음자의 체계와 모음의 체계가 일치하지 않는 것이다.

◇ 표준어 원칙발음의 모음 21개를 기준으로 모음자와 모음이 엇갈리는 모습을 나타내면 다음과 같다.

모음자 / 모음	낱글자	조합된 글자
단순모음	ㅏ, ㅓ, ㅗ, ㅜ, ㅡ, ㅣ	ㅐ, ㅔ, ㅚ, ㅟ
이중모음	ㅑ, ㅕ, ㅛ, ㅠ	ㅒ, ㅖ, ㅘ, ㅙ, ㅝ, ㅞ, ㅢ

◇ 한글 창제 때는 조합된 글자가 모두 이중모음이나 삼중모음을 나타냈다. 'ㅐ, ㅔ, ㅚ, ㅟ'는 각각 이중모음 /aj/, /ʌj/, /oj/, /uj/였다. 낱글자들의 조합 'ㅏㅣ, ㅓㅣ, ㅗㅣ, ㅜㅣ'처럼 발음했던 것이다. 그리고 'ㅒ, ㅖ, ㅙ, ㅞ'는 각각 삼중모음 /jaj/, /jʌj/, /waj/, /wʌj/였다. 이들도 글자의 조합 'ㅑㅣ, ㅕㅣ, ㅘㅣ, ㅝㅣ'처럼 발음했던 것이다. 근대한국어 시기에 이중모음 [ㅐ, ㅔ, ㅚ, ㅟ]가 단순모음으로 바뀌고(이중모음의 단순모음화) 그에 따라 삼중모음들이 이중모음으로 바뀌면서 모음자의 조직과 모음체계가 어긋나는 결과를 가져왔다.

심화학습

- 한글 창제 때 j계 상승이중모음는 단순모음 글자에 점을 하나 더 찍는 식으로 만들었다.
  - ㅗ→ㅛ, ㅏ→ㅑ, ㅜ→ㅠ, ㅓ→ㅕ
- 그 밖의 이중모음은 단순모음 글자 두 개를 순서대로 결합해 표현했다.
  - ㅗㅏ→ㅘ, ㅜㅓ→ㅝ
  - ㆍㅣ→ㆎ, ㅡㅣ→ㅢ, ㅗㅣ→ㅚ, ㅏㅣ→ㅐ, ㅜㅣ→ㅟ, ㅓㅣ→ㅔ
- 삼중모음 글자 'ㆉ, ㅒ, ㆌ, ㅖ, ㅙ, ㅞ'는 이중모음 글자에 다시 'ㅣ'를 결합해 표현했다.
- 한글 창제 때의 모음자와 모음의 관계는 다음과 같다.

모음 \ 모음자	낱글자	조합된 글자
단순모음	ㅏ, ㅓ, ㅗ, ㅜ, ㅡ, ㅣ, ㆍ	
이중모음	ㅑ, ㅕ, ㅛ, ㅠ	ㅐ, ㅔ, ㅚ, ㅟ, ㅢ, ㆎ, ㅘ, ㅝ
삼중모음		ㅒ, ㅖ, ㆉ, ㆌ, ㅙ, ㅞ

- 이 밖에 조합된 글자 'ㆇ, ㆊ'는 이중모음, 'ㆈ, ㆋ'는 삼중모음을 나타냈던 것으로 보이지만 실제 쓰임을 발견하기는 어렵다.

탐구문제

1. 가나다순에서의 모음자 21개의 순서는 다음과 같다. 조합된 글자 11개의 순서는 어떤 원칙에 근거한 것인지 설명해 보라.

   ㅏ ㅐ ㅑ ㅒ ㅓ ㅔ ㅕ ㅖ ㅗ ㅘ ㅙ ㅚ ㅛ ㅜ ㅝ ㅞ ㅟ ㅠ ㅡ ㅢ ㅣ

2. 북한의 가나다순에서 모음자의 순서와 그 배열의 원리를 조사해 보라.

4.10. 자음과 j계 이중모음의 연결

◇ 파찰음 [ㅈ, ㅉ, ㅊ] 뒤에 j계 이중모음이 연결되면 'j'를 빼고 단순모음만 발음한다. 예를 들어 용언 '지-, 찌-, 치-'의 활용형 '져, 쪄, 쳐'는 각각 [저], [쩌], [처]로 발음한다.

- [저]: 져 [저], 가져 [가저], 무너져 [무너저]
- [쩌]: 쪄 [쩌], 살쪄 [살쩌], 밑져 [믿쩌]
- [처]: 쳐 [처], 다쳐 [다처], 사무쳐 [사무처], 갇혀 [가처], 굳혀 [구처], 맞혀 [마처], 부딪혀 [부디처], 붙여 [부처]

◇ 이 때문에 〈외래어 표기법〉에서도 'ㅈ, ㅉ, ㅊ' 뒤에 j계 이중모음 글자를 적지 않는다.

- ㅇ: 잔다르크, 텔레비전, 주스, 차트, 캐리커처, 초콜릿
- ×: 쟌다르크, 텔레비젼, 쥬스, 챠트, 캐리커쳐, 쵸콜릿

◇ 현실어에서 [녜], [ㄹ례]의 [ㅖ] 외에는 자음 뒤에서 [ㅖ]를 잘 발음하지 않는다.

발음	예
[녜]	하녜[하녜], 아녜요[아녜요], 용례[용녜], 목례[몽녜]
[ㄹ례]	실례[실례], 관례[괄례]

음절자의 표기	모음의 발음	예
재 계, 례, 몌 볘, 톄 폐, 혜	[ㅔ]	쟤[제] 시계[시게], 차례[차레], 몌별[메별] 옌볜(延邊)[옌벤], 톈진(天津)[텐진] 폐지[페지], 혜성[헤성]
걔, 섀 셰	[ㅔ]/[ㅖ]	걔[게/계], 아이섀도[아이세도/아이셰도] 셰익스피어[세익쓰피어/셰익쓰피어]

심화학습

- 표준어에서는 자음 뒤의 'ㅒ'를 [ㅒ]로, '례'의 'ㅖ'를 [ㅖ]로 발음한다. '례'를 제외하고 자음 뒤의 'ㅖ'는 [ㅖ]로 발음하는 것이 원칙이지만 [ㅔ]로 발음하는 것도 허용한다.

음절자의 표기	모음의 발음	예
걔, 냬, 섀, 쟤	[ㅒ]	걔, 하냬, 아이섀도, 쟤
례	[ㅖ]	차례, 실례, 용례
계, 녜, 몌, 볘 셰, 톄, 폐, 혜	[ㅖ]/[ㅔ]	시계, 아녜요, 몌별, 옌볜(延邊) 셰익스피어, 톈진(天津), 폐지, 혜성

- '녜'를 [네]로 발음하는 것도 표준발음으로 허용한 것은 비현실적이라고 생각된다. 예를 들어 '아녜요'와 '참녜('참여'의 변한말)'를 [아네요], [참네]로 발음하는 것은 자연스러운 발음이 아니기 때문이다.

탐구문제

1. 다음 말들의 발음을 한글로 적어 보라.
   - 건졌다, 놓쳤다, 멋졌다, 앉혔다

2. 다음의 북한의 어문규범에 따라 '계속, 시계, 예절, 차례, 실례, 예술, 폐지, 화폐, 혜성, 은혜'의 북한식 표기와 발음을 한글로 적어 보라.
   - 맞춤법 제25항: 한자말은 소리마디마다 해당 한자음대로 적는것을 원칙으로 한다.
   - 맞춤법 제26항: 한자말에서 모음 《ㅖ》가 들어있는 소리마디로는 《계》, 《례》, 《혜》, 《예》만을 인정한다.
   - 발음법 제4항: 《ㄱ, ㄹ, ㅎ》뒤에 있는 《ㅖ》는 각각 《ㅔ》로 발음한다.

4.11. 자음과 'ㅢ'의 연결 및 '의'의 발음

◆ 자음 뒤에 'ㅢ'가 연결된 글자로 '늬, 띄, 씌, 틔, 희'가 있다. 이들은 각각 [니], [띠], [씨], [티], [히]로 발음한다.

> 늴리리[닐리리], 무늬[무니], 보늬[보니], 띄다[띠다], 씌다[씨다], 틔우다[티우다], 희다[히다], 희망[히망], 너희[너히]

◆ 어두의 '의'는 표준발음에서 [의]로, 현실발음에서 [의] 또는 [으]로 발음한다.

위치	예	표준발음	현실발음
어두	의문 의자	[의문] [의자]	[의문]/[으문] [의자]/[으자]

◆ 비어두의 '의' 중에서 **관형격조사** '의'는 표준발음에서 [의]나 [에]로, 현실발음에서 [에]로 발음한다.

위치	예	표준발음	현실발음
비어두	직업의 지역의 시간의	[지거븨/지거베] [지여긔/지여게] [시가늬/시가네]	[지거베] [지여게] [시가네]

◆ 비어두의 '의' 중에서 관형격조사가 아닌 '의'는 표준발음에서 [의] 또는 [이]로, 현실발음에서 [이]로 발음한다.

위치	예	표준발음	현실발음
비어두	예의 격의 혐의	[예의/예이] [겨긔/겨기] [혀믜/혀미]	[예이] [겨기] [혀미]

심화학습

- 어두의 '의'를 전라방언에서는 [으]로, 경상방언에서는 [이]로 발음하는 경향이 강하다.
- 관형격조사 '의'를 [에]로도 발음하는 데는 역사적인 이유가 있다. 15세기의 관형격조사는 'ᄋᆡ/의'와 같이 모음조화에 따른 두 형태가 있었다. 그 후 'ㆍ'의 소멸과 이중모음의 단순모음화에 따라 'ᄋᆡ'가 [에]로 바뀌어 관형격조사가 [의]와 [에]라는 두 가지 발음을 가지게 된 것이다.

탐구문제

1. 본문에 제시한, 글자 '늬, 띄, 씌, 틔, 희'가 들어 있는 단어들을 고유어, 한자어, 외래어로 분류하고 어종에 따른 특징이 있는지 살펴보라.

2. 자음과 [ㅢ]의 연음으로 만들어지는 [긔], [늬]와 같은 음절을 더 찾아보라.

한국어음운론의
기초

5

자음

5.1. 양순음, 치음, 연구개음

- 어떤 음성기관의 어느 부분을 이용하느냐에 따라 자음의 발음이 달라진다. 즉 **조음위치**에 따라 자음을 나눌 수 있다.
- **양순음**(兩脣音) [ㅂ, ㅃ, ㅍ, ㅁ]: 윗입술과 아랫입술을 붙였다 떼면서 발음한다. [바, 빠, 파, 마]를 발음해 보라.
- **치음**(齒音) [ㄷ, ㄸ, ㅌ, ㄴ]: 혀끝을 윗니 뒤쪽에 댔다 떼면서 발음한다. [다, 따, 타, 나]를 발음해 보라.
- **연구개음**(軟口蓋音) [ㄱ, ㄲ, ㅋ, ㅇ]: 혓바닥 뒷부분(후설)을 입천장의 뒤쪽(연구개)에 댔다 떼면서 발음한다. [가, 까, 카]를 발음해 보라. 그리고 [앙]을 발음하면서 종성 [ㅇ]을 발음할 때 혀와 입천장의 접촉을 느껴 보라. (초성 글자 'ㅇ'은 아무 음성도 표시하지 않음을 주의할 것)

양순음	치음	연구개음
ㅂ, ㅃ, ㅍ, ㅁ	ㄷ, ㄸ, ㅌ, ㄴ	ㄱ, ㄲ, ㅋ, ㅇ(종성)

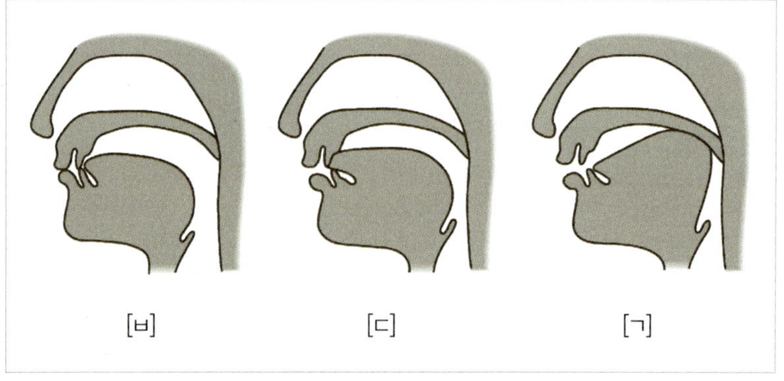

심화학습

- 양순음 [ㅂ, ㅃ, ㅍ, ㅁ]이 조음위치가 똑같은데도 서로 발음이 다른 것은 이 네 자음의 조음방식이 조금씩 다르기 때문이다. 똑같은 음성기관의 똑같은 부분을 이용하더라도 이용하는 방법이 다르면 음가가 달라지는 것이다. 치음 [ㄷ, ㄸ, ㅌ, ㄴ]과 연구개음 [ㄱ, ㄲ, ㅋ, ㅇ]의 경우에도 마찬가지이다. 조음방식의 차이는 5.3~5.8절 참조.

- 현대에 글자 'ㅇ'(이응)은 두 가지 용법을 가진다. 초성 글자 'ㅇ'은 초성 자리에 아무 자음도 없음을 나타낸다. 종성 글자 'ㅇ'은 비음 /ŋ/을 나타낸다. 한글 창제 때는 글자 'ㅇ'의 기본적인 용법이 아무 자음도 없음을 나타내는 것이었다. 비음 /ŋ/을 나타내는 글자는 'ㅇ' 위에 꼭지가 달린 'ㆁ'(옛이응)이었다. 즉 그 당시에는 아무 자음도 없음을 나타낼 때와 비음 /ŋ/을 나타낼 때 서로 다른 글자를 사용했던 것이다. 17세기 무렵에 옛이응의 꼭지가 생략됨으로써 'ㅇ'이 종성에서 비음 /ŋ/을 나타내게 되었다.

탐구문제

1. 다음 중 조음위치를 가장 다양하게 사용해 발음하는 단어는?
   - 금방, 낙동강, 단감, 풋밤

2. 한국어 화자는 외국어의 /f, v/를 각각 [ㅍ, ㅂ]으로 바꿔 발음하는 경향이 있다. /f, v/의 조음위치가 [ㅍ, ㅂ]과 어떻게 다른지 설명해 보라. 이때 영어 등에서 /f, v/의 조음위치를 어떻게 기술하는지를 참고하라.

5.2. 치조음, 경구개음, 성문음

◇ **치조음**(齒槽音) [ㄹ, ㅅ, ㅆ]: 혀끝을 윗잇몸(치조)에 대거나 접근시키면서 발음한다. [라, 사, 싸]를 발음해 보라.

◇ **경구개음**(硬口蓋音) [ㅈ, ㅉ, ㅊ]: 혓바닥 앞부분(전설)을 입천장 앞쪽(경구개)에 댔다 떼면서 발음한다. [자, 짜, 차]를 발음해 보라.

- [냐, 샤, 쌰]를 발음할 때의 'ㄴ [ɲ], ㅅ [ʃ], ㅆ [ʃ']'도 경구개음이다. [나, 사, 싸]를 발음할 때의 'ㄴ [n], ㅅ [s], ㅆ [s']'과는 조음위치가 다르다.

◇ **성문음**(聲門音) [ㅎ]: 목구멍에 있는 성대의 틈을 성문이라 한다. [ㅎ]은 성문에서 마찰이 일어나므로 성문음이다.

치조음	경구개음	성문음
ㄹ, ㅅ[s], ㅆ[s']	ㅈ, ㅉ, ㅊ ㄴ[ɲ], ㅅ[ʃ], ㅆ[ʃ']	ㅎ

◇ [ㄴ]은 [니, 냐, 녀, 뇨, 뉴, 냬, 녜]에서 경구개음 [ɲ]이고 그 밖의 경우에 치음 [n]이다. 현실어에 나타나는 [눠]에서도 치음 [n]이다.

◇ [ㅅ, ㅆ]은 [시, 샤, 셔, 쇼, 슈, 섀, 셰, 쉬]와 [씨, 쌰, 쎠, 쑈, 쓔, 썌, 쎼, 쒸]에서 경구개음 [ʃ, ʃ']이고 그 밖의 경우에 치조음 [s, s']이다. 현실어에 나타나는 [숴, 쒀]에서도 경구개음 [ʃ, ʃ']이다.

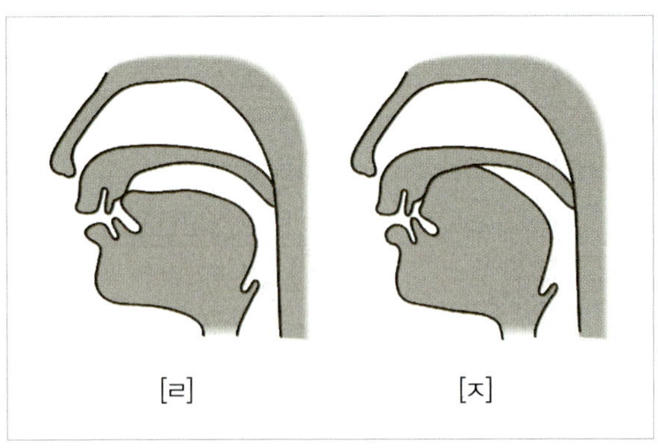

심화학습

- 북한과 중국 조선족의 방언에서는 [ㅈ, ㅉ, ㅊ]을 치조음으로 발음한다.
- 치음 [ㄷ, ㄸ, ㅌ, ㄴ]과 치조음 [ㄹ, ㅅ, ㅆ]의 조음위치 차이는 크지 않다. 윗니와 치조가 서로 이웃한 좁은 영역이기 때문에 혀끝이 닿는 부분이 윗니인지 치조인지 불분명한 경우도 있다. 특히 치음을 발음할 때는 혀끝이 윗니뿐만 아니라 치조에도 동시에 닿기 쉽다. 그러나 '나라'와 같은 단어를 발음해 보면 치조음 'ㄹ'을 발음할 때는 혀끝이 윗니에는 닿지 않고 치조에만 닿는다. 'ㅅ, ㅆ'을 발음할 때도 좁은 틈에서 마찰이 일어나는 곳은 혀끝과 윗니가 아닌 혀끝과 치조 사이이다. 그래서 음성학적으로는 치음과 치조음을 구별하는 것이 필요하다.
- [ㅈ, ㅉ, ㅊ]과 'ㄴ [ɲ], ㅅ [ʃ], ㅆ [ʃ']'의 정확한 조음위치는 경구개가 아니라 치조와 경구개의 중간쯤이지만 편의상 이들을 경구개음으로 기술하는 것이 일반적이다.
- 양순음, 치음, 연구개음, 성문음은 한글 창제 때 각각 순음(脣音), 설음(舌音), 아음(牙音), 후음(喉音)이라 불렀다. 한글 창제 때의 'ㅅ, ㅆ'과 'ㅈ, ㅉ, ㅊ'은 모두 치조음이었는데 당시의 용어로 치음(齒音)이라 불렀다. 그 당시의 용어는 중국의 성운학(聲韻學)에서 사용되던 것을 받아들인 것이라서 현대의 용어와 다르다. 그렇지만 조음위치를 나누는 기본적인 방법은 아주 비슷하다.

탐구문제

1. '안녕하십니까'의 발음을 정밀전사할 때 경구개음을 찾아 음성기호로 적어 보라.

2. '나 [na]'와 '냐 [ɲa]', '사 [sa]'와 '샤 [ʃa]'의 차이를 모음의 차이라고 해야 하는지 자음의 차이라고 해야 하는지 생각해 보라.

5.3. 폐쇄음의 외파음과 불파음

◆ 음성기관을 어떻게 움직이느냐에 따라 자음의 발음이 달라진다. 즉 **조음방식**(또는 **조음방법**)에 따라 자음을 나눌 수 있다.

◆ [ㅂ, ㅃ, ㅍ], [ㄷ, ㄸ, ㅌ], [ㄱ, ㄲ, ㅋ]은 공기의 흐름을 완전히 막아서 발음하므로 **폐쇄음**(閉鎖音)이라 부른다.

◆ 전형적인 폐쇄음은 다음과 같이 ①, ②, ③의 세 단계를 거쳐 발음된다.

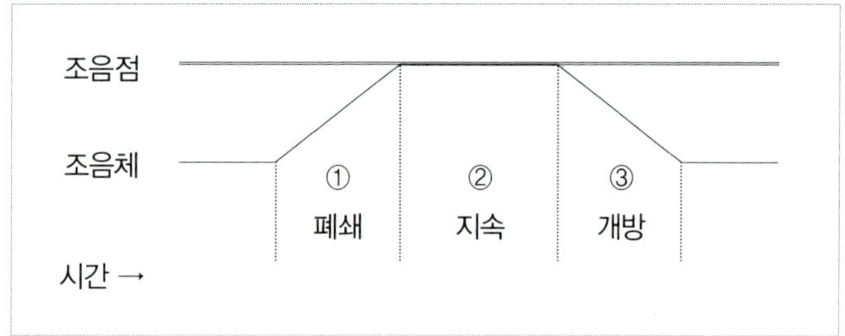

◆ 양순음 [ㅂ, ㅃ, ㅍ]은 조음점이 윗입술, 조음체가 아랫입술이다.

① 폐쇄 단계: 아랫입술이 윗입술에 접근하여 통로를 완전히 막는다.
② 지속 단계: 아랫입술과 윗입술이 맞붙은 채 통로를 계속 막고 있다. 이때 입안에서는 공기의 압력이 높아진다.
③ 개방 단계: 아랫입술이 윗입술로부터 떨어지면서 입안에 있던 공기가 밖으로 터져 나온다.

◆ [바, 빠, 파, 다, 따, 타, 가, 까, 카]의 초성 폐쇄음은 세 단계를 모두 거친다. 이렇게 ③단계가 실현되는 음성을 **외파음**(外破音)이라 한다.

◆ [압, 앋, 악]의 종성 폐쇄음은 ③단계가 실현되지 않는다. 즉 공기의 흐름을 막은 채 끝난다. ③단계가 실현되지 않는 음성을 **불파음**(不破音)이라 한다.

폐쇄음	위치	종류
[ㅂ, ㄷ, ㄱ, ㅃ, ㄸ, ㄲ, ㅍ, ㅌ, ㅋ]	초성	외파음
[ㅂ, ㄷ, ㄱ]	종성	불파음

심화학습

- 폐쇄음을 파열음(破裂音)이라 부르기도 한다. 파열음이란 막혀 있던 공기가 터져 나오면서 나는 소리라는 뜻이다. 그런데 폐쇄음 중에서 불파음은 공기가 터져 나오는 ③단계가 실현되지 않는다. 그러므로 불파음과 외파음을 아울러 가리킬 수 있는 용어로는 막는다는 뜻의 단어 '폐쇄'를 사용한 폐쇄음이 더 적절하다.

- 프랑스어에서는 종성 폐쇄음을 항상 외파음으로 발음한다. 예를 들면 '날짜'를 뜻하는 명사 'date'의 발음은 /dat/인데 /t/를 발음할 때 혀끝을 윗니에 붙였다가 떼어 압축된 공기를 조금 터뜨리면서 발음이 끝난다. 한국어의 종성 폐쇄음과 발음하는 방법이 다른 것이다. 〈외래어 표기법〉에서는 프랑스어의 이러한 특징을 고려하여 /dat/을 '닷'이 아닌 '다트'로 적도록 하고 있다.

탐구문제

1. 다음 단어들에서 발음되는 폐쇄음들이 각각 외파음인지 불파음인지 말해 보라.
   - 공감각
   - 반복법
   - 포도밭

2. 다음 단어들에서 [ㅂ, ㅌ, ㄱ]을 발음할 때 세 단계가 모두 실현되는지 살펴 보라.
   - 염분, 안타, 앙금

5.4. 폐쇄음의 세 종류와 평음의 세 변이음

◆ 폐쇄음을 발음할 때 성대를 어떻게 움직이느냐에 따라 **평음**(平音), **경음**(硬音), **유기음**(有氣音)으로 나눈다.

평음	[ㅂ], [ㄷ], [ㄱ]
경음	ㅃ[p'], ㄸ[t'], ㄲ[k']
유기음	ㅍ[p^h], ㅌ[t^h], ㅋ[k^h]

◆ 경음과 유기음은 무성음이다. 또 초성으로만 사용되며 외파음으로만 발음된다.

◆ 평음은 앞에서 보았듯이 외파음과 불파음으로 나누어진다. 외파음은 다시 무성음과 유성음으로 나누어진다. 불파음은 모두 무성음이다.

<table>
<tr><td rowspan="3">평음</td><td rowspan="2">외파음</td><td>유성음</td><td>ㅂ[b], ㄷ[d], ㄱ[g]</td><td rowspan="2">초성</td></tr>
<tr><td rowspan="2">무성음</td><td>ㅂ[p], ㄷ[t], ㄱ[k]</td></tr>
<tr><td>불파음</td><td>ㅂ[p˺], ㄷ[t˺], ㄱ[k˺]</td><td>종성</td></tr>
</table>

◆ [압, 안, 악]에서와 같은 종성 폐쇄음 [ㅂ, ㄷ, ㄱ]은 모두 불파음으로서 각각 [p˺], [t˺], [k˺]로 발음된다.

◆ [바, 다, 가]와 같은 어두의 초성 폐쇄음 [ㅂ, ㄷ, ㄱ]은 모두 무성 외파음으로서 각각 [p], [t], [k]로 발음된다.

◆ 초성 폐쇄음 [ㅂ, ㄷ, ㄱ]은 비어두의 모음, 비음, 유음 뒤에서 유성음으로 발음된다.

- ㅂ[b]: 아바, 안바, 암바, 앙바, 알바
- ㄷ[d]: 아다, 안다, 암다, 앙다, 알다
- ㄱ[g]: 아가, 안가, 암가, 앙가, 알가

심화학습

- 평음, 경음, 유기음을 각각 예사소리, 된소리, 거센소리라 부르기도 한다. 또 유기음을 격음(激音)이라 부르기도 한다.

- 명사 '비빔밥'에는 'ㅂ'이 네 번 적혀 있으나 그 발음은 [비빔빱]으로서 [ㅂ]이 세 번 발음되고 [ㅃ]이 한 번 발음된다. [비빔빱]의 양순폐쇄음 [ㅂ, ㅂ, ㅃ, ㅂ]의 발음은 다음과 같다.

음소	어두와 비어두	초성과 종성	외파음과 불파음	음성
[ㅂ]	어두	초성	외파음	[p]
[ㅂ]	비어두 모음 뒤	초성	외파음	[b]
[ㅃ]	비어두 비음 뒤	초성	외파음	[p']
[ㅂ]	비어두	종성	불파음	[p˺]

탐구문제

1. 다음 단어들의 초성 자음의 발음을 음성기호로 정밀전사해 보라.
   - 당분간
   - 불교도
   - 관동별곡
   - 비단고둥

2. 영어의 /p/는 'puppy [pʰʌpi]'에서 보듯이 [pʰ]와 [p]로 발음된다. [pʰ]는 한국어 [퍼]의 [ㅍ]과 비슷하게 발음되고 [p]는 한국어 [비]의 [ㅂ]과 비슷하게 발음된다. 그러나 이 단어를 [퍼비]로 발음하면 특히 [ㅂ] 부분의 발음이 영어와 다르다. 그 이유를 생각해 보라.

5.5. 평음과 경음과 유기음의 차이

- 평음은 근육에 힘을 많이 주지 않고 발음하는 **이완음**(弛緩音)에 속한다. 반면에 경음과 유기음은 근육에 힘을 많이 주어 발음하는 **긴장음**(緊張音)이다.
- 초성으로 쓰인 평음과 경음과 유기음은 성대의 움직임에 차이가 있다.
- 평음 중에서 [아바, 아다, 아가]의 유성음 'ㅂ [b], ㄷ [d], ㄱ [g]'은 성대가 진동하는 유성음이라는 점에서 다른 폐쇄음들과 구별된다.
- 평음 중에서 [바, 다, 가]의 무성음 'ㅂ [p], ㄷ [t], ㄱ [k]'은 ③단계에서 성문을 조금 열어 공기를 조금 내보내면서 발음한다.
- [빠, 따, 까]의 경음 'ㅃ [p'], ㄸ [t'], ㄲ [k']'은 ③단계에서 성문을 좁혀 공기를 거의 내보내지 않고 발음한다. 성문을 좁히기 위해 성대에 힘을 주기 때문에 소리가 단단하고 된 느낌을 준다.
- [파, 타, 카]의 유기음 'ㅍ [p^h], ㅌ [t^h], ㅋ [k^h]'은 ③단계에서 성문을 활짝 열어 많은 공기를 내보내면서 발음한다. 이때 성문을 통해 나오는 공기를 **기식**(氣息)이라 하는데 유기음(有氣音)은 기식이 많이 섞인 소리라는 뜻이다.
- 경음은 공기를 거의 내보내지 않기 때문에 기식이 거의 섞이지 않고 발음된다. 평음은 유기음보다는 훨씬 적지만 경음보다는 많은 기식을 내보내며 발음한다. 그래서 촛불을 입으로 불어서 끄려고 할 때 [파]>[바]>[빠] 순으로 유리하다.

무성 외파폐쇄음	예	근육	성문	기식
평음 [p, t, k]	[바, 다, 가]	이완됨	조금 열림	조금 있음
경음 [p', t', k']	[빠, 따, 까]	긴장됨	거의 안 열림	거의 없음
유기음 [p^h, t^h, k^h]	[파, 타, 카]	긴장됨	많이 열림	많음

심화학습

- 한글 창제 때 'ㅂ, ㄷ, ㄱ'으로부터 'ㅃ, ㄸ, ㄲ'과 'ㅍ, ㅌ, ㅋ'을 만들었다.
  - ㅃ, ㄸ, ㄲ: 'ㅂ, ㄷ, ㄱ'을 각자병서(各自並書)한다. 즉 같은 글자를 나란히 두 번 쓴다.
  - ㅍ, ㅌ, ㅋ: 'ㅂ, ㄷ, ㄱ'에 가획(加劃)한다. 즉 선을 하나 더 긋는다.
- 'ㅂ'에 가획하여 'ㅍ'을 만들 때는 약간의 변형이 있었다. 'ㅂ'을 옆으로 눕히고 짧은 선을 두 개 더해 상하좌우로 대칭이 되도록 한 것이다.
- 조음방식의 차이를 표현하기 위해 각자병서와 가획이라는 방법을 적용한 결과 폐쇄음들의 글자의 체계와 발음의 체계가 일관성 있게 대응하게 되었다. 이 점이 다른 문자들에서 볼 수 없는 한글의 과학성이다.

탐구문제

1. 의성어 '붕, 뿡, 풍'에 대한 《표준국어대사전》의 다음 뜻풀이가 [ㅂ, ㅃ, ㅍ]의 음성적 특징과 어떤 관련이 있는지 말해 보라.
   - 붕: 막혀 있던 공기나 가스가 약간 큰 구멍으로 터져 빠질 때 나는 소리.
   - 뿡: 막혀 있던 공기나 가스가 약간 큰 구멍으로 터져 빠질 때 나는 소리. '붕'보다 센 느낌을 준다.
   - 풍: 막혀 있던 공기나 가스가 약간 큰 구멍으로 터져 빠질 때 나는 소리. '붕'보다 거센 느낌을 준다.

2. 'ㅃ'은 'ㅂ'자 두 개를 결합한 글자이다. 그런데 '겹받침, 납빛, 답변, 입법, 톱밥'에서처럼 'ㅂ+ㅂ'의 발음도 [ㅃ]이 되는 것처럼 보인다. 그렇다면 표기에서뿐만 아니라 발음에서도 [ㅂ]+[ㅂ]→[ㅃ]이라는 규칙이 있다고 할 수 있는지 생각해 보라.

5.6. 마찰음과 파찰음

- [ㅅ, ㅆ]은 혀끝과 치조 사이를 좁힌 틈으로 공기를 빠르게 내보내 발음하는 **마찰음**(摩擦音)이다.
- [ㅎ]은 성문을 좁혀 공기를 빠르게 내보내 발음하는 마찰음이다.
- 마찰음 [ㅅ, ㅆ, ㅎ]은 초성으로만 쓰인다.
- [ㅎ]은 기본적으로 무성음 [h]로 발음된다. 그런데 비어두의 모음, 비음, 유음 뒤에서는 유성음 [ɦ]로 발음하는 경우가 많다. '아흔, 인하, 영하, 일흔' 등의 [ㅎ]을 부드럽게 발음하면 [ɦ]로 발음된다.

<table>
<tr><td rowspan="4">초성</td><td rowspan="3">어두, 비어두</td><td rowspan="3">무성음</td><td>ㅅ [s], ㅅ [ʃ]</td><td>평음</td></tr>
<tr><td>ㅆ [s'], ㅆ [ʃ']</td><td>경음</td></tr>
<tr><td>ㅎ [h]</td><td rowspan="2">평음</td></tr>
<tr><td>비어두의 모음, 비음, 유음 뒤</td><td>유성음</td><td>ㅎ [ɦ]</td></tr>
</table>

- [ㅈ, ㅉ, ㅊ]은 전설을 경구개에 대어 공기의 흐름을 완전히 막았다가 천천히 열면서 그 좁은 틈으로 공기를 빠르게 내보내 발음하는 **파찰음**(破擦音)이다. 처음에는 폐쇄음처럼, 나중에는 마찰음처럼 발음한다.
- 파찰음 [ㅈ, ㅉ, ㅊ]은 초성으로만 쓰인다.
- 평음 [ㅈ]은 어두에서는 무성음 [ʧ]로, '아자, 안자, 암자, 앙자, 알자' 등 비어두의 모음, 비음, 유음 뒤에서는 유성음 [ʤ]로 발음된다.

<table>
<tr><td rowspan="4">초성</td><td rowspan="2">어두, 비어두</td><td rowspan="3">무성음</td><td>ㅊ [ʧʰ]</td><td>유기음</td></tr>
<tr><td>ㅉ [ʧ']</td><td>경음</td></tr>
<tr><td>어두</td><td>ㅈ [ʧ]</td><td rowspan="2">평음</td></tr>
<tr><td>비어두의 모음, 비음, 유음 뒤</td><td>유성음</td><td>ㅈ [ʤ]</td></tr>
</table>

심화학습

- 마찰음의 평음과 경음, 파찰음의 평음, 경음, 유기음은 근육의 긴장이나 성대의 움직임이 폐쇄음의 경우(5.5절)와 똑같다.
- 'ㅅ [s, ʃ], ㅆ [s', ʃ'], ㅈ [ʧ, ʤ], ㅉ [ʧ'], ㅊ [ʧʰ]'을 묶어 치찰음(齒擦音)이라고 부른다. 이들을 발음할 때 혀와 입천장 및 치조 사이의 좁은 틈을 통과한 빠른 기류가 윗니 뒤쪽에 부딪혀 생기는 소음이 이들의 음성적 특징이 된다. 이 특징을 치찰성이라 하고 치찰성을 가진 이 자음들을 치찰음이라 부른다.

탐구문제

1 다음 단어들의 초성 자음의 음가를 음성기호로 정밀전사해 보라.

- 달구지
- 창작자
- 자초지종
- 성장촉진제

2 다음 글의 첫 문장의 뜻을 고려하여 둘째 문장이 뜻하는 바를 설명해 보라.

비어두 모음, 비음, 유음 뒤에서 유기음 [ㅍ, ㅌ, ㅊ, ㅋ]의 기식이 약화되므로 평음 [ㅂ, ㄷ, ㅈ, ㄱ]이 기식이 전혀 없는 유성음으로 발음됨으로써 유기음과의 음성적 거리를 유지한다. 이러한 현상은 [ㅅ]에는 나타나지 않는다. —이기문, 《국어사개설》(1998)의 238쪽의 서술을 요약.

5.7. 비음

◆ [ㅁ, ㄴ, ㅇ]은 구강의 조음위치에서 음성기관을 완전히 막고 코로 공기를 내보내면서 발음하는 콧소리, 즉 **비음**(鼻音)이다. 목젖을 내려뜨려 코로 통하는 통로를 연 채 발음하므로 비강에서 소리가 울린다.

◆ [ㅁ, ㄴ]은 초성과 종성으로 모두 쓰이지만 [ㅇ]은 종성으로만 쓰인다.

◆ 비음 'ㅁ [m], ㄴ [n], ㄴ [ɲ], ㅇ [ŋ]'은 각각 구강음 [ㅂ, ㄷ, ㅈ, ㄱ]과 조음위치가 똑같다. [마]:[바], [나]:[다], [냐]:[자], [앙]:[악]을 발음해 보면 각 쌍의 자음의 조음위치가 똑같음을 알 수 있다.

조음방식 \ 조음위치		양순음	치음	치조음	경구개음	연구개음	성문음
비음		ㅁ [m]	ㄴ [n]		ㄴ [ɲ]	ㅇ [ŋ]	
구강음	폐쇄음 파찰음	ㅂ	ㄷ		ㅈ	ㄱ	

◆ 비음 'ㅁ [m], ㄴ [n], ㄴ [ɲ], ㅇ [ŋ]'은 각각 구강음 [ㅂ, ㄷ, ㅈ, ㄱ]과 구강 안의 조음기관의 움직임이 같거나 비슷하다. 예를 들어 [ㅁ]과 [ㅂ]은 두 입술을 완전히 붙였다 떼는 점이 똑같다. 각 쌍의 주된 차이는 목젖이 코로 통하는 통로를 여느냐 닫느냐 하는 것이다.

◆ 비음은 모두 유성음이다.

심화학습

- 모음을 발음할 때 목젖이 비강 쪽 통로를 열면 비모음(鼻母音)이 발음된다. 한국어는 다른 대부분의 언어와 마찬가지로 비모음을 음소로 사용하지 않아서 모음이 비음인지 구강음인지가 그다지 중요하지 않다. 그래서 한국어에서 비음은 비자음(鼻子音) [ㅁ, ㄴ, ㅇ]만 가리키는 말로 사용하는 것이 일반적이다.
- 입을 다물고 콧노래를 흥얼거릴 때 나는 발음은 [m]이다. 입술이 닫혀 있고 코로 공기가 흘러나오면서 나는 유성음인 것이다. 즉 콧노래는 [mmmmmmm]과 같이 [m]을 이어서 발음하면서 소리의 높이를 변화시켜 노래처럼 부르는 것이다.

탐구문제

1. '닥밭'의 네 자음을 각각 같은 조음위치의 비음으로 바꾸어 발음해 보고 그 발음을 한글로 전사해 보라.

2. '앉아 [안자], 인치 [인치]'를 대개 [andʒa], [intʃʰi]로 정밀전사한다. 조음위치의 관점에서 이 두 [ㄴ]을 치음 [n]으로 적는 것이 정확한지 생각해 보라.

5.8. 유음

- [ㄹ]은 **유음**(流音)이다. 유음은 조음위치에서 조음기관끼리의 접촉이 매우 적어 공기가 비교적 자유롭게 흐르면서 발음된다. 조음기관이 공기의 흐름을 방해하지 않는 모음과 가장 비슷한 자음이다.
- 유음은 조음방식에 따라 탄설음과 설측음으로 나누어진다.
- **탄설음**(彈舌音) 'ㄹ [ɾ]'은 혀끝을 치조에 한 번 잠깐 댔다 떼어 발음하는 소리이다. '나라, 토론'에서처럼 비어두의 모음 뒤 초성 [ㄹ]은 탄설음으로 발음된다. 또 '라면, 런던' 등의 어두의 초성 [ㄹ]도 탄설음으로 발음될 수 있다.
- **설측음**(舌側音) 'ㄹ [l]'은 혀끝을 치조에 붙이고 혀의 옆이 볼 쪽 벽에 닿지 않게 하여 공기가 지나갈 통로를 열어 놓은 상태에서 발음하는 소리이다. '알, 벌써'에서처럼 종성의 [ㄹ]은 모두 설측음으로 발음되고, '얼른, 놀라다'에서처럼 [ㄹ] 뒤의 초성 [ㄹ]도 설측음으로 발음된다. 또 '라면, 런던' 등의 어두의 초성 [ㄹ]도 설측음으로 발음될 수 있다.

탄설음	ㄹ [ɾ]	초성	어두	라면, 런던
			비어두 모음 뒤	나라, 토론
설측음	ㄹ [l]	초성	어두	라면, 런던
			비어두 'ㄹ' 뒤	얼른, 놀라다
		종성		알, 벌써

- 탄설음과 설측음은 모두 유성음이다.
- 탄설음 [ㄹ]을 'ɾ' 대신 'r'로 적기도 한다. 원래 'r'은 혀끝을 치조에 대고 떨어서 발음하는 **전동음**(顫動音)을 적는 기호이다. 전동음 [r]이 한국어에 거의 나타나지 않으므로 편의상 'r'을 탄설음 기호로 사용하는 것이다.

심화학습

- 영어의 /r/은 치조접근음 [ɹ]로 발음된다. 치조접근음은 혀끝을 치조에 접근시키되 마찰이 일어나지 않는 범위에서 가장 가깝게 접근시켜 발음하는 유성음이다. 그러므로 영어의 /r/을 한국어의 [ㄹ]처럼 탄설음 [ɾ]로 발음하면 부정확한 발음이 된다.
- 미국영어에는 탄설음 [ɾ]이 있다. 'latter, ladder, city, tidy'와 같이 강세음절과 비강세음절 사이에 낀 /t/, /d/가 약화되면 [ɾ]로 발음된다. 한국어의 탄설음 [ㄹ]과 동일한 발음이다.
- 전동음 [r]은 '따르르르릉, 부르르르릉, 드르르르륵, 까르르르르' 등의 의성어에서 발음될 수 있다. 한국인의 대부분은 전동음 [r]을 발음하지 못한다. 스페인어의 모음 간 'r'은 탄설음 [ɾ]로, 'rr'은 전동음 [r]로 발음된다. caro(카트, 자동차) /kaɾo/, carro(비싼) /karo/.

탐구문제

1. 다음 두 경우에 [ㄹ]의 음성이 탄설음인지 설측음인지 말해 보라.
   - 아라라라라라
   - 알랄랄랄라

2. 중국어 유음은 설측음 [l]이고 일본어 유음은 탄설음 [ɾ]이다. 둘 다 초성으로만 쓰인다. 중국인과 일본인이 다음 말들의 [ㄹ]을 발음할 때 어떤 어려움이 있을지 생각해 보라.
   - 모름, 몰라

5.9. 자음 음성의 종합

◇ 이상에서 본 자음 음성 31개는 다음과 같은 자음 음성체계를 이룬다.

조음방식 \ 조음위치			양순음	치음	치조음	경구개음	연구개음	성문음
장애음	폐쇄음	유성음	b	d			g	
		불파음	$p^{>}$	$t^{>}$			$k^{>}$	
		무성외파평음	p	t			k	
		경음	p'	t'			k'	
		유기음	p^h	t^h			k^h	
	파찰음	유성음				ʤ		
		무성평음				ʧ		
		경음				ʧ'		
		유기음				$ʧ^h$		
	마찰음	유성음						ɦ
		무성평음			s	ʃ		h
		경음			s'	ʃ'		
공명음	비음		m	n		ɲ	ŋ	
	유음	탄설음			r			
		설측음			l			

◇ 폐쇄음, 파찰음, 마찰음은 조음위치에서 공기의 흐름을 크게 방해하여 내는 폭발음이나 소음으로서 **장애음**(障碍音)에 속한다. 한편 비음, 유음은 성대의 진동이 목구멍, 구강, 비강 등의 공간에서 울리면서 나는 소리로서 **공명음**(共鳴音)에 속한다. 모음과 반모음도 공명음이다.

◇ 마찰음, 비음, 설측음은 처음부터 끝까지 같은 음가가 유지되는 **지속음**(持續音)이다. 마찰음은 입으로, 비음은 코로, 설측음은 혀 옆으로 공기가 빠져나가는 동안에 계속 똑같은 소리가 난다. 모음과 반모음도 지속음이다. 한편 폐쇄음, 파찰음, 탄설음은 한 순간 발음되고 끝나는 **순간음**(瞬間音)이다.

심화학습

- 장애음은 거칠게 느껴지고 공명음은 부드럽게 느껴진다.
- 장애음 중에는 유성음도 있고 무성음도 있지만 공명음(비음, 유음, 모음, 반모음)은 모두 유성음이다.
- 종성 자음 7개 중에서 폐쇄음 [ㅂ, ㄷ, ㄱ]은 순간음이고 비음 [ㅁ, ㄴ, ㅇ]과 유음 [ㄹ]은 지속음이다. 노래를 부를 때 한 음절을 길게 끌어야 할 때 그 종성이 지속음이면 종성 자체의 발음을 길게 끄는 것이 가능하다. 반면에 종성이 순간음이면 종성 자체의 발음을 길게 끄는 것이 불가능하다. 이때는 하는 수 없이 그 음절의 모음의 발음을 길게 끌어야 한다(모든 모음은 지속음이다). 예를 들어 애국가를 부를 때 '닳도록'의 '록'은 [로ㄱㄱㄱㄱ]처럼 발음할 수 없고 [로ㅗㅗㅗ옥]처럼 발음해야 한다. 반면에 '화려강산'의 '산'은 [사ㄴㄴㄴㄴ]처럼 발음할 수도 있고 [사ㅏㅏ난]처럼 발음할 수도 있다.

탐구문제

1. 다음 음성전사 자료에서 장애음을 모두 찾아 보라.
   - 아름다운 마음 [arɯmdaunmaɯm]
   - 척박한 토지 [ʧ^{h}ʌkp'ak^{h}ant^{h}odʒi]

2. 다음 글의 음성전사 자료를 표본으로 삼아 한국어에서 어느 조음위치의 자음이 사용빈도가 가장 높을지 추측해 보라.
   - 행복은 결코 많고 큰 데만 있는 것이 아니다. 작은 것을 가지고도 고마워하고 만족할 줄 안다면 그는 행복한 사람이다. –법정
   - 음소전사: [헹보근 결코 만코큰데만 인는거시 아니다 자근거슬가지고도 고마워하고 만조칼쭈란다면 그는 헹보칸사라미다]
   - 음성전사: [heŋbogɯn kjʌlk^{h}o mank^{h}ok^{h}ɯndeman innɯngʌʃi aɲida ʧagɯngʌsɯlgaʤigodo komawʌɦago manʤok^{h}alʧ'urandamjʌn kɯnɯn heŋbok^{h}ansaramida]

5.10. 자음체계의 구성

◇ 자음 음성을 종합한 표를 음소의 관점에서 단순화하면 다음과 같이 자음 음소 19개로 이루어진 자음 음소체계(즉 **자음체계**)가 구성된다.

조음방식 \ 조음위치			양순음	전설음	후설음	성문음
장애음	폐쇄음	평음	ㅂ	ㄷ	ㄱ	
		경음	ㅃ	ㄸ	ㄲ	
		유기음	ㅍ	ㅌ	ㅋ	
	파찰음	평음		ㅈ		
		경음		ㅉ		
		유기음		ㅊ		
	마찰음	평음		ㅅ		ㅎ
		경음		ㅆ		
공명음	비음		ㅁ	ㄴ	ㅇ	
	유음			ㄹ		

◇ [ㅂ, ㄷ, ㄱ, ㅈ, ㅎ, ㄹ]은 조음방식에 따라 각각 둘 이상의 음성으로 실현되지만 음운론적으로는 그 음성들을 구별할 필요가 없다. 예를 들어 무성외파평음 [p]와 유성음 [b]와 불파음 [p˺]는 모두 같은 음소 [ㅂ]에 속한다. 따라서 조음방식에 따른 이들의 구분을 없앤다.

◇ [ㅅ, ㅆ]의 조음위치의 구별, [ㄴ]의 조음위치의 구별도 음운론적인 것이 아니다. 예를 들어 치음 [n]과 경구개음 [ɲ]은 같은 음소 [ㄴ]에 속한다. 따라서 이들의 조음위치에 따른 구분을 없앤다.

◇ [ㅎ]을 제외하면 자음 음소 18개가 전설음을 중심으로 완전한 대칭을 이룬다는 점에서 이 자음체계는 매우 체계적이다.

◇ 자음체계를 이와 달리 구성하는 견해도 있다. 전설음 가운데 [ㅈ, ㅉ, ㅊ]을 경구개음으로, 나머지를 치조음으로 구분하는 것이다.

심화학습

학교문법과 대부분의 한국어 연구자들은 다음 자음체계를 따른다.

조음방식 \ 조음위치			양순음	치조음	경구개음	연구개음	성문음
장애음	폐쇄음	평음	ㅂ	ㄷ		ㄱ	
		경음	ㅃ	ㄸ		ㄲ	
		유기음	ㅍ	ㅌ		ㅋ	
	파찰음	평음			ㅈ		
		경음			ㅉ		
		유기음			ㅊ		
	마찰음	평음		ㅅ			ㅎ
		경음		ㅆ			
공명음	비음		ㅁ	ㄴ		ㅇ	
	유음			ㄹ			

탐구문제

종성에 쓰이는 자음 7개의 체계이다. 빈칸을 채워 완성해 보라.

조음방식 \ 조음위치			양순음	전설음	후설음	성문음
장애음						
공명음						
	유음					

2 다음은 그해에 출생한 한국인의 이름별 인구 순위 1위~5위이다. 많이 쓰인 자음의 순위가 50년간 어떻게 바뀌었는지 분석해 보라.

구분	1958년	2008년
남자	영수, 영철, 영호, 영식, 성수	민준, 지훈, 현우, 준서, 우진
여자	영숙, 정숙, 영희, 명숙, 경숙	서연, 민서, 지민, 서현, 서윤

5.11. 자음자의 조직

◆ 자음을 나타내는 글자, 즉 **자음자**(子音字)는 낱글자로 쓰기도 하고 두 낱글자를 조합해 쓰기도 한다.

◆ 자음자 가운데 낱글자는 'ㄱ, ㄴ, ㄷ, ㄹ, ㅁ, ㅂ, ㅅ, ㅇ, ㅈ, ㅊ, ㅋ, ㅌ, ㅍ, ㅎ'이다. 이들은 각각 한 음소를 표시한다.

◆ 낱글자를 조합한 글자 가운데 같은 낱글자를 반복한 'ㄲ, ㄸ, ㅃ, ㅆ, ㅉ'도 각각 한 음소를 표시한다. 반면에 서로 다른 낱글자를 조합한 'ㄳ, ㄵ, ㄶ, ㄺ, ㄻ, ㄼ, ㄽ, ㄾ, ㄿ, ㅀ, ㅄ'은 두 음소의 연결을 표시한다.

◆ 초성자로 쓰이는 자음자는 19개이다.

홑글자 (14개)	ㄱ, ㄴ, ㄷ, ㄹ, ㅁ, ㅂ, ㅅ, ㅇ, ㅈ, ㅊ, ㅋ, ㅌ, ㅍ, ㅎ
쌍글자 (5개)	ㄲ, ㄸ, ㅃ, ㅆ, ㅉ

◆ 초성자 'ㅇ'은 자음을 나타내지 않는다. 초성 자리에 자음이 없음을 나타낸다.

◆ 종성자로 쓰이는 자음자는 27개이다.

홑받침 (14개)	ㄱ, ㄴ, ㄷ, ㄹ, ㅁ, ㅂ, ㅅ, ㅇ, ㅈ, ㅊ, ㅋ, ㅌ, ㅍ, ㅎ
쌍받침 (2개)	ㄲ, ㅆ
겹받침 (11개)	ㄳ, ㄵ, ㄶ, ㄺ, ㄻ, ㄼ, ㄽ, ㄾ, ㄿ, ㅀ, ㅄ

◆ 종성자 27개 중 홑받침 7개(ㄱ, ㄴ, ㄷ, ㄹ, ㅁ, ㅂ, ㅇ)만 원래의 음가대로 발음되고 나머지 종성자들은 위의 7개 중의 하나로 바뀐 음가로 발음된다. 6.3절의 종성제약과 9.3절의 평폐쇄음화 참조.

심화학습

◆ 모음자 이름은 모음의 음가를 그대로 이용한다. 예를 들어 글자 'ㅏ'의 이름은 그 음가 [ㅏ]를 이용한 [아]이다. 그러나 자음자 이름은 자음의 음가를 그대로 이용하기 어렵다. 대부분의 자음은 모음을 그 앞이나 뒤에 붙여서 한 음절로 만들어 발음하지 않으면 그 음가가 잘 드러나지 않는다. 한글 창제 때에는 자음 뒤에 모음 [ㅣ]를 붙인 '기, 니, 디, 리' 식으로 불렀던 것 같다. 그 후에 자음이 종성으로 쓰인 음절을 뒤에 덧붙여서 '기역, 니은, 디귿, 리을' 식으로 부르게 되었다. 이러한 이름의 기원에 대해서는 7.4절 참조. 낱글자인 자음자 이름 14개 가운데 '기역, 디귿, 시옷'은 두 번째 음절이 불규칙한데 북한에서는 이것을 규칙화하여 '기윽, 디읃, 시읏'으로 바꾸어 부르고 있다. 또 북한에서는 '쌍기역' 등을 '된기윽' 등으로 부른다.

탐구문제

1. 쌍글자 5개 중에서 'ㄲ, ㅆ'만 종성자로 사용하고 'ㄸ, ㅃ, ㅉ'은 종성자로 사용하지 않는 이유가 무엇인지 말해 보라.

2. 북한의 가나다순에서 자음자의 순서가 남한의 경우와 어떻게 다른지 조사해 보라.

한국어음운론의
기초

6

음절

6.1. 음절과 음절자

◆ 음절은 분절음보다 큰 음성단위이다. 하나 이상의 분절음이 한 줄로 이어져 음절이 만들어진다.

분절음	⇒	음절
[ㅏ]	⇒	[아]
[ㄱ] [ㅏ]	⇒	[가]
[ㄱ] [ㅏ] [ㅁ]	⇒	[감]

◆ 모든 단어는 하나 이상의 음절이 한 줄로 이어진 형태이다. '물'은 1음절어, '나무'는 2음절어, '자전거'는 3음절어, '고무풍선'은 4음절어이다.

- 단음절어(單音節語): 1음절어
- 다음절어(多音節語): 2음절 이상의 단어

◆ 한글은 낱글자를 'ㅎㅏㄴㄱㅡㄹ'과 같이 한 줄로 풀어쓰지 않고 '한글'과 같이 음절 단위로 모아쓰도록 되어 있다. 그래서 일상적으로는 모아쓴 글자 '한', '글' 등을 '음절'이라고 부른다. 그러나 문자와 음성을 구별해야 할 경우에는 모아쓴 글자를 **음절자**(音節字)라고 부르고 실제로 발음된 단위를 음절이라고 부르는 것이 정확하다.

- 음절자: 표기단위
- 음절: 음성단위

◆ 한국어에 '닭'이라는 음절자는 있지만 [닭]이라는 음절은 없다. 음절자 '닭'은 음절 [닥]으로 발음된다고 말할 수 있다. 마찬가지로 '낫, 낮, 낯, 낱, 낳, 넋, 값, 닦, 없, 밟, 훑' 등은 음절자로만 존재하고 음절로는 존재하지 않는다.

◆ '끊임없이 [끄니멉씨]'의 분석

- 음절자 4개: 끊, 임, 없, 이
- 음절 4개: 끄, 니, 멉, 씨

심화학습

- 한글은 한국어를 음절 단위로 분석한 바탕 위에서 만든 문자이고 음절 단위로 적게 되어 있다. 그래서 단어나 문장의 한글표기를 보면 그것이 몇 음절로 되어 있는지 금방 알 수 있다.
- 중국의 문자인 한자는 표의문자이지만 글자 하나하나가 음절 단위와 일치한다. 그래서 중국어 단어나 문장의 표기에 사용된 한자의 개수가 음절 수와 같다. 그리고 일본의 문자인 가나는 음절문자이므로 글자 하나하나가 음절 단위와 일치한다. 6.6절 참조. 그러므로 가나로만 적은 일본어의 경우에도 표기에 음절 수가 금방 드러난다.
- 영어와 같이 알파벳을 사용하는 유럽의 언어들은 표기에 음절 단위가 반영되어 있지 않아서 표기를 보고 음절 수를 금방 알기 어렵다. 예를 들어 똑같이 여섯 글자로 적는 'eleven'은 3음절, 'twelve'는 1음절인데 표기에 음절에 관한 정보가 전혀 드러나지 않는다.

탐구문제

1. 다음 예들에서 받침이 있는 음절자 가운데 음절로 존재할 수 없는 것을 골라 보라.
   - 낮빛 [낟삗], 엷길 [엽낄], 흰나비 [힌나비]
   - 폅니다 [폄니다], 하겠다 [하겓따]

2. 한국어 단어 중에 몇 음절어가 가장 많을지 추측해 보고 어휘통계 연구 등에서 확인해 보라.

6.2. 음절성분과 음절구조

◆ 음절을 직접 이루는 요소는 **음절성분**이다. 음절성분에는 **초성, 중성, 종성**이 있다. 이 가운데 중성이 음절의 중심으로서 필수적인 성분이다. 초성과 종성은 있어도 되고 없어도 되는 수의적인 성분이다.

◆ 분절음과 음절성분이 형성하는 **음절구조**는 다음과 같다.

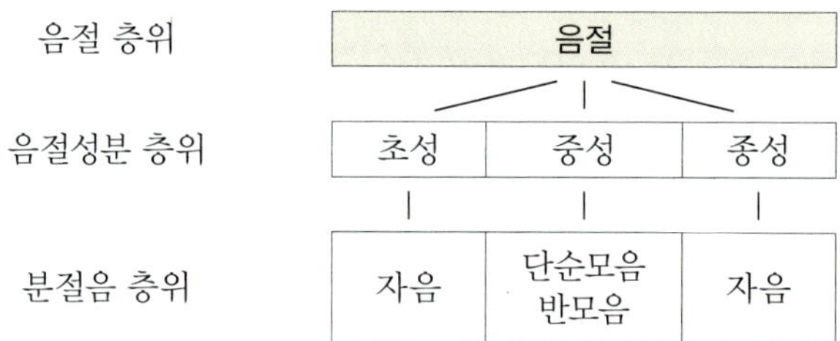

◆ 초성, 중성, 종성이 있고 없음에 따른 음절의 유형은 다음과 같다.

음절의 유형			예
①	중성	개음절	아, 야, 에, 와, 위, 으
②	초성+중성		가, 갸, 게, 과, 귀, 그
③	중성+종성	폐음절	악, 얀, 엘, 왕, 윔, 읍
④	초성+중성+종성		각, 갼, 겔, 광, 귐, 급

◆ 언어 간의 음절구조의 차이는 외래어의 발음이 원어의 발음과 달라지는 주요 요인이 된다.

영어
음절
초 중 종
/s p r ɪ ŋ/

⇒

한국어		
음절	음절	음절
초 중	초 중	초 중 종
[ㅅ ㅡ]	[ㅍ ㅡ]	[ㄹ ㅣ ㅇ]

심화학습

- 초성, 중성, 종성은 《훈민정음해례》에 처음 등장하는 용어이다. 중국의 한자음 이론인 성운학(聲韻學)에서 음절을 성(聲)과 운(韻) 두 부분으로 나누던 것을 참고하여 한국어의 음절을 분석하면서 운을 중성과 종성으로 다시 나눔으로써 음절이 세 부분으로 이루어져 있다는 결론에 이르게 되었다. 이에 대한 더 자세한 내용은 6.6절 참조. 이 음절성분 셋은 한국어뿐만 아니라 다른 언어의 음절을 분석할 때도 그대로 적용할 수 있는 보편적인 개념이다.

탐구문제

1. 대화 자료를 분석한 한 연구에 따르면 음절의 유형 ①~④의 비율은 ① 10.6%, ② 62.2%, ③ 3.9%, ④ 23.3%이다. 다음 문장의 발음을 대상으로 음절의 유형 ①~④의 개수와 비율을 조사해서 위의 연구결과와 비교해 보라.
   - 지하철역이 집에서 조금 멀지만 운동 삼아 걸어갈 때가 많다.
     [지하철려기 지베서 조금 멀지만 운동사마 거러갈떼가 만타]

2. 다음 영시(英詩)의 각운(脚韻 rhyme)이 음절성분 가운데 무엇과 관계가 있는지 조사해 보라.

   Two roads diverged in a yellow wood,
   And sorry I could not travel both
   And be one traveler, long I stood
   And looked down one as far as I could
   To where it bent in the undergrowth;

   –프로스트(Robert Frost), 〈The Road Not Taken〉의 1연

6.3. 음절구조제약

◇ 분절음이나 음절성분이 음절을 이루려면 정해진 규칙을 따라야 한다. 이 규칙을 **음절구조제약**이라 한다.

중성 필수의 제약: 음절성분 가운데 중성이 반드시 있어야 한다.

- [간]에서 중성 [ㅏ]가 빠진 [ㄱㄴ]은 부적격하다.

초성제약: [ㅇ] 이외의 18자음 중 하나만 초성이 될 수 있다

- /fa/, /ŋa/, /spra/, [ㅆ나], [ㅁ삐], [ㅃ쌀] 등은 부적격하다.

중성제약: 단순모음이나 이중모음 중 하나만 중성이 될 수 있다. 즉 표준발음의 단순모음 10개와 이중모음 11개, 현실발음의 단순모음 7개와 이중모음 11개가 중성이 될 수 있다.

- [ᄒᆞ], [갸ㅏ], [쇠], [긔], [개]' 등은 부적격하다.

종성제약: 7자음 [ㅂ, ㄷ, ㄱ, ㅁ, ㄴ, ㅇ, ㄹ] 중의 하나만 종성이 될 수 있다

- /eks/, /hint/, [낫], [났], [낮], [낯], [낰], [낳], [낢], [낡], [낦] 등은 부적격하다.

초중성 연결의 제약: 초성 [ㅈ, ㅉ, ㅊ]과 중성 'j'계 이중모음 [ㅑ, ㅕ, ㅛ, ㅠ, ㅖ] 또는 [ㅞ]가 연결되지 못한다.

- 이 제약은 [쟈, 져, 죠, 쥬, 졔, 줴], [쨔, 쪄, 쬬, 쮸, 쪠, 쮀], [챠, 쳐, 쵸, 츄, 쳬, 췌]로 시작하는 음절이 부적격함을 뜻한다. 그래서 [쟈, 쟉, 쟌, 쟏, 쟐, 쟘, 쟙, 쟝, 져, 젹, 젼 …]은 모두 부적격하다. 4.10절 참조.

심화학습

- 영어에서는 초성으로 자음이 셋까지, 종성으로 자음이 넷까지 이어질 수 있다.
  - sing /sɪŋ/, sting /stɪŋ/, string /strɪŋ/
  - sit /sɪt/, spit /spɪt/, split /splɪt/
  - sing /sɪŋ/, sink /sɪŋk/, glimpse /glɪmps/, glimpsed /glɪmpst/
  - tack /tæk/, tax /tæks/, text /tekst/, texts /teksts/
- 중국어, 일본어는 한국어와 마찬가지로 초성이나 종성에 자음이 둘 이상 나타나지 못한다.

탐구문제

1. 종성제약에 따르면 다음과 같은 말들에 쓰이는 '낫, 났, 낮, 낯, 낳, 낢' 등이 모두 부적격한 음절이다. 종성제약이 그렇게 규정할 수밖에 없는 이유가 무엇인지 설명해 보라.
   - 백지장도 맞들면 낫다. / 땀이 났다. / 산이 낮다. / 빈대도 낯짝이 있다. / 낳은 정과 기른 정 / 새끼 제비가 처음으로 낢.

2. 다음에서 영어 1음절이 한국어 5음절로 바뀌는 과정을 음절구조제약과 관련지어 설명해 보라.
   - glimpsed /glɪmpst/ ⇒ [글림프스트]
   - strike /straɪk/ ⇒ [스트라이크]

6.4. 음절의 적격성과 실재성

◇ 음절구조제약에 어긋나는 분절음연결은 발음할 수 없다. 그러므로 모든 단어와 문장은 음절구조제약을 따른 음절, 즉 적격한 음절로만 구성되어야 한다.

◇ '꺽, 켝'은 음절자로는 쓰이지 않으나 음절구조제약을 따른 적격한 음절이다. 적격하기 때문에 '성격 [성껵], 적격 [적껵], 박혁거세 [바켝꺼세]'와 같은 단어의 발음에 실제로 쓰일 수 있는 것이다.

◇ 적격한 음절 가운데 일부는 실제로 쓰이는 일이 없다. 가능하다고 해서 반드시 나타나는 것은 아닌 것이다. 즉 음절의 적격성과 실재성이 완전히 일치하는 것은 아니다.

적격성	실재성	예
적격	실제로 쓰임	가, 껵, 퀜, 명, 븀, 켝, 퇀
	실제로 쓰이지 않음	걉, 뺸, 촴, 퉨
부적격	실제로 쓰이지 않음	ㄱ, ㅅㄹ, ㅃㅣ, 갂, 낫, 낮, 낦, 낡

◇ [퀜]은 '꿰니 [퀜니]', [븀]은 '니오븀', [퇀]은 '홧홧 [화퇀]' 등에 실제로 쓰인다.

◇ 실제로 쓰이지 않던 음절이 신어의 발생으로 쓰이게 될 수도 있다. 영어 'tulip'으로부터 '튤립'이라는 단어가 들어오기 전에는 [튤]이라는 음절이 쓰일 일이 없었다. [튤]이 적격한 음절이므로 '튤립'이라는 신어에 등장할 수 있었던 것이다.

◇ 부적격한 음절은 기존의 단어에도 나타나지 않을 뿐 아니라 신어에도 사용될 수가 없다. 예를 들어 [ㅃㅣ], [갂], [낫]은 기존 단어에도 나타나지 않고 새로운 단어를 만들 때에도 사용할 수 없는 부적격한 음절이다.

심화학습

음절에 대해서와 마찬가지로 음절자에 대해서도 적격 여부와 실재 여부를 구분할 수 있다. 본문 표의 예들을 음절자의 관점에서 다시 분류하면 다음과 같다. 고딕체로 표시한 음절자는 본문의 음절에 관한 표와 차이가 나는 것들이다.

적격성	실재성	예
적격	실제로 쓰임	가, **낫**, **낮**, 명, 븀
	실제로 쓰이지 않음	갸, **꺽**, **꿴**, **낦**, 뿐, 춤, **켝**, **퇀**, 퀸
부적격	실제로 쓰이지 않음	ㄱ, ㅅㄹ, ㅃㅣ, 갇, 낡

탐구문제

1 다음 문장의 발음에 나타나는 음절 가운데 음절자로 쓰이지 않는 것이 있는지 조사해 보라.

- 표정은 잔뜩 굳어 있지만 악의 전혀 없는 거 같군.
  [표정은 잔뜩 구더읻찌만 아긔 전혀 엄는거 갇꾼]

2 다음 음절들은 실제로 쓰이는 적격한 음절들이다. [깅], [늌]의 경우를 참고하여 [뤈], [뻥], [슫], [풰]가 어떤 말에 쓰이는지 조사해 보라.

- [깅]: 끼깅, 레깅스, 조깅
- [늌]: 치늌(齒衄), 근육 [그늌], 십육 [심늌], 착륙 [창늌], 정육각형 [정늌까켱]
- [뤈]
- [뻥]
- [슫]
- [풰]

6.5. 음절의 가짓수

◆ 한국어에 적격한 음절이 몇 가지나 있는지는 초성, 중성, 종성의 가짓수를 곱해서 계산할 수 있다.

◆ 표준발음(원칙발음)의 음절의 가짓수

- 초성 19가지= 자음이 있는 경우 18가지+자음이 없는 경우 1가지
- 중성 21가지= 단순모음 10가지+이중모음 11가지
- 종성 8가지= 자음이 있는 경우 7가지+자음이 없는 경우 1가지
- 19×21×8=3192가지

◆ 초중성 연결의 제약(6.3절)에 따라 초성 [ㅈ, ㅉ, ㅊ]과 중성 [ㅑ, ㅕ, ㅛ, ㅠ, ㅒ, ㅖ]의 연결이 불가능하므로 이러한 초성 3가지, 중성 6가지에 종성 8가지가 결합한 음절 3×6×8=144가지를 제외해야 한다.

◆ 따라서 표준발음(원칙발음)의 적격한 음절은 3192−144=3048가지이다.

◆ 현실발음의 음절의 가짓수

- 초성 19가지
- 중성 18가지=단순모음 7가지+이중모음 11가지
- 종성 8가지
- 19×18×8=2736가지

◆ 초중성 연결의 제약에 따라 초성 [ㅈ, ㅉ, ㅊ]과 중성 [ㅑ, ㅕ, ㅛ, ㅠ, ㅖ, ㅞ]의 연결이 불가능하므로 이러한 초성 3가지, 중성 6가지에 종성 8가지가 결합한 음절 3×6×8=144가지를 제외해야 한다.

◆ 따라서 현실발음의 적격한 음절은 2736−144=2592가지이다.

표준발음(원칙발음)	현실발음
19×21×8 = 3192 −) 3×6×8 = 144 3048	19×18×8 = 2736 −) 3×6×8 = 144 2592

심화학습

- 음절의 가짓수가 많고 적은 데는 분절음의 가짓수가 많은가 적은가, 그리고 음절구조제약이 강한가 약한가에 달려 있다. 예를 들어 자음, 단순모음, 반모음의 수가 많으면 음절의 가짓수도 많아질 것이다. 또 초성에 자음이 두 개도 올 수 있고 세 개도 올 수 있다면 한 개만 가능할 때보다 초성의 가짓수가 늘어나 음절의 가짓수도 늘어날 것이다.

- 15세기에는 'ᄠᅳᆮ(뜻), ᄡᅵ(씨앗)'나 'ᄃᆞᆰ(닭), 여ᄃᆞᆲ(여덟)' 등에서의 음절자들이 표기대로 발음되었다. 즉 초성과 종성에서 자음이 둘이 발음될 수도 있었던 것이다. 초성과 종성의 가짓수가 지금보다 많았으므로 음절의 가짓수도 지금보다 더 많았을 것이다.

탐구문제

1. 현실발음에서 개음절의 가짓수와 폐음절의 가짓수의 비율을 계산해 보라.

2. 표준발음(원칙발음)에서 중성이 단순모음인 음절과 이중모음인 음절 중 어느 쪽이 가짓수가 더 많은지 계산해 보라.

6.6. 음절의 가짓수와 음절문자의 발생

- 한국과 일본은 고대에 문자가 없어서 한자를 빌려 썼다. 일본은 10세기 무렵에 한자를 단순화한 가나(假名)라는 **음절문자**를 확립했다. 일본어는 예로부터 음절의 가짓수가 비교적 적었기 때문에 한 음절을 한 글자로 적는 음절문자로 잘 표기할 수 있었다.
- 가나의 각 글자는 음절을 나타내며 분절음과는 전혀 관련이 없다. 예를 들어 히라가나에서 /s/라는 자음으로 시작하는 음절을 적는 'さ, し, す'는 서로 전혀 관련이 없고, /a/라는 모음으로 끝나는 음절을 적는 'あ, か, さ'도 서로 전혀 관련이 없다.

あ /a/	か /ka/	さ /sa/
い /i/	き /ki/	し /si/
う /u/	く /ku/	す /su/

- 한국도 고대로부터 한자를 이용해 한국어를 적는 이두(吏讀), 구결(口訣), 향찰(鄕札) 등의 차자표기(借字表記)를 사용했다. 그러나 한국의 차자표기는 음절문자로 발달하지 못했다.
- 한국어는 음절의 가짓수가 너무 많아 음절들을 적는 글자를 각각 따로 만든다면 수천, 수만의 글자를 만들어야 하기 때문에 결코 실용적인 음절문자를 만들 수 없었던 것이다.
- 한국어처럼 음절의 가짓수가 많은 언어를 표기하는 표음문자는 분절음 단위로 표기하는 **음소문자**여야 한다. 음절을 분절음으로 분석하여 인식하기 위해서는 음운론이 발달해야 했다. 세종(世宗)이 중국의 음운론, 즉 **성운학**(聲韻學)을 받아들여 한국어를 잘 분석할 수 있는 이론으로 발전시킴으로써 음소문자인 한글을 만들어 낼 수 있었다.
- 한글은 분절음을 글자의 단위로 삼는 음소문자인 동시에 글자들의 관계도 아주 체계적이다. 그 결과 현대의 디지털 기기에도 쉽게 적용할 수 있었다.

심화학습

- 성운학은 음절을 이분(二分)하고 훈민정음 이론은 삼분(三分)했다. 예를 들어 /nan/에서 성운학은 첫소리 /n/을 성으로, 나머지 /an/을 운으로 분석했다. 훈민정음 이론은 /nan/을 초성 /n/과 중성 /a/와 종성 /n/으로 분석했다. 그 결과 초성 /n/과 종성 /n/이 같은 음소임이 드러나고 같은 글자 'ㄴ'으로 적을 수 있게 되어 필요한 글자의 수를 크게 줄일 수 있었다.

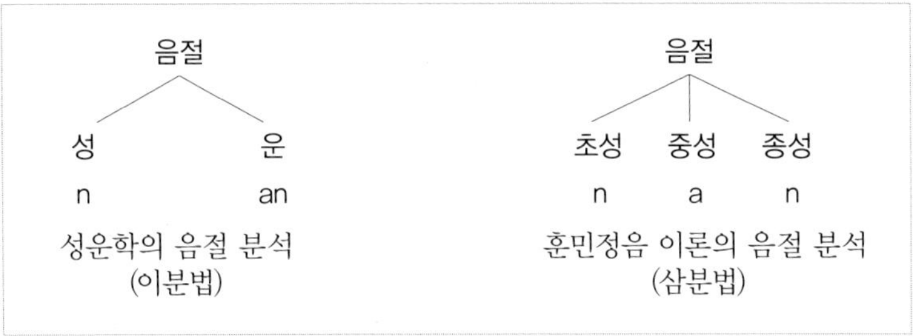

성운학의 음절 분석 (이분법)

훈민정음 이론의 음절 분석 (삼분법)

- 음절을 이분하는 성운학의 분석법은 현대 중국어음운론에도 남아 있다. 다만 현대 중국어음운론에서는 운을 분절음 단위까지 더 분석한다.

탐구문제

1. 한자의 발음만을 이용해 한국어를 소리 나는 대로 적는 표기법의 가장 큰 단점이 무엇일지 다음 예문을 가지고 생각해 보라.
   - 너를 다시 만난 것이 꿈만 같다.

2. 다음에서 보듯이 한자, 한글, 가나가 모두 음절 단위로 적는 문자라고 할 수 있다. 그런데도 가나만을 음절문자라고 하는 이유가 무엇인지 말해 보라.
   - 중국 한자: 基础(jīchǔ), 加拿大(Jiānádà)
   - 한국 한글: 기초, 캐나다
   - 일본 가나: きそ(kiso), カナダ(kanada)

6.7. 음절자와 음절표

◇ 옛날부터 한글을 배울 때 아래와 같은 반절표(反切表)를 이용해 왔다.

◇ 반절표는 음절이 아닌 음절자를 배열한 것이므로 음절자표라고 부르는 것이 정확하나 흔히 **음절표**라고 부른다.

초성자 / 중성자	ㄱ	ㄴ	ㄷ	ㄹ	ㅁ	ㅂ	ㅅ	ㅇ	ㅈ	ㅊ	ㅋ	ㅌ	ㅍ	ㅎ
ㅏ	가	나	다	라	마	바	사	아	자	차	카	타	파	하
ㅑ	갸	냐	댜	랴	먀	뱌	샤	야	쟈	챠	캬	탸	퍄	햐
ㅓ	거	너	더	러	머	버	서	어	저	처	커	터	퍼	허
ㅕ	겨	녀	뎌	려	며	벼	셔	여	져	쳐	켜	텨	펴	혀
ㅗ	고	노	도	로	모	보	소	오	조	초	코	토	포	호
ㅛ	교	뇨	됴	료	묘	뵤	쇼	요	죠	쵸	쿄	툐	표	효
ㅜ	구	누	두	루	무	부	수	우	주	추	쿠	투	푸	후
ㅠ	규	뉴	듀	류	뮤	뷰	슈	유	쥬	츄	큐	튜	퓨	휴
ㅡ	그	느	드	르	므	브	스	으	즈	츠	크	트	프	흐
ㅣ	기	니	디	리	미	비	시	이	지	치	키	티	피	히

초성자 14개와 중성자 10개로 이루어진 음절표

◇ 여기에 빠져 있는 초성자 5개와 중성자 11개를 추가하면 받침 없는 음절자를 모두 배열한 음절표를 만들 수 있다. 그것은 가로로 초성자 19개, 세로로 중성자 21개로 이루어진 음절자 399개의 음절표이다.

◇ 음절자의 받침으로 홑받침 14가지(ㄱ … ㅎ)와 쌍받침 2가지(ㄲ, ㅆ)와 겹받침 11가지, 총 27가지 받침이 가능하다. 받침이 없는 경우 1가지를 더하면 종성자의 경우의 수는 28이다.

◇ 가능한 음절자의 총수는 399×28=11172가지이다.

받침 없는 음절자의 가짓수: 19×21 = 399
모든 음절자의 가짓수: 19×21×28 = 11172

심화학습

- 가능한 음절자의 가짓수는 11172이지만 실제로 쓰이는 음절자는 2300여 가지에 불과하다. 전체의 1/5 정도만 쓰이는 것이다. 안 쓰이는 음절자들은 대부분 받침 있는 음절자들이다. 예를 들어 받침 'ㄿ'은 '읊'에만 나타난다. 받침이 'ㄿ'인 음절자들은 다음과 같이 모두 399가지(=초성자 19×중성자 21×받침 1)가 가능하다.

갎 낦 닲 랊 맖 밢 삺 앒 잞 찶 캂 탎 팚 핦 깚 딾 빮 쌆 짪
걆 냞 댪 럂 먎 뱚 샲 얊 쟖 챮 캺 턆 퍒 햞 꺒 땶 뺦 쌾 쨢
……
긢 늺 딂 릞 믪 븶 싎 읦 즲 칊 킖 틢 픮 흺 끮 띒 삂 씚 쯾
긾 닖 딢 릺 밆 빒 싪 잂 짎 칦 킲 틾 핊 힖 낊 띮 삞 씶 찚

- '갎'부터 '찚'까지의 399가지 음절자 중에 '읊' 하나만 실제로 쓰이는 것이다. 이것은 어찌 보면 매우 비효율적인 문자 사용이라고 할 수 있다. 하나를 사용하기 위해 398개의 존재를 인정하는 셈이기 때문이다. 다른 각도에서 본다면 399개 중에서 오직 하나만 쓸모가 있더라도 그 하나가 꼭 필요하다면 비효율성에도 불구하고 399개의 집단은 존재할 가치가 있다고 할 수 있다.

탐구문제

1. 중성자가 'ㅟ'이고 받침이 없는 음절자를 모두 나열해 보라. 그 가운데 실제로 쓰이는 음절자와 쓰이지 않는 음절자를 구분해 보라.

2. 한글을 배우거나 가르칠 때 본문의 음절표가 크게 도움이 되고 실제로도 많이 이용한다. 그런데 다른 음절자들을 추가하여 배열한 음절표는 잘 이용하지 않는다. 그 이유가 무엇인지 생각해 보라.

6.8. 음절연결의 유형

◆ 적격한 음절끼리 이어질 때 원래대로 발음되는 경우도 있고 그렇지 않은 경우도 있다. 예를 들어 [강]과 [만]이라는 두 적격한 음절을 이으면 [강만]이라는 적격한 **음절연결**이 만들어진다. 반면에 [약]과 [만]이라는 두 적격한 음절을 이은 [약만]은 부적격한 음절연결이 된다. 이것을 적격한 음절연결로 만들려면 [양만]으로 발음을 바꿔야 한다.

◆ 이러한 차이는 음절경계에서 어떤 분절음끼리 만나느냐에 따라 생긴다. 그 양상을 네 가지 유형으로 나눌 수 있다.

유형	예
① 모음연결	[아아, 야임, 어올, 우윱, 의약]
② 자음연결	[강만, 넉귤, 씽주, 약만, 솝휴]
③ 모음과 자음의 연결	[아고, 교류, 베튀, 모찬, 비훈]
④ 자음과 모음의 연결	[악어, 넘운, 밥왐, 굴약, 숭엔]

◆ ①과 ③에서는 원래대로 발음된다.

◆ ④에서는 연음이 일어난다.

• [악어]→[아거], [넘운]→[너문], [밥왐]→[바봠], [굴약]→[구랴]

◆ ②에서는 [강만], [씽주]처럼 원래대로 발음되는 경우도 있고 [넉귤]→[넉뀰], [약만]→[양만], [솝휴]→[소퓨]'처럼 음운현상이 일어나 발음이 바뀌는 경우도 있다. 이 경우의 음운현상은 부적격한 음절연결을 적격한 음절연결로 바꾸어 주는 구실을 한다.

◆ 어떤 음절연결이 적격하고 부적격한지에 대한 규칙을 **음절연결제약**(또는 **음절배열제약**)이라 한다.

심화학습

- 음절연결의 예들 중에는 실제 단어와 같은 형태도 있고 그렇지 않은 것도 있다. [의약]이라는 음절연결은 '의약(醫藥)'이라는 단어와 형태가 똑같은 반면 [넉귤]이라는 음절연결은 어떤 단어와도 형태가 같지 않다. 어떤 음절연결이 실제 단어와 형태가 같은가 다른가 하는 것은 중요한 문제가 아니다. 적격한 두 음절의 연결이기만 하면 그것은 음절연결의 예가 된다.

- [악어, 넘운, 밥왐, 굴약]에서 보듯이 ④에서는 연음이 일어나지만 [숭엔]에서는 연음이 일어나지 않는다. 비음 [ㅇ]은 초성으로 사용될 수 없다는 초성제약(6.3절) 때문에 [숭]의 종성 [ㅇ]이 [엔]의 초성으로 넘어가지 못하는 것이다.

탐구문제

1 다음은 본문의 음절연결의 유형 ①~④ 중 어느것에 속하는지 말해 보라.

- [교웽], [쑬엽], [움쩌], [화받], [듁민], [긔긔]

2 본문의 음절연결의 유형 ②에 속하는 예는 만나는 두 자음의 종류를 기준으로 몇 가지가 가능한지 계산해 보라.

6.9. 자음연결의 양상

◆ **자음연결**은 두 적격한 음절이 만날 때 앞음절의 종성 자음과 뒤음절의 초성 자음이 직접 이어지는 것이다.

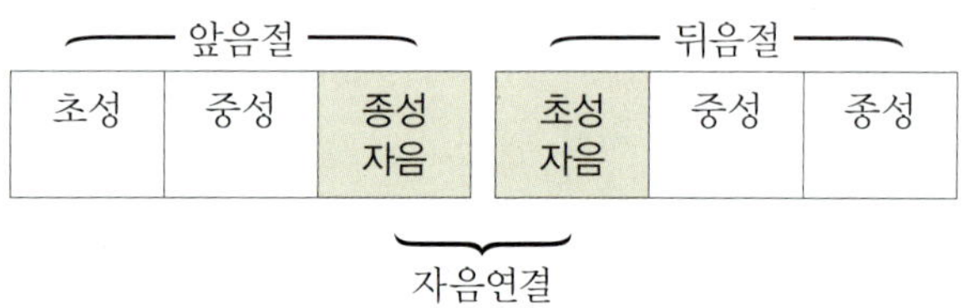

◆ 자음연결은 적격한 연결(○)과 부적격한 연결(×)로 나눌 수 있다.

종성 \ 초성	평음 (ㄱ, ㄷ, ㅂ, ㅅ, ㅈ)	경음 (ㄲ, ㄸ, ㅃ, ㅆ, ㅉ)	유기음 (ㅊ, ㅋ, ㅌ, ㅍ)	ㅎ	ㅁ	ㄴ	ㄹ
폐쇄음 (ㄱ, ㄷ, ㅂ)	×	○/×	○	×	×	×	×
비음 (ㄴ, ㅁ, ㅇ)	○	○	○	○	○	○	×
ㄹ	○	○	○	○	○	×	○

◆ 부적격한 연결은 그대로 발음할 수 없다. 부적격한 연결에서 음운현상이 일어나면 적격한 연결로 바뀌어 발음할 수 있게 된다.

- 자음연결 [ㄱㅁ]은 부적격하다. 여기에서 폐쇄음의 비음화가 일어나면 [ㅇㅁ]으로 바뀌어 발음할 수 있는 자음연결이 된다.

◆ 폐쇄음 종성과 경음 초성의 연결(○/×) 가운데 [ㄷㅆ]만 '×'이고 나머지는 모두 'ㅇ'이다. [ㄷㅆ]은 ㄷ탈락이 일어나 [ㅆ]으로 바뀌게 된다. 그러나 표준발음에서는 [ㄷㅆ]을 적격한 연결로 인정하고 ㄷ탈락을 인정하지 않는다.

심화학습

- 부적격한 음절연결에서 일어나는 음운현상은 다음과 같다. 각 음운현상의 내용은 9장(음운현상) 참조.

<table>
<tr><th>종성＼초성</th><th>평음</th><th>경음</th><th>유기음</th><th>ㅎ</th><th>ㅁ</th><th>ㄴ</th><th>ㄹ</th></tr>
<tr><td>폐쇄음</td><td>경음화</td><td>○/ㄷ탈락</td><td>○</td><td>유기음화</td><td colspan="2">폐쇄음의 비음화</td><td rowspan="2">'ㄹ'의
비음화</td></tr>
<tr><td>비음</td><td>○</td><td>○</td><td>○</td><td>○</td><td>○</td><td>○</td></tr>
<tr><td>ㄹ</td><td>○</td><td>○</td><td>○</td><td>○</td><td>○</td><td>ㄹ탈락/
유음화</td><td>○</td></tr>
</table>

- [ㄹㄴ]은 ㄹ탈락이 일어나 [ㄴ]이 되는 경우도 있고(알-는→[아는]), 유음화가 일어난 [ㄹㄹ]이 되는 경우도 있다(설+날→[설랄]).

탐구문제

1. 다음 자음연결 중 적격한 것과 부적격한 것을 가려 보라.
   - [ㅂㄷ], [ㅂㄲ], [ㅂㅊ], [ㅂㅎ], [ㅂㅁ], [ㅂㄴ], [ㅂㄹ]
   - [ㄴㄱ], [ㄴㅆ], [ㄴㅌ], [ㄴㅎ], [ㄴㅁ], [ㄴㄴ], [ㄴㄹ]

2. 종성 [ㄱ] 뒤에 초성 자음이 적격하게 연결된 실제 단어를 초성 자음별로 하나씩 찾아 보라.

6.10. 어두음절의 특징과 끝말잇기

- 음절이 한 줄로 연결되어 단어를 구성한다.
  - 어두음절(語頭音節): 단어의 맨 앞에 놓인 음절
  - 비어두음절(非語頭音節): 어두음절을 뺀 나머지 음절
  - 어말음절(語末音節): 단어의 맨 뒤에 놓인 음절
- 어두음절의 초성은 **두음법칙**(頭音法則)의 제약을 받는다. 두음법칙의 자세한 내용은 10.3절 참조.
- 두음법칙의 기본적인 내용은 한자어에서 [냐, 녀, 뇨, 뉴, 녜, 니]나 [ㄹ]로 시작하는 음절이 어두음절로 쓰이지 않는다는 것이다. 예를 들어 '녀자(女子), 로인(老人)'은 그대로 쓰이지 못하고 각각 [여자], [노인]으로 바뀌어 쓰이는 것이다.
- 두음법칙이 고유어와 외래어에 적용되지 않기는 하지만 두음법칙의 제약을 받는 어두음절은 고유어에서도 '냠냠, 늴리리 [닐리리], 닁큼 [닝큼], 니글니글, 니은, 리을' 등에만 나타나 매우 적다. 외래어의 경우에는 '뉴스, 니켈, 님비, 라디오, 랠리, 런던, 로켓, 린스, 릴케, 림프' 등 꽤 많이 나타난다.
- 끝말잇기는 둘 이상의 사람이 번갈아서 '여우–우등상–상자–자연–연기–기름'과 같이 다음절어를 하나씩 제시하되 앞 단어의 끝음절자로 시작하는 다른 단어를 제시하는 놀이이다.
- 끝말잇기에서 두음법칙의 제약을 받는 음절자로 시작하는 단어를 제시해야 할 때 알맞은 단어를 찾기 어려운 경우가 많다. 예를 들어 '기름'이나 '양념' 다음에 말할 수 있는 단어는 '름'이나 '념'으로 시작하는 단어인데 그런 단어는 존재하지 않는다.
- 두음법칙 때문에 어두음절이 어말음절만큼 다양하지 못하다. 예를 들어 한자음 '름(凜), 념(念)'이 두음법칙 때문에 어두에서 '늠, 염'으로 나타나므로 어두음절의 가짓수가 적어지는 것이다.

심화학습

끝말잇기와 비슷한 놀이로 첫말잇기가 있다. 첫말잇기는 앞말의 첫음절자를 뒷말의 끝음절자로 하여 다음절어를 이어 가는 놀이이다. '기름–연기–자연–상자–우등상–여우'처럼 끝말잇기의 역순으로 단어가 배열된다. 첫음절자는 먼저 주어지고 그것이 끝음절자로 쓰인 단어를 찾으면 되기 때문에 두음법칙 때문에 다음 단어를 찾기가 어려워지는 일은 없다.

탐구문제

1 다음 표는 특정 음절자를 포함한 다음절어가 사전에 실려 있는지 조사한 것이다(북한어, 옛말, 방언, 비표준어는 제외). 빈칸을 채워 보라.

예 / 종류		겂	골	넹	닉	렴	쁘	츰	힙	
첫음절자	○	×	×							×
끝음절자	○	○	×							×

2 일반적으로 끝말잇기를 음절 기준이 아닌 음절자 기준으로 하는 이유가 무엇인지 설명해 보라.

한국어음운론의
기초

7

체언과 조사의 발음

7.1. 조사의 음운론적 분류

◇ **조사**(助詞)는 문법적으로 격조사, 보조사, 접속조사로 분류하지만 음운론적으로는 형태를 기준으로 그와 달리 나눌 수 있다.

◇ **단형조사**(單形助詞)는 형태가 한 가지인 조사이다. 이것은 다시 두음(頭音)을 기준으로 **자음조사**와 **모음조사**로 나눌 수 있다.

단형조사	자음조사	까지, 께, 대로, 도, 마다, 만, 밖에[바께], 보다, 부터, 조차, 하고, 한테
	모음조사	에, 에게, 에서, 의

◇ **다형조사**(多形助詞)는 형태가 두 가지 이상인 조사이다. 이것은 다시 **ㅣ계 조사, ㅡ계 조사, 특수 다형조사**로 나눌 수 있다.

다형조사	ㅣ계 조사	이나/나, 이랑/랑, 이야/야, 이라도/라도
	ㅡ계 조사	은/는/ㄴ, 을/를/ㄹ, 으로/로, 으로서/로서, 으로써/로써
	특수 다형조사	과/와, 아/야, 이/가

◇ '으로/로, 으로서/로서, 으로써/로써'는 [ㄹ] 이외의 자음 뒤에서 '으'가 있는 형태로, 모음이나 [ㄹ] 뒤에서 '으'가 없는 형태로 쓰인다. 이들을 명사 '감, 귤, 배' 뒤에 붙이면 다음과 같다.

- 감으로/귤로/배로, 감으로서/귤로서/배로서, 감으로써/귤로써/배로써

◇ '으로/로, 으로서/로서, 으로써/로써' 이외의 다형조사는 자음 뒤에서 첫째 형태로, 모음 뒤에서 둘째 이하의 형태로 쓰인다.

- 감이나/배나, 감이랑/배랑, 감이야/배야, 감이라도/배라도
- 감은/배는/밴, 감을/배를/밸
- 감과/배와, 감아/배야, 감이/배가

심화학습

◉ 학교문법에 따른 조사의 문법적 분류는 다음과 같다.

격조사	주격조사
	목적격조사
	보격조사
	관형격조사
	부사격조사
	호격조사
	서술격조사
보조사	통용보조사
	종결보조사
접속조사	

탐구문제

1 명사 '감독' 뒤에 본문의 자음조사들을 붙인 형태를 분류한 표이다. 빈칸을 채워 보라.

명사와 조사의 발음이 바뀌지 않는다.	
명사의 발음만 바뀐다.	감독마다
조사의 발음이 바뀐다.	
	감독한테

2 다음은 지정사 '이다'가 쓰인 문장이다. 밑줄 친 활용형 '이고/고', '이다/다' 등이 ㅣ계 조사의 형태와 어떤 점에서 다른지 생각해 보라.

- 이것은 감이고 저것은 배다.
- 저것은 배고 이것은 감이다.

7.2. 체언의 음운론적 분류

◇ **체언**(體言)은 문법적으로 명사, 대명사, 수사로 분류하지만 음운론적으로는 말음(末音)이 모음인가 자음인가에 따라 나눌 수 있다.

◇ 자음체언은 말음이 자음 하나(단일자음)인 경우와 자음 둘(**자음군** 子音群)인 경우로 나눌 수 있다.

모음체언		소, 나무, 열쇠, 줄넘기
자음체언	단일자음체언	목, 달, 꽃, 무릎, 장난감
	자음군체언	몫, 닭, 삶, 값

◇ **모음체언**은 단독으로 쓰이든 조사가 붙든 말음의 발음이 바뀌지 않는 것이 일반적이다.

- 아름드리 나무
- 나무가, 나무는, 나무를, 나무도, 나무만, 나무까지, 나무에, 나무의, 나무조차, 나무랑, 나물랑
- 재료가 나문데 아주 단단하다. 추위에 강한 나뭅니다.

◇ **자음체언**은 단독으로 쓰이든 조사가 붙든 말음의 발음이 바뀌는 경우가 꽤 있다. 또 조사가 붙을 때는 조사의 두음이 바뀌기도 한다.

- 활짝 핀 꽃 [꼳]
- 꽃이 [꼬치], 꽃은 [꼬츤], 꽃을 [꼬츨], 꽃도 [꼳또], 꽃만 [꼰만], 꽃까지 [꼳까지], 꽃에 [꼬체], 꽃의 [꼬츼/꼬체], 꽃조차 [꼳쪼차], 꽃이랑 [꼬치랑]
- 비싼 값 [갑]
- 값이 [갑씨], 값은 [갑쓴], 값을 [갑쓸], 값도 [갑또], 값만 [감만], 값까지 [갑까지], 값에 [갑쎄], 값의 [갑씌/갑쎄], 값조차 [갑쪼차], 값이랑 [갑씨랑]

심화학습

- 용언에 어미가 붙는 현상을 활용(活用, conjugation)이라 한다. 체언에 조사가 붙는 현상도 활용과 비슷하다고 보아 곡용(曲用, declension)이라 부르기도 한다. 그러나 활용과 곡용은 다음과 같은 차이가 있다.
  - 용언에는 반드시 어미가 붙어야 한다. 그러나 체언은 조사가 붙지 않은 단독형이 가능하다. 용언은 단독형이 불가능하다.
  - 어미는 용언에만 붙지만 조사는 체언에만 붙는 것이 아니다. 조사는 부사나 활용형에도 붙을 수 있다.

- 특히 발음과 관련해서는 체언이 단독형으로 쓰일 수 있다는 점이 중요하다. 예를 들어 15세기의 체언 '앓(卵)'은 현대에 '알'로 바뀌었다. 그러나 15세기의 용언 '앓-(疾)'은 현대에도 '앓-'로 남아 있다. 이 차이는 15세기에 '앓'의 단독형이 '알'로 발음되었던 데 원인이 있다.

품사		명사	동사
15세기	기본형	앓	앓-
	단독형	알	×
	+모음	알히(앓+이), 알ᄒᆞᆫ(앓+ᄋᆞᆫ)	알하(앓-아), 알ᄒᆞ니(앓-ᄋᆞ니)
	+폐쇄음	알콰(앓+과), 알토(앓+도)	알타(앓-다), 알코(앓-고)
현대의 기본형		알	앓-

탐구문제

1. 본문 표에 체언의 예를 추가하되 한자어와 외래어를 추가해 보라.

2. 표준발음(원칙발음)과 현실발음에서 본문 표의 체언들에 호격조사 '아/야'를 붙인 형태들을 어떻게 발음할지 생각해 보라.

7.3. 단일자음체언

◆ 19자음 중 체언의 말음으로 쓰이는 자음은 13개이다.

• [ㅂ, ㄱ, ㄲ, ㅍ, ㅌ, ㅋ] / [ㅈ, ㅊ, ㅅ] / [ㅁ, ㄴ, ㅇ, ㄹ]

◆ 표준어의 **단일자음체언**은 다음과 같다.

종류	단독형	이/가	은/는/ㄴ	도	만
ㅂ체언	집[집]	집이[지비]	집은[지븐]	집도[집또]	집만[짐만]
ㄷ체언	(없음)				
ㄱ체언	목[목]	목이[모기]	목은[모근]	목도[목또]	목만[몽만]
ㅃ체언	(없음)				
ㄸ체언	(없음)				
ㄲ체언	밖[박]	밖이[바끼]	밖은[바끈]	밖도[박또]	밖만[방만]
ㅍ체언	잎[입]	잎이[이피]	잎은[이픈]	잎도[입또]	잎만[임만]
ㅌ체언	밑[믿]	밑이[미치]	밑은[미튼]	밑도[믿또]	밑만[민만]
ㅋ체언	부엌[부억]	부엌이[부어키]	부엌은[부어큰]	부엌도[부억또]	부엌만[부엉만]
ㅈ체언	낮[낟]	낮이[나지]	낮은[나즌]	낮도[낟또]	낮만[난만]
ㅉ체언	(없음)				
ㅊ체언	꽃[꼳]	꽃이[꼬치]	꽃은[꼬츤]	꽃도[꼳또]	꽃만[꼰만]
ㅅ체언	맛[맏]	맛이[마시]	맛은[마슨]	맛도[맏또]	맛만[만만]
ㅆ체언	(없음)				
ㅎ체언	(없음)				
ㅁ체언	밤[밤]	밤이[바미]	밤은[바믄]	밤도[밤도]	밤만[밤만]
ㄴ체언	눈[눈]	눈이[누니]	눈은[누는]	눈도[눈도]	눈만[눈만]
ㅇ체언	강[강]	강이[강이]	강은[강은]	강도[강도]	강만[강만]
ㄹ체언	말[말]	말이[마리]	말은[마른]	말도[말도]	말만[말만]

◆ ㅌ체언은 모음 [ㅣ] 앞에서 말음을 [ㅊ]으로 발음한다(밑+이→[미치]). 현실어에서는 모음 [ㅡ] 앞에서도 말음을 [ㅊ]으로 발음할 때가 많다(밑+은→[미츤]). 7.6절 참조.

◆ 현실어에서 ㅋ체언의 말음을 [ㄱ]으로, ㅍ체언의 말음을 [ㅂ]으로, ㅌ, ㅈ, ㅊ체언의 말음을 [ㅅ]으로 발음하기도 한다. 7.6절 참조.

심화학습

15세기에는 ㄷ체언이 존재했었다. 현대의 ㅅ체언 '옷'과 '붓'은 15세기에 각각 ㅅ체언 '옷'과 ㄷ체언 '붇'이었다. '옷'의 말음 [ㅅ]은 종성에서 현대와 달리 /s/로 발음되어 '붇'의 말음 [ㄷ]과 구별되었으리라 생각된다. 17세기에 ㄷ체언은 모두 ㅅ체언으로 바뀌었다.

15세기	ㄷ체언	갇(笠), 곧(處), 낟(鎌), 뜯(意), 몯(釘), 벋(友), 붇(筆)
	ㅅ체언	것(物), 맛(味), 못(池), 빗(梳), 엿(飴), 옷(衣), 잣(柏)

⇩

현대	ㅅ체언	갓, 곳, 낫, 뜻, 못, 벗, 붓
		것, 맛, 못, 빗, 엿, 옷, 잣

탐구문제

1 본문의 표에서 단일자음체언으로서 단독형일 때 말음이 바뀌는 것들을 가려내고 그 특징을 말해 보라.

2 ㅋ체언의 예를 사전에서 더 찾아보라(북한어, 옛말, 방언, 비표준어는 제외). 그리고 복합어를 제외한 단순어 ㅋ체언이 모두 몇 가지나 되는지 조사해 보라.

7.4. 자모 이름과 ㄷ체언

◆ **자모**(字母) 이름 중 일부는 발음과 표기가 다르다. 예를 들어 '피읖'의 말음 글자는 'ㅍ'이지만 '피읖이 [피으피], 피읖은 [피으픈]'으로 발음하지 않는다. '피읖이 [피으비], 피읖은 [피으븐]'으로 발음하는 것을 보면 '피읖'의 기본형은 [피읍]임을 알 수 있다. 따라서 '피읖'은 ㅍ체언이 아니라 ㅂ체언이다.

◆ '피읖'처럼 표기와 기본형이 다른 자모 이름은 다음과 같다.

종류	단독형	이/가	은/는/ㄴ	도	만
ㅅ체언	디귿[디귿]	디귿이[디그시]	디귿은[디그슨]	디귿도[디귿또]	디귿만[디근만]
ㅅ체언	지읒[지읃]	지읒이[지으시]	지읒은[지으슨]	지읒도[지읃또]	지읒만[지은만]
ㅅ체언	치읓[치읃]	치읓이[치으시]	치읓은[치으슨]	치읓도[치읃또]	치읓만[치은만]
ㄱ체언	키읔[키윽]	키읔이[키으기]	키읔은[키으근]	키읔도[키윽또]	키읔만[키응만]
ㅅ체언	티읕[티읃]	티읕이[티으시]	티읕은[티으슨]	티읕도[티읃또]	티읕만[티은만]
ㅂ체언	피읖[피읍]	피읖이[피으비]	피읖은[피으븐]	피읖도[피읍또]	피읖만[피음만]
ㅅ체언	히읗[히읃]	히읗이[히으시]	히읗은[히으슨]	히읗도[히읃또]	히읗만[히은만]

◆ '디귿, 히읗'은 말음 글자가 'ㄷ, ㅎ'인 유일한 체언들이다. 이들의 기본형은 각각 [디긋], [히읏]으로서 표기와는 달리 ㅅ체언이다. 그러므로 ㄷ체언과 ㅎ체언은 전혀 없는 셈이다.

◆ 말음이 [ㄷ, ㅌ]이 될 법한 외래어 명사들은 모두 ㅅ체언이 된다. 예를 들어 'god, cut'에서 온 외래어의 기본형은 [갇], [컫]이 아닌 [갓], [컷]이다. 이들은 기본형대로 '갓, 컷'으로 표기한다.

종류	단독형	이/가	은/는/ㄴ	도	만
ㅅ체언	갓[갇]	갓이[가시]	갓은[가슨]	갓도[갇또]	갓만[간만]
	컷[컫]	컷이[커시]	컷은[커슨]	컷도[컫또]	컷만[컨만]

심화학습

- 최세진은 《훈몽자회》(1527)에서 초성과 종성으로 모두 쓸 수 있는 한글 글자 8개를 다음과 같이 제시했다.

  ㄱ其役ㄴ尼隱ㄷ池㊀ㄹ梨乙ㅁ眉音ㅂ非邑ㅅ時㊁ㅇ異凝
  (ㄱ기역ㄴ니은ㄷ지㉡ㄹ리을ㅁ미음ㅂ비읍ㅅ시㉢ㅇ이응)

- 여기서 'ㄱ其役'은 'ㄱ'이라는 글자를 '其(기)'의 초성을 적을 때와 '役(역)'의 종성을 적을 때 쓴다는 뜻이다. 이것을 사람들이 'ㄱ'의 글자 이름이 '기역'이라는 식으로 이해하여 '기역, 니은'과 같은 글자 이름이 생겨나게 되었다.

- '㊀, ㊁'는 '귿, 읏'을 나타내는 한자가 없어서 그 대신 고유어 '귿, 옷'을 한자의 뜻을 이용해 표기한 것이다. '귿(끝)'을 뜻하는 '末(말)'과 '옷'을 뜻하는 '衣(의)'에 동그라미를 쳐서 그에 해당하는 고유어로 읽으라고 표시했다.

- '지읒'부터 '히읗'까지의 이름은 '기역, 니은' 등의 규칙에 따라 나중에 만들어졌다.

탐구문제

1 '히읗'은 ㅅ체언으로서 기본형이 [히읏]이므로 '히읏'으로 표기하는 것이 합리적이라고 할 수 있다. 그런데도 '히읗'으로 표기하는 이유가 무엇인지 말해 보라.

2 남북한의 자음 자모 이름을 비교해 보라.

7.5. 자음군체언

◆ 체언말음으로 쓰이는 자음군은 6개이다. 자음군은 표기에서 겹받침으로 나타나므로 눈에 잘 띈다.

- [ㄳ, ㄺ, ㄻ, ㄼ, ㄽ, ㅄ]

◆ 표준어의 자음군체언은 다음과 같다.

종류	단독형	이/가	은/는/ㄴ	도	만
ㄳ체언	몫[목]	몫이[목씨]	몫은[목쓴]	몫도[목또]	몫만[몽만]
ㄺ체언	닭[닥]	닭이[달기]	닭은[달근]	닭도[닥또]	닭만[당만]
ㄻ체언	삶[삼:]	삶이[살:미]	삶은[살:믄]	삶도[삼:도]	삶만[삼:만]
ㄼ체언	여덟[여덜]	여덟이[여덜비]	여덟은[여덜븐]	여덟도[여덜도]	여덟만[여덜만]
ㄽ체언	외곬[외골]	외곬이[외골씨]	외곬은[외골쓴]	외곬도[외골도]	외곬만[외골만]
ㅄ체언	값[갑]	값이[갑씨]	값은[갑쓴]	값도[갑또]	값만[감만]

- ㄳ체언: 넋, 몫, 삯, 섟, 첫밗, 품삯, 한몫
- ㄺ체언: 닭, 삵, 칡, 흙, 기슭, 까닭, 수탉, 암탉, 진흙
- ㄻ체언: 삶, 앎
- ㄼ체언: 여덟
- ㄽ체언: 곬, 옰, 물곬, 외곬, 통곬
- ㅄ체언: 값, 옷값, 헐값

◆ ㄺ체언, ㄼ체언은 현실어에서 각각 ㄱ체언, ㄹ체언으로 바뀌었다.

종류	단독형	이/가	은/는/ㄴ	도	만
ㄱ체언	닭[닥]	닭이[다기]	닭은[다근]	닭도[닥또]	닭만[당만]
ㄹ체언	여덟[여덜]	여덟이[여더리]	여덟은[여더른]	여덟도[여덜도]	여덟만[여덜만]

◆ ㄽ체언에 속한 단어들은 현실어에서 잘 쓰이지 않는다.

◆ 결국 현실어에 남아 있는 자음군체언은 ㄳ체언, ㄻ체언, ㅄ체언뿐이라고 할 수 있다.

심화학습

- 15세기에는 '삯(싹), 않(안쪽), 돍(닭), 삷(삽), 돐(돌, 1주기), 앒(앞), 앓(동물의 알), 아ᇡ(암컷), 값, 바ᇧ(밖)'과 같은 자음군체언이 있었다. 현대에 없는 자음군 'ㄴㅎ, ㄹㅍ, ㄹㅎ, ㅁㅎ, ㅅㄱ'이 더 있었던 것이다.
- 15세기보다 현대 표준어의 체언말자음군 수가 적고 현대 현실어의 체언말자음군 수는 그보다 더 적은 것을 보면 체언말자음군은 계속 줄어들어 왔다고 할 수 있다.

탐구문제

1 다음 말들에서 자음군이 어떻게 발음되는지 말해 보라.

- 삯일
- 여덟아홉
- 값어치
- 까닭 없이

2 '닭, 흙'을 ㄺ체언으로 발음하는 사람이 전혀 없고 모두가 ㄱ체언으로 발음한다면 표기를 각각 '닥, 흑'으로 바꾸는 것이 좋을지 생각해 보라.

7.6. 체언말음의 변화

◆ 현실어에서 체언말의 단일자음과 자음군이 일부 동요하고 있다. 이것은 이러한 체언들의 형태가 변화하고 있음을 보여 준다.

변화 전	변화 후	예	변화의 끝남 여부
ㅋ	ㄱ	부엌>부억	안 끝남
ㅌ	ㅅ	솥>솟	안 끝남
ㅍ	ㅂ	무릎>무릅	안 끝남
ㅈ	ㅅ	빚>빗	안 끝남
ㅊ	ㅅ	빛>빗	안 끝남
ㄳ	ㄱ	넋>넉	안 끝남
ㅄ	ㅂ	값>갑	안 끝남
ㄺ	ㄱ	닭>닥	끝남
ㄼ	ㄹ	여덟>여덜	끝남

◆ 변화가 안 끝났다는 것은 일부 화자가 변화 전 형태인 '부엌' 등을, 나머지 화자가 변화 후 형태인 '부억' 등을 사용하고 있다는 뜻이다. 같은 화자가 **구형**(舊形)과 **신형**(新形)을 상황에 따라 선택해 쓰기도 한다.

◆ 신형은 표준어로 인정하지 않는다.

◆ 표준어에서는 ㅌ체언의 말음을 [ㅣ] 앞에서 [ㅊ]으로 발음하고 나머지 모음 앞에서 [ㅌ]으로 발음한다. 현실어에서는 [ㅡ] 앞에서도 [ㅊ]으로 발음하는 일이 많다. '솥' 뒤에 모음조사가 붙은 형태의 표준발음과 현실발음은 다음과 같다.

구분	솥이	솥은	솥을	솥으로	솥의	솥에
표준발음	[소치]	[소튼]	[소틀]	[소트로]	[소틔/소테]	[소테]
현실발음	[소치]	[소츤]	[소츨]	[소츠로]	[소츼/소테]	[소테]

심화학습

표준발음에서 ㅌ체언의 말음을 [ㅣ] 앞에서 [ㅊ]으로 발음하는 것을 구개음화로 기술한다(ㅌ+ㅣ→[치]). 그런데 현실발음에서 [ㅡ] 앞에서도 [ㅊ]으로 발음하는 것은 구개음화로 기술할 수 없다. 한국어에서 구개음화는 /i/와 /j/ 앞에서만 일어나고 [ㅡ] 앞에서는 일어나지 않기 때문이다. 즉 'ㅌ+ㅡ→[츠]'라는 구개음화를 인정할 수 없는 것이다. 따라서 '솥은'의 발음이 [소튼]>[소츤]으로 바뀐 것은 구개음화의 결과가 아니다. '솥이 [소치]'에서의 체언의 형태 [솣]이 [ㅣ] 앞에서만 쓰이다가 [ㅡ] 앞에서도 쓰이는 것으로 사용범위가 확대된 것으로 설명할 수 있다. 이것은 유추변화의 일종이다.

탐구문제

1 표준어 '무릎'과 그에 대한 현실어 '무릅'에 관한 다음 표를 완성해 보라.

언어	종류	단독형	이/가	만
표준어	ㅍ체언	무릎[ ]		무릎만[무릅만]
현실어		무릅[ ]		

2 '빗, 빚, 빛'이 현실어에서 체언말음의 변화에 따라 모두 ㅅ체언 '빗'으로 바뀌면 이 단어들과 관련된 의사소통의 양상은 어떻게 될지 생각해 보라.

7.7. 수사와 관련된 경음화와 ㄴ첨가

◆ 체언 중에서 **수사**(數詞)의 발음은 특별한 점이 있다.

◆ '여덟, 열' 뒤에서 수식을 받는 명사의 두음이 **경음화**된다. 예를 들어 '여덟 개→[여덜깨]', '열 개→[열깨]'와 같이 발음한다.

- 여덟+명사: 여덟 개, 여덟 대, 여덟 번, 여덟 장, 여덟 사람
- 열+명사: 열 개, 열 대, 열 번, 열 장, 열 사람

◆ '열, 스물' 뒤에 명사나 수사가 붙어 합성어가 만들어질 때 그 명사나 수사의 두음이 경음화된다. 예를 들어 '열사흘→[열싸흘]', '스물둘→[스물뚤]'과 같이 발음한다.

- 합성명사: 열사흘, 열닷새, 열십자
- 합성수사: 열둘, 열셋, 열다섯, 스물둘, 스물셋, 스물다섯

◆ 자음으로 끝난 수사 뒤에 '여섯, 여덟, 열, 예순, 여든'이 붙으면 **ㄴ첨가**(9.13절)가 일어난다. 예를 들어 '열여섯→열녀섣→[열려섣]', '백열→백녈→[뱅녈]'과 같이 발음한다. '일곱'이 붙을 때는 ㄴ첨가가 수의적이다. 예를 들어 '열일곱→[여릴곱/열릴곱]'과 같이 발음한다.

- 수사+여섯: 열여섯, 스물여섯, 서른여섯, 백여섯
- 수사+여덟: 열여덟, 스물여덟, 서른여덟, 백여덟
- 수사+열: 백열, 천열, 만 열, 일억 열
- 수사+예순: 백예순, 천예순, 만 예순, 일억 예순
- 수사+여든: 백여든, 천여든, 만 여든, 일억 여든
- 수사+일곱: 열일곱, 스물일곱, 서른일곱, 백일곱 (수의적)

◆ '일(1), 이(2)'와 '영(0)' 앞에서도 ㄴ첨가가 일어나는 예들이 있다. 예를 들어 '일일구→일닐구→[일릴구]'와 같이 발음한다.

- 일: 일일이 [일리리], 0.11 [영쩌밀릴], 119 [일릴구]
- 이: 1·2월 [일리월], 0.12 [영쩌밀리]
- 영: 1.00 [일쩜녕녕], 1.10 [일쩌밀령], 1.7080 [일쩜칠령팔령]

심화학습

- '육(6)' 앞에서도 ㄴ첨가가 일어나는 것처럼 보인다. 예를 들어 '십육→십뉵→[심뉵]'처럼 보인다. 그러나 이것은 '육(六)'의 기본형이 [륙]이라서 '십륙→십뉵→[심뉵]'과 같이 'ㄹ'의 비음화(9.4절)가 일어나는 것으로 보는 것이 합리적이다.

- '영(零)'은 원래의 발음이 [령]이지만 수사로 사용될 때는 기본형이 [영]이다. '0.20 [영쩜이영]'에서 '영'을 [령]으로 발음하지 않는 것이다. 이것은 '0.26 [영쩜이륙]'에서 '육'을 [륙]으로 발음하는 것과 대조된다. 수사 '육'과 '영'의 기본형은 각각 [륙]과 [영]인 것이다.

탐구문제

1. 수사 '하나'부터 '열'까지에 이어진 의존명사 '번'의 발음에 관한 다음 표를 완성해 보고 [번]과 [뻔]의 출현에 규칙성이 있는지 살펴보라.

'번'의 발음	예
[번]	한 번,
[뻔]	다섯 번,

2. 사람 수를 셀 때 '한 명, 두 명, 세 명'과 같이 세기 시작한다. '일 명, 이 명, 삼 명'과 같이 세는 것은 특별한 상황에서는 가능하지만 일반적인 표현은 아니다. 현실어에서 '한 명, 두 명, 세 명'과 같이 세는 것이 일반적이라는 점을 고려하여 현실어에서 '374명'을 가리키는 다음 말들은 각각 어떤 이유로 나타난 것인지 생각해 보라.

- 삼백칠십사 명
- 삼백칠십네 명
- 삼백일흔네 명

한국어음운론의
기초

8

용언 활용형의 발음

모르네 모르데 모르지 모르더라 모르리라 모르는구나 모르잖아 모르려나
모르니 모르고 모르나 모르면 모르면서 모르거나 모르거든 모르는데
모르지만 모르더라도 모르다가도 모르기조차 모르기까지 모르기를 모르기는
모르기도 모르기만 모르기조차 모르는 모르던 모른 모른다 모른다면
모른다만 모른답시고 모르겠다 모르겠네 모르겠지 모르겠더라 모르겠구나
모르겠니 모르겠고 모르겠으나 모르겠으면 모르겠으면서 모르겠거나
모르겠거든 모르겠는데 모르겠지만 모르겠더라도 모르겠다가도 모르겠던
모르겠다면 모르겠다만 모를
모를까 모를지 모를지도 모를수록
몰라 몰라도 몰라서 몰라야 몰라요
몰라라 몰랐다 몰랐네 몰랐지
몰랐더라 몰랐으리라 몰랐구나 몰랐잖아
몰랐으려나 몰랐으니 몰랐고 몰랐으나
몰랐으면 몰랐으면서 몰랐거나 몰랐거든
몰랐는데 몰랐지만 몰랐더라도
몰랐다가도 몰랐던 몰랐다면 몰랐다만
몰랐을 몰랐을까 몰랐을지 몰랐을지도
몰랐어 몰랐어도 몰랐어야 몰랐어요
몰랐더라면 몰랐더라도
몰랐겠다 몰랐겠네 몰랐겠지 몰랐겠더라

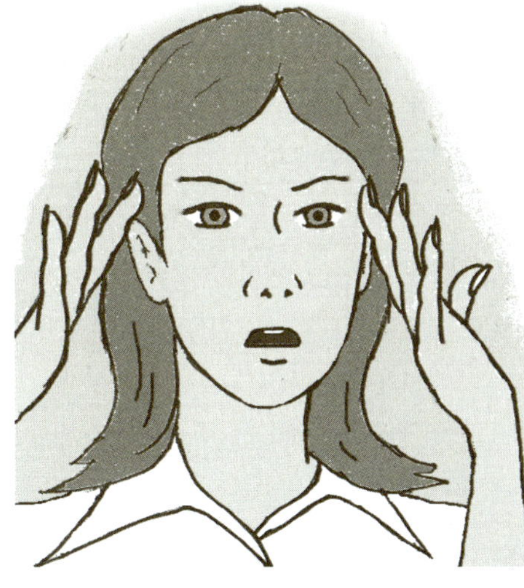

몰랐겠구나 몰랐겠니 몰랐겠고 몰랐겠으나 몰랐겠으면 몰랐겠으면서 몰랐겠거나 몰랐겠거든 몰랐겠는데 몰랐겠지만 몰랐겠더라도 몰랐겠다가도 몰랐겠던 몰랐겠다면 몰랐겠다만 몰랐겠어 몰랐겠어도 몰랐겠어서 몰랐겠어야 몰랐겠어요
몰랐겠더라면 몰랐겠더라도 모르시네

8.1. 용언의 발음과 활용형

◇ **용언**(用言)의 발음을 설명할 때 **어미**(語尾) '-다'가 붙은 활용형(**기본활용형**)의 발음만 대상으로 하는 것은 부족하다. 다른 다양한 어미들이 붙은 활용형들의 발음도 설명해야 한다.

◇ 예를 들어 동사 '믿-'의 발음을 설명할 때 기본활용형 '믿다 [믿따]' 외에 '믿고 [믿꼬], 믿는 [민는], 믿은 [미든], 믿으면 [미드면], 믿었다 [미덛따], 믿었겠네요 [미덛껜네요]' 등의 발음도 설명해야 한다.

◇ 활용형은 용언에 어미가 하나 이상 결합한 형태이다.

활용형과 그 발음	용언+어미(+어미+ …)
믿다[믿따]	믿-+-다
믿는[민는]	믿-+-는
믿었다[미덛따]	믿-+-었-+-다
믿으셨겠으니까[미드셛께쓰니까]	믿-+-으시-+-었-+-겠-+-으니까

◇ 활용형의 가짓수는 매우 많지만 그 발음은 상당히 규칙적이다. 그러한 규칙성은 용언의 형태와 어미의 형태를 확인하고 그것들이 결합할 때 일어나는 음운현상을 기술함으로써 파악할 수 있다.

◇ 서로 다른 용언의 활용형이 같은 모습으로 나타날 때도 있다. 예를 들어 활용형 '가는'은 동사 '가-'의 활용형도 되고 동사 '갈-'의 활용형도 되며 형용사 '가늘-'의 활용형도 된다.

활용형	형태소분석	형태분석	예
가는	{가-}+{-는}	[가-는]	길을 가는 사람
	{갈-}+{-는}	[가-는]	칼을 가는 사람
	{가늘-}+{-은}	[가느-ㄴ]	손가락이 가는 사람

◇ **형태소분석**을 바탕으로 **형태분석**을 한 후에 활용형의 발음을 설명할 수 있다.

심화학습

- 형태소분석은 형태론에서, 형태분석은 음운론에서 하는 작업이다.

층위	분석의 종류	분석의 내용
형태론	형태소분석	문법과 의미를 고려하여 형태소들로 분석한다.
음운론	형태분석	각 형태소의 발음이 무엇인지 확인한다.

- 형태론에서는 '칼을 가는 사람'에서의 활용형 '가는'이 '칼을'이라는 목적어를 취한 서술어이자 '사람'이라는 명사를 수식하는 관형사형이라는 문법적, 의미적 사실을 고려하여 용언 {갈-}과 어미 {-는}의 결합으로 분석하게 된다. 이것이 형태소분석이다.

- 음운론에서는 용언 {갈-}의 다른 활용형 '갈고, 갈면, 갈아, 가네, 간' 등과 어미 {-는}의 다른 결합형 '오는, 잡는, 읽는, 핥는' 등을 고려하여 '가는'에 들어 있는 용언의 발음은 [가-]이고 어미의 발음은 [-는]임을 확인하게 된다. 이것이 형태분석이다.

탐구문제

1 빈칸에 활용형의 표기와 발음을 써 넣으라.

활용형의 표기와 발음	용언+어미(+어미+…)
오는 [오는]	오-+-는
	오-+-을
	오-+-었-+-다
	오-+-으시-+-었-+-다

2 본문의 '가는'처럼 용언의 기본형이 다르지만 활용형의 표기와 발음이 같은 예를 찾아보라.

8.2. 어미의 음운론적 분류와 자음어미

◇ 어미는 문법적으로 꽤 복잡하게 분류되지만 음운론적으로는 기본적으로 세 유형으로 나누어진다.

유형	뜻	예
자음어미	항상 자음으로 시작하는 어미	-고
모음어미	[ㅏ, ㅓ]로 시작하는 형태를 가진 어미	-어
매개모음어미	[ㅡ]로 시작하는 형태를 가진 어미	-으면

◇ **자음어미**는 표기가 하나로 고정되어 있다. 그러나 발음상으로 두 가지 이상의 형태로 나타날 때가 많다. 예를 들어 '-고'의 **표기형태**는 하나이지만 **발음형태**는 [-고], [-꼬], [-코]의 셋이다.

어미	활용형과 형태분석의 예	형태	
		표기	발음
-고	가고[가-고], 먹고[먹-꼬], 놓고[노-코]	고	[고], [꼬], [코]

◇ 자음어미는 기본형의 두음에 따라 다음과 같이 세분할 수 있다.

종류	예
ㄱ어미	-겠-, -거나, -게, -고, -구나, -기, -기에
ㄴ어미	-냐, -네, -느냐, -느라고, -는, -는구나, -는다, -는데, -는지, -니
ㄷ어미	-다, -다가, -더구나, -더니, -더라, -더라도, -던, -던데, -던지, -데, -도록, -든, -든지, -디
ㅁ어미	-ㅂ니다[ㅁ니다], -ㅂ니까[ㅁ니까]
ㅂ어미	-ㅂ디다, -ㅂ디까
ㅅ어미	-소, -습니다, -습니까, -습디다, -습디까
ㅈ어미	-자, -자마자, -지, -지요

심화학습

- 학교문법에 따른 어미의 문법적 분류는 다음과 같다.

<table>
<tr><td colspan="4">선어말어미</td></tr>
<tr><td rowspan="5">어말어미</td><td colspan="3">종결어미</td></tr>
<tr><td rowspan="4">비종결어미</td><td colspan="2">연결어미</td></tr>
<tr><td rowspan="3">전성어미</td><td>명사형어미</td></tr>
<tr><td>관형사형어미</td></tr>
<tr><td>부사형어미</td></tr>
</table>

- '-ㅂ니다 [ㅁ니다], -ㅂ니까 [ㅁ니까]'는 ㅂ어미처럼 표기하지만 발음상으로 ㅁ어미이다.

탐구문제

1. ㅁ어미 '-ㅂ니다'와 ㅅ어미 '-습니다'는 같은 형태소에 속한다. 이 두 형태가 나타나는 환경이 서로 어떻게 다른지를 다음 활용형들을 바탕으로 말해 보라.
   - 갑니다(가-), 답니다(달-), 만듭니다(만들-), 좋아합니다(좋아하-)
   - 먹습니다(먹-), 담습니다(담-), 갔습니다(가-었-), 앉습니다(앉-)

2. 동사 '하-'의 활용형 '할, 할까, 할수록, 하라, 하려고, 하리라' 등의 어미는 각각 '-ㄹ, -ㄹ까, -ㄹ수록, -라, -려고, -리라'인 것처럼 보인다. 그런데 이들을 ㄹ어미로 설정하지 않은 이유가 무엇인지 생각해 보라.

8.3. 모음어미와 매개모음어미

◆ **모음어미**는 표기와 발음이 세 가지 형태로 나타난다. 예를 들어 부사형어미 '-어'는 표기와 발음이 '-어, -아, -∅(영형태)'로 나타난다.

어미	활용형과 형태분석의 예	형태	
		표기	발음
-어	먹어[먹-어], 놓아[노-아], 가[가-∅]	어, 아, ∅	[어], [아], [∅]

◆ 모음어미의 기본형은 두음이 [ㅓ]인 형태로 정하는 것이 일반적이다.

종류	예
모음어미	-어, -어도, -어라, -어서, -어야, -어요, -었-

◆ **매개모음어미**는 표기와 발음 모두 '으'가 있는 형태와 '으'가 없는 형태의 두 가지로 나타난다. 예를 들어 부사형어미 '-으면'은 표기와 발음 모두 '-면, -으면'의 두 형태로 나타난다.

어미	활용형과 형태분석의 예	형태	
		표기	발음
-으면	가면[가-면], 먹으면[먹-으면], 놓으면[노-으면]	면, 으면	[면], [으면]

◆ 매개모음어미의 기본형은 두음 [ㅡ]가 있는 형태로 정한다.

◆ 매개모음어미는 두음 [ㅡ] 뒤에 종성 자음이 없는 **개음절 매개모음어미**와 종성 자음이 있는 **폐음절 매개모음어미**로 나눌 수 있다.

종류	예
개음절 매개모음어미	-으나, -으냐, -으니, -으니까, -으되, -으려고, -으라, -으마, -으며, -으면, -으소서, -으십시오, -으오
폐음절 매개모음어미	-은, -은가, -은데, -은지, -을, -을게, -을까, -을는지, -을수록, -을지, -을지라도, -음, -읍시다

심화학습

'-으면' 등의 두음 [ㅡ]에 관한 세 학설 중 어미두음설이 통설이다.

① 용언말음설: [ㅡ]는 용언의 말음이다. 예를 들어 '가면, 잡으면'의 용언의 형태는 '가-, 잡으-'이고 어미의 형태는 '-면'이다.

② 어미두음설: [ㅡ]는 어미의 두음이다. 예를 들어 '가면, 잡으면'의 용언의 형태는 '가-, 잡-'이고 어미의 형태는 '-면, -으면' 두 가지이다.

③ 제3요소설: [ㅡ]는 용언의 말음도 어미의 두음도 아니다. 예를 들어 '가면, 잡으면'의 용언의 형태는 '가-, 잡-'이고 어미의 형태는 '-면'이다. [ㅡ]는 용언과 어미의 발음을 부드럽게 잇기 위해 끼어든 것이다.

탐구문제

1 다음 표의 빈칸을 채워 보라.

어미	활용형의 예	형태	
		표기	발음
-었-	갔다[갇따], 갔어[가써]		[ㄷ], [ㅆ]
	먹었다[머걷따], 먹었어[머거써]		
	놓았다[노앋따], 놓았어[노아써]	았	

2 다음 표의 내용을 설명해 보라.

용언	활용형	형태소분석	형태분석	
			1안	2안
가-	가서	{가-}+{-어서}	가-서	ㄱ-아서
	가면	{가-}+{-으면}	가-면	-
크-	커서	{크-}+{-어서}	-	ㅋ-어서
	크면	{크-}+{-으면}	크-면	ㅋ-으면

8.4. {-는다}, {-는구나}의 형태

◇ 종결어미 {-는다}는 앞 형태소가 어떤 형태소인지와 어떤 분절음으로 끝났는지에 따라 '-는다, -ㄴ다, -다'의 세 표기형태로 나타난다.

<table>
<tr><th colspan="3">환경</th><th>형태</th><th>활용형 예</th></tr>
<tr><td rowspan="3">동사(+-으시-) 뒤</td><td rowspan="2">동사 뒤</td><td>'ㄹ' 이외의 자음 뒤</td><td>-는다</td><td>잡는다</td></tr>
<tr><td>모음이나 'ㄹ' 뒤</td><td rowspan="2">-ㄴ다</td><td>간다(가-ㄴ다)
간다(갈-ㄴ다)</td></tr>
<tr><td colspan="2">동사+-으시- 뒤</td><td>가신다(가-으시-ㄴ다)
잡으신다(잡-으시-ㄴ다)</td></tr>
<tr><td colspan="3">형용사(+-으시-) 뒤</td><td rowspan="2">-다</td><td>크다, 작다
크시다, 작으시다</td></tr>
<tr><td colspan="3">'-었-', '-겠-' 뒤</td><td>갔다(가-었-다)
가셨겠다(가-으시-었-겠-다)
작았다, 작으셨겠다</td></tr>
</table>

◇ 종결어미 {-는구나}는 '-는구나, -구나'의 두 표기형태로 나타난다.

<table>
<tr><th>환경</th><th>형태</th><th>활용형 예</th></tr>
<tr><td>동사(+-으시-) 뒤</td><td>-는구나</td><td>잡는구나
가는구나(가-는구나)
가는구나(갈-는구나)
가시는구나(가-으시-는구나)
잡으시는구나(잡-으시-는구나)</td></tr>
<tr><td>형용사(+-으시-) 뒤</td><td rowspan="2">-구나</td><td>크구나, 작구나
크시구나, 작으시구나</td></tr>
<tr><td>'-었-', '-겠-' 뒤</td><td>갔구나(가-었-구나)
가셨겠구나(가-으시-었-겠-구나)
작았구나, 작으셨겠구나</td></tr>
</table>

심화학습

- {-는다}와 {-는구나}가 동사 뒤에서 '-는다, -ㄴ다'와 '-는구나'로, 형용사 뒤에서 '-다'와 '-구나'로 구별되어 쓰이는 현상은 동사와 형용사의 판정에 이용된다.

- {-는다}는 중세한국어의 {-ᄂᆞ-}+{-다}가 한 형태소로 발달한 것이다. 중세한국어의 {-ᄂᆞ-}는 현재를 나타내는 선어말어미, {-다}는 평서법을 나타내는 종결어미였다. 중세한국어의 '가ᄂᆞ다, 삼ᄂᆞ다'는 다음과 같은 과정을 거쳐 현대의 '간다, 삼는다'로 바뀌게 되었다. (근대한국어의 '-느다, -는다'는 줄곧 '-ᄂᆞ다, -ᄂᆞᆫ다'로 표기되었지만 이 시기에 비어두의 [ㆍ]는 이미 [ㅡ]로 바뀌어 발음되고 있었다.)

어미 / 용언	중세한국어	근대한국어	현대한국어
	{-ᄂᆞ-}+{-다}	{-는다}	
가-	가ᄂᆞ다	간다	간다
삼-	삼ᄂᆞ다	삼느다 > 삼는다	삼는다

탐구문제

1 다음 단어들에 {-는다}의 적절한 형태를 붙여서 동사인지 형용사인지 판정해 보라.

- 굽-(허리가), 낡-, 늙-, 젊-
- 모자라-, 부족하-

2 말음 [ㅆ]이 암시하듯이 선어말어미 '-었-, -겠-'은 역사적으로 형용사 '있-'에서 발달했다. 이러한 역사적 사실이 {-는다}, {-는구나}의 형태의 쓰임에 어떤 영향을 주고 있는지 설명해 보라.

8.5. 규칙용언과 불규칙용언의 구별

- 활용형의 형태가 규칙적인가 아닌가에 따라 용언을 **규칙용언**과 **불규칙용언**으로 나눌 수 있다.
- 동사 '굽-[1](허리가)'과 '굽-[2](고기를)'는 일부 활용형이 같고 일부 활용형이 다르다. 그리고 그 말음도 다르다.

용언	활용형과 형태분석		
	-고	-으면	-어
굽-[1]	굽고[굽-꼬]	굽으면[굽-으면]	굽어[굽-어]
굽-[2]	굽고[굽-꼬]	구우면[구우-면]	구워[구w-어]

용언	말음		
	자음어미 앞	모음어미 앞	매개모음어미 앞
굽-[1]	[ㅂ]	[ㅂ]	[ㅂ]
굽-[2]	[ㅂ]	[ㅜ]	/w/

- '굽-[1]'의 말음이 [ㅂ]으로 일정하게 발음되는 데 비해 '굽-[2]'의 말음은 [ㅂ], [ㅜ], /w/와 같이 불규칙적으로 나타난다. 그래서 '굽-[1]'은 규칙용언이고 '굽-[2]'는 불규칙용언이다.
- '굽-[1]'과 '굽-[2]'는 기본활용형의 말음이 똑같은 [ㅂ]이므로 전자를 ㅂ규칙용언, 후자를 ㅂ불규칙용언이라 부른다. 이와 같이 불규칙용언은 같은 말음을 가진 규칙용언과 짝을 이룬다. 불규칙용언은 규칙용언의 존재를 전제한 개념이기 때문이다.
- 주요 불규칙용언은 다음과 같다.
  - ㄷ불규칙용언, ㅂ불규칙용언, ㅅ불규칙용언, ㅎ불규칙용언, 르불규칙용언, ㅏ불규칙용언, ㅓ불규칙용언

심화학습

- '굽-[1]'과 '굽-[2]'는 ㄴ어미가 붙으면 똑같이 [굼]으로 발음된다.
  - 굽-[1]: 굽네 [굼네], 굽느라고 [굼느라고], 굽는 [굼는]
  - 굽-[2]: 굽네 [굼네], 굽느라고 [굼느라고], 굽는 [굼는]
- [ㄴ] 앞에서 [ㅂ]이 [ㅁ]으로 바뀌는 것은 비음화라는 규칙적인 음운현상이다. 따라서 '굽-[1]'과 '굽-[2]'가 ㄴ어미 앞에서 [굼]으로 바뀌는 것은 규칙용언과 불규칙용언을 구별하는 일과 관계가 없다.

탐구문제

1. 경상방언에서는 고기를 "구워" 먹지 않고 "꿉어" 먹는다. '꿉-(고기를)'의 활용은 다음과 같다. 이 '꿉-'은 규칙용언인가 불규칙용언인가? ('-으모'는 중앙어의 '-으면'에 해당하는 어미이다.)

용언	활용형		
	-고	-으모	-어
꿉-	꿉고	꿉으모	꿉어

2. 다음과 같은 근거로 ㅡ불규칙용언과 ㄹ불규칙용언을 설정하는 견해도 있었다. 불규칙용언이 같은 발음을 가진 규칙용언과 짝을 이룬다는 본문의 서술을 참고하여 이 견해에 어떤 문제가 있는지 생각해 보라.
   - ㅡ불규칙용언: '크-어, 담그-어'는 각각 '크어, 담그아'가 되어야 정상인데 '커, 담가'가 된다.
   - ㄹ불규칙용언: '알-으시-고, 만들-으시-고'는 각각 '알으시고/알시고, 만들으시고/만들시고'가 되어야 정상인데 '아시고, 만드시고'가 된다.

8.6. 규칙용언의 분류와 단일자음용언

- 규칙용언은 말음의 종류에 따라 **모음용언**과 **자음용언**으로 나누어진다.
- 자음용언은 말음이 단일자음인 경우와 자음군인 경우로 나눌 수 있다.

규칙용언	모음용언		가-, 되-, 베-, 크-, 그리-, 간단하-
	자음용언	단일자음용언	깎-, 놓-, 잡-, 다듬-, 만들-, 비웃-
		자음군용언	앉-, 없-, 읽-, 젊-, 괜찮-, 드넓-

- 19자음 중 용언의 말음으로 쓰이는 단일자음은 14개이다.

종류	예	활용형		
		-고	-으면	-어
ㅂ용언	잡-	잡고	잡으면	잡아
ㄷ용언	얻-	얻고	얻으면	얻어
ㄱ용언	녹-	녹고	녹으면	녹아
ㅃ용언	(없음)			
ㄸ용언	(없음)			
ㄲ용언	깎-	깎고	깎으면	깎아
ㅍ용언	깊-	깊고	깊으면	깊어
ㅌ용언	붙-	붙고	붙으면	붙어
ㅋ용언	(없음)			
ㅈ용언	잊-	잊고	잊으면	잊어
ㅉ용언	(없음)			
ㅊ용언	쫓-	쫓고	쫓으면	쫓아
ㅅ용언	웃-	웃고	웃으면	웃어
ㅆ용언	있-	있고	있으면	있어
ㅎ용언	닿-	닿고	닿으면	닿아
ㅁ용언	넘-	넘고	넘으면	넘어
ㄴ용언	신-	신고	신으면	신어
ㅇ용언	(없음)			
ㄹ용언	놀-	놀고	놀면	놀아

심화학습

용언말의 단일자음은 자음어미의 두음과 만나 자음연결을 형성한다. 그러한 자음연결이 부적격할 때는 음운현상이 일어나 적격한 자음연결로 바뀌게 된다(6.9절 참조). 용언말의 단일자음의 종류와 어미두음의 종류가 각각 무엇인지에 따라 어떤 음운현상이 일어날지 달라진다. 예를 몇 개 보면 다음과 같다. 각 음운현상에 대해서는 9장(음운현상) 참조.

- 잡-고→[잡꼬]: 폐쇄음 뒤의 경음화
- 깎-지→[깍찌]: 평폐쇄음화, 폐쇄음 뒤의 경음화
- 붙-는→[분는]: 평폐쇄음화, 폐쇄음의 비음화
- 닿-게→[다케]: 유기음화
- 넘-고→[넘꼬]: 용언어간말 비음 뒤의 경음화
- 놀-는→[노는]: ㄹ탈락

탐구문제

1. 체언말음으로도 쓰이지 않고 용언말음으로도 쓰이지 않는 단일자음들을 나열하고 어떤 특징을 공유하는지 생각해 보라.

2. ㅊ용언, ㅆ용언, ㄴ용언에 속하는 단어를 더 찾아 보고 그 특징을 말해 보라.

8.7. 자음군용언

◇ 용언말음으로 쓰이는 자음군은 9개이다. 자음군은 표기에서 겹받침으로 나타나므로 눈에 잘 띈다.

- [ㄵ, ㄶ, ㄺ, ㄻ, ㄼ, ㄾ, ㄿ, ㅀ, ㅄ]

종류	예	활용형		
		-고	-으면	-어
ㄵ용언	앉-	앉고	앉으면	앉아
ㄶ용언	많-	많고	많으면	많아
ㄺ용언	읽-	읽고	읽으면	읽어
ㄻ용언	젊-	젊고	젊으면	젊어
ㄼ용언	넓-	넓고	넓으면	넓어
ㄾ용언	핥-	핥고	핥으면	핥아
ㄿ용언	읊-	읊고	읊으면	읊어
ㅀ용언	잃-	잃고	잃으면	잃어
ㅄ용언	없-	없고	없으면	없어

◇ **자음군용언**의 수는 많지 않다. 흔히 쓰이는 단어는 다음과 같다.

- ㄵ용언: 앉다, 얹다, 끼얹다, 가라앉다, 주저앉다
- ㄶ용언: 끊다, 많다, 않다, 괜찮다, 귀찮다, 언짢다, 점잖다, 편찮다, 하찮다, 만만찮다, 시원찮다, 얼토당토않다
- ㄺ용언: 갉다, 굵다, 긁다, 낡다, 늙다, 맑다, 묽다, 밝다, 붉다, 얽다, 읽다, 검붉다, 해맑다
- ㄻ용언: 곪다, 굶다, 닮다, 삶다, 옮다, 젊다
- ㄼ용언: 넓다, 떫다, 밟다, 얇다, 엷다, 짧다, 드넓다, 짓밟다
- ㄾ용언: 핥다, 훑다
- ㄿ용언: 읊다
- ㅀ용언: 꿇다, 끓다, 닳다, 뚫다, 싫다, 앓다, 옳다, 잃다, 꿰뚫다, 들끓다
- ㅄ용언: 없다, 가엾다, 어이없다, 터무니없다

심화학습

용언말의 자음군은 자음어미의 두음과 만나 자음연결을 형성한다. 이때는 자음군의 두 자음 중 하나만 남고 다른 하나는 탈락하거나 어미두음과 축약된다. 몇 예를 간단히 보이면 다음과 같다. 각 음운현상에 대해서는 9장(음운현상) 참조.

- 앉-고→[안꼬]: [ㅈ]이 탈락함(자음군단순화).
- 많-지→[만치]: [ㅎ]이 어미두음 [ㅈ]과 축약됨(유기음화).
- 읽-는→[잉는]: [ㄹ]이 탈락하고(자음군단순화), [ㄱ]이 [ㅇ]으로 바뀜(폐쇄음의 비음화).
- 읊-게→[읍께]: [ㄹ]이 탈락하고(자음군단순화), [ㅍ]이 [ㅂ]으로 바뀜(평폐쇄음화).
- 없-다→[업따]: [ㅅ]이 탈락함(자음군단순화).

탐구문제

1. 자음군용언에 관한 다음 표를 완성해 보라.

종류	예	활용형의 발음		
		-고	-으면	-어
ㄺ용언			[말그면]	
				[떨버]
		[달코]		

2. 말음절의 표기가 '찮'인 용언 '괜찮-, 귀찮-, 편찮-, 하찮-, 만만찮-, 시원찮-'의 어원을 조사해 보고 말자음군 [ㄶ]의 유래를 말해 보라.

8.8. 모음용언

◇ 표준어의 모음용언 말음은 단순모음 10개와 이중모음 [ㅢ, ㅞ, ㅕ]이다. 현실어의 모음용언 말음은 단순모음 7개와 이중모음 [ㅞ, ㅟ, ㅕ]이다.

종류		예	활용형		
표준어	현실어		-고	-으면	-어
ㅣ용언	ㅣ용언	기-	기고	기면	기어/겨
ㅢ용언		여의-	여의고	여의면	여의어
ㅔ용언	ㅔ용언	베-	베고	베면	베어/베
ㅐ용언		내-	내고	내면	내어/내
ㅚ용언	ㅞ용언	되-	되고	되면	되어/돼
ㅞ용언		꿰-	꿰고	꿰면	꿰어/꿰
ㅡ용언	ㅡ용언	쓰-	쓰고	쓰면	써
ㅓ용언	ㅓ용언	서-	서고	서면	서
ㅏ용언	ㅏ용언	가-	가고	가면	가
ㅜ용언	ㅜ용언	주-	주고	주면	주어/줘
ㅗ용언	ㅗ용언	보-	보고	보면	보아/봐
ㅟ용언	ㅟ용언	뛰-	뛰고	뛰면	뛰어
ㅕ용언	ㅕ용언	펴-	펴고	펴면	펴

◇ '-어' 활용형이 둘인 것들은 빗금 왼쪽 형태가 **본말**, 오른쪽 형태가 **준말**이다. 예를 들어 '기다'의 '-어' 활용형 '기어/겨'에서 '기어'는 본말, '겨'는 준말이다.

◇ ㅟ용언의 모음어미 활용형은 '뛰어'와 같이 표기하지만 현실어에서는 한 음절로 줄여 발음할 수도 있다. 그 준말의 발음을 [뛰]와 같이 적을 수 있다. 4.7절 참조.

◇ 모음용언의 활용에서는 모음어미가 붙을 때 음운현상이 자주 일어난다. 용언말음인 모음과 어미두음인 모음이 직접 만난 모음연결에서 다양한 음운현상이 일어나는 것이다.

심화학습

- 표준어에서 ㅣ용언, ㅢ용언, ㅚ용언, ㅟ용언의 모음어미 활용형의 '어'를 [여]로 발음할 수도 있다.
  - 기어: [기어], [기여]
  - 여의어: [여의어/여이어], [여의여/여이여]
  - 되어: [되어/뒈어], [되여/뒈여]
  - 뛰어: [뛰어], [뛰여]
- 현실어에서는 ㅣ용언, ㅔ용언, ㅞ용언, ㅟ용언의 모음어미 활용형의 '어'를 [여]로 발음할 수도 있다.
  - 기어: [기어], [기여]
  - 여의어: [여이어], [여이여]
  - 베어: [베어], [베여]
  - 내어: [네어], [네여]
  - 되어: [뒈어], [뒈여]
  - 꿰어: [꿰어], [꿰여]
  - 뛰어: [뛰어], [뛰여]

탐구문제

1 현실어에 관한 다음 표를 완성해 보라.

용언	어미 '-었-다'가 붙은 활용형	
	본말	준말
쬐-	쬐었다 [/]	쬈다 [ ]
꿰-	꿰었다 [/]	꿨다 [ ]

2 다음 진술의 뜻을 예를 들어 설명해 보라.

- 현실어에서는 ㅢ용언의 모음어미 활용형도 준말로 발음할 수 있다.

8.9. ㅂ불규칙용언

◆ ㅂ규칙용언(=ㅂ용언) '굽-[1](허리가)'과 ㅂ불규칙용언 '굽-[2](고기를)'의 활용형과 형태분석을 비교하면 다음과 같다.

용언 / 어미	ㅂ규칙용언		ㅂ불규칙용언	
	굽-[1]		굽-[2]	
-고	굽고	굽-고	굽고	굽-고
-으면	굽으면	굽-으면	구우면	구우-면
-어	굽어	굽-어	구워	구w-어

• ㅂ불규칙동사: 굽-[2](고기를), 깁-, 눕-, 돕-, 줍-
• ㅂ불규칙형용사: 곱-[2](얼굴이), 덥-, 섧-, 쉽-, 춥-, 가깝-, 고맙-, 무겁-, 어렵-, 외롭-, 까다롭-, 아니꼽-, 아름답-, 사랑스럽-

◆ "손이 곱아서 글씨를 쓰기 어렵다."의 '곱-[1]'은 ㅂ규칙용언이고 '곱-[2](얼굴이)'는 ㅂ불규칙용언이다.

◆ ㅂ불규칙용언에 붙는 모음어미의 두음은 [ㅏ]인 경우와 [ㅓ]인 경우가 있다. '곱-[2], 돕-'은 '고와, 도와'에서 보듯이 [ㅏ]이고 나머지 용언은 '구워, 가까워, 까다로워, 사랑스러워' 등에서 보듯이 모두 [ㅓ]이다.

◆ '뵙-'도 ㅂ불규칙용언이지만 '굽-[2]' 등과 활용양상이 조금 다르다. '뵙-'의 '-으면' 활용형은 '뵈우면'이 아닌 '뵈면'이고, '-어' 활용형은 '뵈워'가 아닌 '뵈어'이다. '뵈어'의 준말 '봬'도 가능하다.

용언 / 어미	ㅂ규칙용언		ㅂ불규칙용언	
	굽-[1]		뵙-	
-고	굽고	굽-고	뵙고	뵙-고
-으면	굽으면	굽-으면	뵈면	뵈-면
-어	굽어	굽-어	뵈어	뵈-어

◆ 따라서 '굽-[1]' 등을 ㅂ불규칙용언1로, '뵙-'을 ㅂ불규칙용언2로 구별할 수도 있다.

심화학습

'여쭙-'도 '뵙-'과 같은 방식으로 활용하는 ㅂ불규칙용언2이다. 사전에 '여쭙-'의 동의어로 '여쭈-'도 실려 있다. 둘의 활용은 다음과 같다.

용언 / 어미	ㅂ불규칙용언		ㅜ규칙용언	
	여쭙-		여쭈-	
-고	여쭙고	여쭙-고	여쭈고	여쭈-고
-으면	여쭈면	여쭈-면	여쭈면	여쭈-면
-어	여쭈어/여쭤	여쭈-어	여쭈어/여쭤	여쭈-어

탐구문제

1 ㅂ불규칙용언 '섧-, 아니꼽-'의 활용에 대한 다음 표를 완성해 보라.

용언 / 어미	섧-		아니꼽-	
-고	섧고	섧-고	아니꼽고	아니꼽-고
-으면				
-어				

2 다음은 《표준국어대사전》의 '뵈다2'와 '뵙다'에 대한 풀이의 일부이다. '뵙-'에 대한 본문의 서술을 참고하여 이 풀이의 문제점을 찾아 보라.

표제어	뵈다2	뵙다
활용정보와 문법정보	뵈어(봬), 뵈니	((자음 어미와 결합하여))
뜻풀이	웃어른을 대하여 보다.	웃어른을 대하여 보다. '뵈다2'보다 더 겸양의 뜻을 나타낸다.
예문에 쓰인 활용형	뵈면, 뵐, 뵈러, 뵈려던	뵙게, 뵙고자, 뵙는

8.10. ㄷ불규칙용언과 ㅅ불규칙용언

◇ ㄷ규칙용언(=ㄷ용언) '묻-[1](흙이)'과 ㄷ불규칙용언 '묻-[2](길을)'의 활용형과 형태분석을 비교하면 다음과 같다.

용언 / 어미	ㄷ규칙용언		ㄷ불규칙용언	
	묻-[1]		묻-[2]	
-고	묻고	묻-고	묻고	묻-고
-으면	묻으면	묻-으면	물으면	물으-면
-어	묻어	묻-어	물어	물-어

- ㄷ불규칙동사: 걷-[2](걸음을), 긷-, 눋-, 듣-, 묻-[2](길을), 붇-, 싣-, 깨닫-, 내닫-, 엿듣-, 일컫-
- ㄷ불규칙형용사는 없다.

◇ '걷-[1](소매를)'은 ㄷ규칙용언이고 '걷-[2](걸음을)'는 ㄷ불규칙용언이다.

◇ ㅅ규칙용언(=ㅅ용언) '웃-'과 ㅅ불규칙용언 '붓-'의 활용형과 형태분석을 비교하면 다음과 같다.

용언 / 어미	ㅅ규칙용언		ㅅ불규칙용언	
	웃-		붓-	
-고	웃고	웃-고	붓고	붓-고
-으면	웃으면	웃-으면	부으면	부으-면
-어	웃어	웃-어	부어	부-어

- ㅅ불규칙동사: 긋-, 낫-[1](병이), 붓-, 잇-, 젓-, 짓-, 휘젓-, 결론짓-, 내리긋-, 눈물짓-, 들이붓-
- ㅅ불규칙형용사: 낫-[2](우수하다)

심화학습

➲ ㅅ불규칙용언의 말음 표기 'ㅅ'은 '붓고 [붇꼬], 붓지 [붇찌], 붓는 [분는], 부으면, 부어' 등에서 보듯이 [ㅅ]으로 발음되는 경우가 없다. 그러므로 기본활용형 '붓다 [붇따]'에서의 발음 [붇]을 기준으로 하면 ㄷ불규칙용언이라고 하는 것이 정확하다. 본문에서는 표기를 기준으로 한 전통적인 분류를 따라 ㅅ불규칙용언으로 기술했다.

탐구문제

1 주어가 '체중', 서술어가 '붇-'인 문장을 만들되, '붇-'에 어미 '-고, -으면, -어서'가 붙은 활용형을 사용한 문장을 하나씩 만들어 보라.

2 ㄷ불규칙용언 '묻-²(길을)'에 어미 '-으면'이 결합한 활용형은 맞춤법에서 '물으면'으로 적도록 되어 있다. 이것은 '물-으면'과 같은 형태분석을 전제한 표기이다. 만약 형태분석을 '물으-면'으로 했다면 표기를 '무르-면'으로 정했을 것이기 때문이다. 본문의 표에서는 맞춤법의 태도와 달리 '물으-면'과 같은 형태분석을 제시했다. 형태분석을 이와 같이 한 근거가 무엇인지 다음 서술을 참고하여 설명해 보라.

- ㄹ규칙용언 '물-(입으로)'과 어미 '-으면'이 결합하면 '물-으면→물면'과 같이 [ㄹ] 뒤에서 매개모음 [ㅡ]가 탈락한다. (9.17절의 매개모음 ㅡ탈락을 참조.)

8.11. 르불규칙용언

◇ 르규칙용언(=르용언) '치르-'와 르불규칙용언1 '기르-'의 활용형과 형태분석을 비교하면 다음과 같다.

어미 \ 용언	르규칙용언		르불규칙용언1	
	치르-		기르-	
-고	치르고	치르-고	기르고	기르-고
-으면	치르면	치르-면	기르면	기르-면
-어	치러	칠-어	길러	길ㄹ-어

• 르불규칙동사1: 고르-[1](물건을), 기르-, 나르-, 누르-[1](벨을), 모르-, 바르-[1](풀을), 이르-[1](말하-), 가파르-, 머무르-, 서두르-

• 르불규칙형용사1: 고르-[2](실력이), 다르-, 바르-[2](자세가), 이르-[2](시간이), 게으르-, 서투르-, 올바르-

◇ 르규칙용언은 '크-, 기쁘-, 부르트-' 등과 함께 ㅡ규칙용언(=ㅡ용언)에 속한다. 말음절이 '르'인 용언 가운데 '들르-, 따르-, 치르-, 다다르-, 우러르-'만 르규칙용언이고 나머지는 모두 르불규칙용언1이다.

◇ '이르-[3](목적지에)'도 르불규칙용언이지만 '기르-' 등과 활용양상이 조금 다르다. '이르-[3]'의 '-어' 활용형은 '일러'가 아닌 '이르러'이다.

어미 \ 용언	르규칙용언		르불규칙용언2	
	치르-		이르-[3]	
-고	치르고	치르-고	이르고	이르-고
-으면	치르면	치르-면	이르면	이르-면
-어	치러	칠-어	이르러	이를-어

◇ 따라서 '기르-' 등을 르불규칙용언1로, '이르-[3]' 등을 르불규칙용언2로 구별할 수 있다.

• 르불규칙동사2: 이르-[3](목적지에)

• 르불규칙형용사2: 누르-[2](색깔이), 푸르-, 검푸르-

심화학습

- 르불규칙용언1의 '-어' 활용형은 '골라'처럼 [ㅏ]로 끝나는 것도 있고 '굴러'처럼 [ㅓ]로 끝나는 것도 있다. 이에 따라 동사들을 분류하면 다음과 같다.
  - [ㅏ]: 고르-[1](물건을), 나르-, 모르-, 바르-[1](풀을), 가파르-
  - [ㅓ]: 기르-, 누르-[1](벨을), 이르-[1](말하-), 머무르-, 서두르-
- '르' 바로 앞음절의 모음이 [ㅏ, ㅗ]이면 '-어' 활용형이 [ㅏ]로 끝나고(골라, 발라, 가팔라 …), 그 외의 모음이면 [ㅓ]로 끝난다(길러, 눌러, 머물러 …). 이것을 결정하는 것은 모음조화이다. 9.15절 참조.

탐구문제

1. '이르-[1](말하다)'과 '이르-[2](시간이)'와 '이르-[3](목적지에)'의 활용형이 어떤 경우에 같고 다른지 말해 보라.

2. '머무르-, 서두르-, 서투르-'는 각각 준말 '머물-, 서둘-, 서툴-'로도 쓰인다. 이들의 활용양상에 관한 다음 표를 완성해 보라. 또 이 활용형들 가운데 표준어로 인정되지 않는 것이 있는지 조사해 보라.

용언 / 어미	본말			준말		
	머무르-	서두르-	서투르-	머물-	서둘-	서툴-
-고	머무르고					
-으면						
-어						

8.12. ㅏ불규칙용언과 ㅓ불규칙용언

◇ ㅏ규칙용언(=ㅏ용언) '사-'와 ㅏ불규칙용언 '하-'의 활용형과 형태분석을 비교하면 다음과 같다.

어미＼용언	ㅏ규칙용언		ㅏ불규칙용언	
	사-		하-	
-고	사고	사-고	하고	하-고
-으면	사면	사-면	하면	하-면
-어	사	사-Ø	해	해-Ø

- ㅏ불규칙동사: 하-, 못하-, 일하-, 잘하-, 피하-, 생각하-, 운동하-, 역이용하-, 흔들흔들하-
- ㅏ불규칙형용사: 하-, 못하-, 착하-, 깨끗하-, 신기하-, 어중간하-, 울긋불긋하-

◇ ㅏ불규칙용언은 모두 '하-' 또는 '하-'가 참여한 합성용언이다.

◇ ㅓ규칙용언(=ㅓ용언) '서-'와 ㅓ불규칙용언 '그러-'의 활용형과 형태분석을 비교하면 다음과 같다.

어미＼용언	ㅓ규칙용언		ㅓ불규칙용언	
	서-		그러-	
-고	서고	서-고	그러고	그러-고
-으면	서면	서-면	그러면	그러-면
-어	서	서-Ø	그래	그래-Ø

◇ ㅓ불규칙용언은 모두 지시동사이다.

- ㅓ불규칙동사: 고러-, 그러-, 요러-, 이러-, 저러-, 조러-

심화학습

- '하-'의 '-어' 활용형은 문어체에서 '해'가 아닌 '하여'로 나타나기도 한다. 학교문법에서는 '하여'를 '하-여'로 형태분석하고 '하-'를 여불규칙용언으로 본다. '하여'는 15세기의 'ᄒᆞ야'가 현대의 '해'로 변화해 오는 과정에서 낙오된 고형이다. 고형이 주로 문어체에 남아 있는 것은 흔한 현상이다. 학교문법에서의 형태분석보다는 '하여'를 /haj-ʌ/로 형태분석하여 어미 '-어'는 규칙적이고 용언 /haj-/가 불규칙하다고 보는 편이 낫다. 본문에서는 기술의 편의상 '하여'에 대한 분석을 생략했다.
- '그러-'는 15세기에 '그리ᄒᆞ-'였다. [ㆍ]의 변화로 'ᄒᆞ-'가 '하-~허-'로 바뀌게 되자 '그리ᄒᆞ-'도 '그리하-~그리허-'로 바뀌게 되었다. '그리하-'는 아직 문어체에 쓰인다. '그리허-'가 ㅎ탈락 등의 변화를 거쳐 '그러-'로 변한 것으로 보인다. '이리ᄒᆞ->이러-', '뎌리ᄒᆞ->저러-', '엇디ᄒᆞ->어쩌-' 등도 마찬가지다.
- ㅏ불규칙용언과 ㅓ불규칙용언의 '-어' 활용형은 '해 [헤], 그래 [그레]' 등에서 보듯이 똑같이 'ㅐ[ㅔ]'로 끝난다. ㅓ불규칙용언이 역사적으로 'ᄒᆞ-'가 결합한 합성동사에서 왔기 때문에 '하-'와 비슷한 활용양상을 보이는 것이다.

탐구문제

1. 경기도 일부 지역의 방언에서는 '하-'의 활용형이 다음과 같다. 이 용언을 ㅏ불규칙용언으로 볼 수 있는가?

   핸다, 해구, 해지, 해니까, 해면, 해서, 했다

2. '하-'의 활용형 '해, 해요'를 '하여, 하여요'로 바꿔 쓰기 어려운 경우가 있는지 조사해 보라.

8.13. ㅎ불규칙용언

◆ ㅎ규칙용언(=ㅎ용언) '좋-'과 ㅎ불규칙용언 '노랗-'의 활용형과 형태분석을 비교하면 다음과 같다.

어미 \ 용언	ㅎ규칙용언		ㅎ불규칙용언	
	좋-		노랗-	
-고	좋고	좋-고	노랗고	노랗-고
-으면	좋으면	좋-으면	노라면	노라-면
-어	좋아	좋-아	노래	노래-∅

◆ ㅎ불규칙용언은 모두 형용사이다.

◆ '노랗-'의 '-어' 활용형은 '노래'로 표기하지만 '누렇-'의 '-어' 활용형은 '누레'로 표기한다. 이와 같이 용언 말음절의 모음이 [ㅏ, ㅗ]이면 모음어미 활용형에 'ㅐ'를 표기하고 그 밖의 모음이면 'ㅔ'를 표기한다. '그렇다' 등의 지시형용사는 모음의 종류에 관계없이 'ㅐ'로 표기한다.

- ㅎ불규칙형용사(지시형용사)(모음어미 활용형에 'ㅐ'를 표기): 고렇-, 그렇-, 요렇-, 이렇-, 조렇-, 저렇-, 어떻-
- ㅎ불규칙형용사(지시형용사 아님)(모음어미 활용형에 'ㅐ'를 표기): 까맣-, 노랗-, 말갛-, 빨갛-, 뽀얗-, 파랗-, 하얗-, 기다랗-, 널따랗-, 동그랗-, 새까맣-, 아무렇-, 조그맣-, 커다랗-
- ㅎ불규칙형용사(모음어미 활용형에 'ㅔ'를 표기): 꺼멓-, 누렇-, 멀겋-, 뻘겋-, 뿌옇-, 퍼렇-, 허옇-, 둥그렇-, 시꺼멓-

◆ ㅓ불규칙동사 '그러-'와 ㅎ불규칙형용사 '그렇-'은 매개모음어미 활용형 및 모음어미 활용형이 똑같다. 예를 들어 다음의 첫 '그럴까'는 '그렇-'의 활용형이고 둘째 '그럴까'는 '그러-'의 활용형이다.

- 옷이 좀 크겠는걸. — 그럴까?
- 11시에 만나자. — 그럴까?

심화학습

- ㅎ불규칙용언의 '어' 활용형은 ㅏ불규칙용언, ㅓ불규칙용언과 똑같이 'ㅐ[ㅔ]'로 끝난다. ㅎ불규칙용언이 역사적으로 'ᄒᆞ-'가 결합한 합성형용사에서 왔기 때문에 '하-'와 비슷한 활용양상을 보이는 것이다.
- 지시형용사는 본말과 준말이 공존한다. 예를 들어 '그러하-'는 본말, '그렇-'은 준말이다. 15세기 이후 '그러ᄒᆞ->그러하-'와 '그러ᄒᆞ->그렇-'의 두 가지 변화가 일어나 지금은 '그러하-'와 '그렇-'이 공존하게 되었다. '그러하-'는 문어체에서만 사용된다. '그러하-'는 ㅏ불규칙용언이고 '그렇-'은 ㅎ불규칙용언이다. '이러ᄒᆞ->이러하-~이렇-', '뎌러ᄒᆞ->저러하-~저렇-', '엇더ᄒᆞ->어떠하-~어떻-' 등도 마찬가지이다.

탐구문제

1. '노랗-'이 만약 ㅎ규칙용언이라면 '-으면' 활용형과 '-어' 활용형은 어떤 형태가 될 것인지 말해 보라.

2. '그러-, 그렇-, 그리하-, 그러하-'의 활용에 관한 다음 표를 완성해 보라.

용언 \ 어미	-고	-으면	-는다/ㄴ다/다	-ㅂ니다/습니다
그러-	그러고			
그렇-				
그리하-				
그러하-				

한국어음운론의
기초

9

음운현상

스승님. 불고기는 그냥 [불고기]라고 하는데 물고기는 왜 [물꼬기]라고 합니까?

'물고기'는 '물'과 '고기'가 만나서 만들어진 말이지. 물은 고기가 사는 장소야.

그런데요?

그런데요라니! 그쯤 얘기했으면 눈치를 채야 하거늘! 물에서 사는 고기가 물고기야. 그럼 불고기는?

불고기는 불에서 사는 고기……가 아니라…….

불에서 사는 고기가 아니지. 불에서 죽는 고기지.

9.1. 음운현상의 유형

◆ 형태소나 단어에서 규칙적으로 발음이 달라지는 것을 **음운현상**이라 한다.

◆ 음운현상은 분절음의 관점에서 다섯 유형으로 나눌 수 있다. (a, b, c는 임의의 분절음을 나타내고 Ø은 분절음이 없음을 나타낸다.)

유형	구조	뜻
대치	a → b	a가 b로 바뀐다
탈락	a → Ø	a가 없어진다
첨가	Ø → b	b가 끼어든다
축약	ab → c	a와 b가 합쳐져 c가 된다
도치	ab → ba	a와 b의 순서가 서로 바뀐다

◆ 한 분절음이 다른 분절음으로 바뀌는 **대치**(代置)가 가장 흔하다.

- ㄱ→ㄲ: 잡-고→[잡꼬]
- ㅂ→ㅁ: 잡-는→[잠는]

◆ **탈락**(또는 **삭제**)이 **첨가**(또는 **삽입**)보다 흔하다.

- ㅎ→Ø: 많-아→[마나]
- ㅡ→Ø: 크-어→[커]
- Ø→ㄴ: 두통+약→[두통냑]

◆ 인접한 두 분절음이 한 분절음으로 바뀌었을 때 둘 중 하나가 탈락했을 수도 있고 둘이 축약되었을 수도 있다. 이때 두 분절음의 특징이 한 분절음에 모두 남아 있으면 **축약**이다.

- ㅎㄱ→ㅋ: 많-고→[만코]

◆ **도치**(倒置)는 가장 드문 음운현상이다. 현대한국어의 공시적 음운현상으로 존재하지 않는다. 통시적으로는 '빗복>빗곱>배꼽', '이륵이륵>이글이글'과 같은 소수의 예가 있다.

심화학습

음운현상은 시간의 관점에서 공시적인 것과 통시적인 것으로 나누어진다.

- 공시적 음운현상: 한 시대의 언어 안에서 형태소나 단어가 결합할 때 발음이 규칙적으로 바뀌는 현상. 'a→b'와 같이 표시한다. 예를 들어 '잡-고'를 [잡꼬]로 발음할 때 일어나는 음운현상(경음화)은 한 시대의 언어 안에서 두 형태소가 결합할 때 발음이 바뀌는 것이다.
- 통시적 음운현상: 한 시대에서 다음 시대로 넘어가는 과정에서 형태소나 단어의 발음이 규칙적으로 바뀌는 현상. 'a>b'와 같이 표시한다. 예를 들어 '믈>물'은 16세기 이전의 발음 [믈]이 17세기 이후의 발음 [물]로 바뀐 것이고, '텬디>천지(天地)'는 17세기 이전의 발음 [텬디]가 18세기 이후의 발음 [천지]로 바뀐 것이다.

탐구문제

1 다음 예들은 본문의 다섯 유형 중 어떤 유형의 음운현상이 일어난 것인가?

- 잎→[입]
- 설+날→[설랄]
- 넓-다→[널따]
- 떼-어→[떼]

2 다음 두 음운현상의 차이가 무엇인지 설명해 보라.

- 잎→[입]
- [입]→[ip˺]

9.2. 동화의 유형

◆ 대치에 속하는 음운현상 가운데 상당수는 **동화**(同化)이다. 동화는 어떤 분절음이 주변의 분절음과 같거나 비슷하게 바뀌는 것이다. 이와 반대로 주변의 분절음과 달라지는 것은 **이화**(異化)이다.

◆ 동화를 겪는 분절음을 **피동화음**(被同化音)이라 하고 피동화음에 영향을 주어 동화를 일으키는 분절음을 **동화음**(同化音)이라 한다.

기준	피동화음이 동화음과 비슷해지는 정도	
유형	**완전동화**	**부분동화**
예	닫-는→[단는]	잡-는→[잠는]
이유	[ㄷ]이 [ㄴ]과 똑같은 [ㄴ]이 됨.	[ㅂ]이 [ㄴ]과 비슷한 [ㅁ]이 됨.

기준	피동화음과 동화음의 거리	
유형	**직접동화**	**간접동화**
예	닫-는→[단는]	녹-어→[노가]
이유	[ㄷ]과 [ㄴ]이 인접해 있음.	[ㅗ]와 [ㅓ] 사이에 [ㄱ]이 있음.

기준	피동화음과 동화음의 순서	
유형	**순행동화**	**역행동화**
예	설+날→[설랄]	논+리→[놀리]
이유	[ㄹ]이 뒤의 [ㄴ]을 동화시켰음.	[ㄹ]이 앞의 [ㄴ]을 동화시켰음.

기준	피동화음의 종류	
유형	**자음동화**	**모음동화**
예	닫-는→[단는]	녹-어→[노가]
이유	피동화음 [ㄷ]이 자음임.	피동화음 [ㅓ]가 모음임.

심화학습

- 언어보편적으로 이화보다 동화가 더 흔하고 자연스러운 음운현상이다.
- 자음동화와 모음동화는 동화음의 종류까지 고려하면 다음과 같이 넷으로 나눌 수 있다.

종류		동화음	피동화음
자음동화	자음에 의한 자음동화	자음	자음
	모음에 의한 자음동화	모음	자음
모음동화	자음에 의한 모음동화	자음	모음
	모음에 의한 모음동화	모음	모음

- 위의 네 유형 중 자음에 의한 자음동화만을 자음동화, 모음에 의한 모음동화만을 모음동화라 부르기도 한다.

탐구문제

1 다음 예들을 발음할 때 동화가 일어나는지 말해 보라.

- 일+년
- 막+일
- 맑-다

2 다음 예들에서 일어나는/일어난 동화는 본문의 유형 중 어디에 속하는지 말해 보라.

- 읽-는→[잉는]
- -ᄃᆞ록>-도록

9.3. 평폐쇄음화

평폐쇄음화: 종성 [ㅍ]이 [ㅂ]으로, 종성 [ㅌ, ㅈ, ㅊ, ㅅ, ㅆ, ㅎ]이 [ㄷ]으로, 종성 [ㄲ, ㅋ]이 [ㄱ]으로 바뀐다.

◇ 종성제약에 따라 자음 19개 가운데 종성에 올 수 있는 것은 7개(ㅂ, ㄷ, ㄱ, ㅁ, ㄴ, ㅇ, ㄹ)뿐이다.

◇ 이 때문에 장애음 15개(폐쇄음 9개, 파찰음 3개, 마찰음 3개) 가운데 [ㅂ, ㄷ, ㄱ](평폐쇄음)만 종성에 올 수 있다. 나머지 12개는 이 셋 중의 하나로 바뀐다. 이것이 평폐쇄음화이다.

- ㅍ→ㅂ: 잎→[입], 덮-고→[덥꼬]
- ㅌ, ㅈ, ㅊ, ㅅ, ㅆ→ㄷ: 끝→[끋], 맡-고→[맏꼬], 빚→[빋], 늦-고→[늗꼬], 빛→[빋], 쫓-고→[쫃꼬], 옷→[옫], 웃-고→[욷꼬], 있-고→[읻꼬]
- ㅎ→ㄷ: 놓-는→녿는→[논는], 놓-소→녿쏘→[노쏘]
- ㄲ, ㅋ→ㄱ: 밖→[박], 닦-고→[닥꼬], 부엌→[부억]

◇ 종성 [ㅎ] 뒤에 [ㄱ, ㄷ, ㅈ]이 있을 때는 평폐쇄음화 대신 유기음화가 일어난다. 9.14절 참조.

- 놓-고→[노코], 놓-던→[노턴], 놓-지→[노치]

◇ [ㅎ]을 제외하면 평폐쇄음화가 일어날 때 조음방식만 바뀌고 조음위치는 바뀌지 않는다. 즉 양순음은 양순음으로, 전설음은 전설음으로, 후설음은 후설음으로 바뀐다.

구분	조음위치에 따른 자음의 종류			
변화 전	양순음 [ㅍ]	전설음 [ㅌ, ㅈ, ㅊ, ㅅ, ㅆ]	후설음 [ㄲ, ㅋ]	성문음 [ㅎ]
변화 후	양순음 [ㅂ]	전설음 [ㄷ]	후설음 [ㄱ]	전설음 [ㄷ]

심화학습

평폐쇄음화 때문에 체언과 용언의 동음어가 생긴다.

- 입 [입], 잎 [입]
- 집 [집], 짚 [집]
- 낫 [낟], 낮 [낟], 낯 [낟]
- 빗 [빋], 빚 [빋], 빛 [빋]
- 집다 [집따], 짚다 [집따]
- 빗다 [빋따], 빚다 [빋따]
- 맞다 [맏따], 맡다 [맏따]
- 잇다 [읻따], 있다 [읻따], 잊다 [읻따]
- 갖다 [갇따], 같다 [갇따], 갔다 [갇따]
- 묵다 [묵따], 묶다 [묵따]

탐구문제

1 본문에서 종성 [ㅃ, ㄸ]이 평폐쇄음화되는 예를 제시하지 않은 이유가 무엇인지 말해 보라.

2 자음체계에서 [ㄷ, ㄸ, ㅌ, ㅅ, ㅆ, ㄴ, ㄹ]을 치조음으로, [ㅈ, ㅉ, ㅊ]을 경구개음으로 규정하면 평폐쇄음화의 기술이 어떻게 달라져야 하는지 생각해 보라.

9.4. 비음화

◆ 비음화는 폐쇄음의 비음화와 'ㄹ'의 비음화로 나누어진다.

폐쇄음의 비음화: '폐쇄음+비음'에서 폐쇄음이 비음으로 바뀐다.

◆ 폐쇄음의 비음화는 '폐쇄음+비음'이 부적격하다는 음절연결제약 때문에 일어난다. '폐쇄음+비음'이 '비음+비음'으로 바뀌므로 동화이다.

- ㅂ→ㅁ: 밥+만→[밤만], 잡-는→[잠는]
- ㄷ→ㄴ: 닫-는→[단는]
- ㄱ→ㅇ: 약+만→[양만], 막-는→[망는]

◆ [ㅂ, ㄷ, ㄱ] 이외의 장애음들은 평폐쇄음화 후에 비음화된다.

- ㅍ→ㅂ→ㅁ: 앞+만→압만→[암만], 덮-는→덥는→[덤는]
- ㅅ→ㄷ→ㄴ: 옷+만→옫만→[온만], 웃-는→욷는→[운는]
- ㅊ→ㄷ→ㄴ: 빛+만→빋만→[빈만], 쫓-는→쫃는→[쫀는]
- ㅎ→ㄷ→ㄴ: 놓-는→녿는→[논는]
- ㄲ→ㄱ→ㅇ: 밖+만→박만→[방만], 닦-는→닥는→[당는]

'ㄹ'의 비음화: 폐쇄음이나 비음 뒤의 [ㄹ]이 [ㄴ]으로 바뀐다.

◆ 'ㄹ'의 비음화는 음절연결제약에 따라 폐쇄음이나 비음 뒤에 [ㄹ]이 뒤따를 수 없기 때문에 일어난다. 이것은 동화가 아니다.

- 비음+ㄹ: 심리→[심니], 경리→[경니], 음운론→[으문논]
- 폐쇄음+ㄹ: 압력→압녁→[암녁], 격리→격니→[경니], 핫라인→핟라인→핟나인→[한나인]

◆ '폐쇄음+ㄹ'에서는 [ㄹ]이 [ㄴ]으로 비음화되고 나서 폐쇄음의 비음화가 일어난다.

압력	→	압녁	→	[암녁]

'ㄹ'의 비음화 폐쇄음의 비음화

심화학습

- 영어에서 'bookmark, top model' 등을 발음할 때 폐쇄음 /k/, /p/의 비음화가 일어나지 않는다. 한국어 화자가 이들을 [붕마크], [톰모델]과 같이 발음하는 것은 한국어의 음운현상을 적용한 결과이다.

- 영어, 중국어, 일본어에서는 /l, r/의 비음화가 일어나지 않는다. 폐쇄음이나 비음 뒤의 /l, r/을 그대로 발음한다. 한국어 화자는 다음과 같은 단어들을 원어민처럼 발음하는 데 어려움을 겪는다.
  - 영어: only, Hamlet, blacklist, homerun, upload, good-looking
  - 중국어: fēnlí(분리), zhònglìàng(중량)
  - 일본어: inreki(음력), sinri(진리)

탐구문제

1. 폐쇄음의 비음화에 관한 본문의 예들에서 피동화음의 조음위치도 바뀌는지 살펴보라.

2. 폐쇄음의 비음화가 일어나는 예를 다음 조건에 맞게 찾아보라.
   - 합성명사의 형성
   - 합성동사의 형성
   - 주어와 서술어의 연결
   - 목적어와 서술어의 연결

9.5. 유음화

유음화: [ㄹ] 앞이나 뒤의 [ㄴ]이 [ㄹ]로 바뀐다.

◇ 유음화는 음절연결제약에 따라 'ㄴ+ㄹ'과 'ㄹ+ㄴ'이 부적격하기 때문에 일어난다. 'ㄴ+ㄹ'도 'ㄹ+ㄹ'로 바뀌고 'ㄹ+ㄴ'도 'ㄹ+ㄹ'로 바뀌므로 동화에 속한다.

◇ 유음화는 동화가 일어나는 방향에 따라 순행적 유음화와 역행적 유음화로 나누어진다.

순행적 유음화: [ㄹ] 뒤의 [ㄴ]이 [ㄹ]로 바뀐다.

◇ 순행적 유음화는 'ㄹ+ㄴ→[ㄹㄹ]'을 말한다. 이것은 순행동화이다.

- 달+님→[달림], 설+날→[설랄], 일+년→[일련]

◇ 자음군 [ㄼ, ㄾ, ㅀ]이 자음군단순화로 [ㄹ]로 바뀌면 순행적 유음화를 일으킨다.

- ㄼ, ㄾ, ㅀ+ㄴ→[ㄹㄹ]: 넓-네→널네→[널레], 핥-는→할는→[할른], 잃-는→일는→[일른]

역행적 유음화: [ㄹ] 앞의 [ㄴ]이 [ㄹ]로 바뀐다.

◇ 역행적 유음화는 'ㄴ+ㄹ→[ㄹㄹ]'을 말한다. 이것은 역행동화이다. 2음절 한자어에서 잘 일어난다.

- 논+리→[놀리], 신+라→[실라], 인+류→[일류]

◇ '2음절+1음절' 구조의 3음절 한자어에서는 'ㄴ+ㄹ→[ㄴㄴ]'과 같이 비음화가 일어난다.

- 구근+류→[구근뉴], 음운+론→[으문논], 의견+란→[의견난], 판단+력→[판단녁], 향신+료→[향신뇨]

심화학습

➲ 영어, 중국어, 일본어에서는 유음화가 일어나지 않는다. 한국어 화자는 다음과 같은 단어들을 원어민처럼 발음하는 데 어려움을 겪는다.

- 영어(순행적 유음화가 안 일어남): vulnerable, illness, hazelnut, walnut, well-known, full name, serial number
- 영어(역행적 유음화가 안 일어남): only, online, unlock, Finland, Henry, Monroe
- 중국어(역행적 유음화가 안 일어남): fēnlí(분리), rénlèi(인류)
- 일본어(역행적 유음화가 안 일어남): inreki(음력), sinri(진리)

탐구문제

1 다음 한자어들에서 말음절 '량'이 어떻게 발음되고 어떤 음운현상이 관여하는지 말해 보라.

- 군량(軍糧), 변량(變量), 분량(分量), 잔량(殘量), 전량(全量)
- 발전량(發電量), 불변량(不變量), 생산량(生産量), 평균량(平均量)

2 역행적 유음화가 일어나는 고유어 예를 찾기 어려운 이유가 무엇인지 생각해 보라.

9.13. ㄴ첨가

ㄴ첨가: 자음과 [ㅣ, ㅑ, ㅕ, ㅛ, ㅠ, ㅖ] 사이에 [ㄴ]이 첨가된다.

- 웬+일→[웬닐], 좀+약→[좀냑], 한+여름→[한녀름], 전문+용어→[전문뇽어], 식용+유→[시공뉴], 본+예산→[본녜산]

◇ 앞자음이 장애음이면 첨가된 [ㄴ]이 폐쇄음의 비음화를 일으킨다.

- 꽃+잎→꼳닙→[꼰닙], 북극+여우→북끅녀우→[북끙녀우], 영업+용→영업뇽→[영엄뇽], 종합+예술→종합녜술→[종함녜술]

◇ 앞자음이 [ㄹ]이면 첨가된 [ㄴ]이 순행적 유음화로 [ㄹ]로 바뀐다.

- 볼+일→볼닐→[볼릴], 서울+역→서울녁→[서울력]

◇ 2음절 한자어에서는 ㄴ첨가가 잘 일어나지 않는다.

- 감염(感染)→[가몀], 경유(輕油)→[경유], 독약(毒藥)→[도갹], 발열(發熱)→[바렬], 활용(活用)→[화룡]

◇ 다음과 같이 다양한 단어와 구에서 ㄴ첨가가 일어날 수 있으나 ㄴ첨가가 일어나지 않은 발음도 가능하다.

- 김+유신→[김뉴신], 신+윤복→[신뉸복], 정+약용→[정냐굥]
- 김 양→[김냥], 신 여사→[신녀사], 정 약국→[정냑꾹]
- 이런 일 저런 일→[이런닐저런닐], 만날 일→[만날릴], 이기적 유전자→[이기정뉴전자], 달걀 열 개→[달걀렬깨], 못 잊어→[몬니저], 1시 도착 예정→[한시도창녜정]

◇ ㄴ첨가는 방언이나 개인에 따라 또는 같은 사람이라도 말투에 따라 일어나기도 하고 일어나지 않기도 해서 일률적으로 기술하기 어려운 면이 있다. 대체로 [ㅣ] 앞에서보다 [ㅑ, ㅕ, ㅛ, ㅠ, ㅖ] 앞에서 더 잘 일어난다.

심화학습

- 〈표준 발음법〉 29항에서 '검열(檢閱), 금융(金融)'은 ㄴ첨가가 일어난 발음이 원칙이고 ㄴ첨가가 일어나지 않은 발음도 허용한다고 규정하고 있다.
  - 검열 [검:녈/거:멸], 금융 [금늉/그뮹]
- '검열, 금융' 외에 ㄴ첨가가 일어나는 2음절 한자어로는 '정열(情熱) [정녈], 작열(灼熱) [장녈]'이 있다.

탐구문제

1. 다음 '성+여사(女士)' 구조의 표현들에 대한 자신의 발음에 ㄴ첨가 여부에 관한 규칙성이 있는지 확인해 보라.
   - 길 여사, 김 여사, 박 여사, 신 여사, 엽 여사, 정 여사

2. 〈표준 발음법〉 29항은 접미사의 첫음절이 [이, 야, 여, 요, 유]인 경우에 ㄴ첨가가 일어난 발음을 한다고 규정하고 있다. 다음 예들을 바탕으로 이 규정의 수정이 필요한지 생각해 보라.
   - 접미사 '-이, -인(人), -일(日)'이 붙은 파생어: 목걸+이 [목꺼리], 오뚝+이 [오뚜기], 한국+인 [한구긴], 기업+인 [기어빈], 경축+일 [경추길], 기념+일 [기녀밀]
   - 접미사 '-여(餘)'가 붙은 파생어: 십+여 명 [시벼명], 백+여 명 [베겨명], 천+여 명 [처녀명], 일억+여 원 [이러겨원]
   - 접미사 '-양(洋), -양(孃), -욕(慾), -용(用), -유(油)'가 붙은 파생어: 태평+양 [테평냥], 교환+양 [교환냥], 독점+욕 [독쩜뇩], 영업+용 [영엄뇽], 식용+유 [시공뉴]

9.14. 유기음화

유기음화: [ㄱ, ㄷ, ㅂ, ㅈ]과 [ㅎ]이 각각 [ㅋ, ㅌ, ㅍ, ㅊ]으로 합쳐진다.

◇ [ㅎ]이 앞에 있으면 순행적 유기음화, 뒤에 있으면 역행적 유기음화라 부른다.

순행적 유기음화: ㅎ용언, ㄶ용언, ㅀ용언에 ㄱ어미, ㄷ어미, ㅈ어미가 붙을 때 [ㅎ]과 [ㄱ, ㄷ, ㅈ]이 각각 [ㅋ, ㅌ, ㅊ]으로 합쳐진다.

- ㅎ용언: 놓-고→[노코], 놓-던→[노턴], 놓-지→[노치]
- ㄶ용언: 않-고→[안코], 않-던→[안턴], 않-지→[안치]
- ㅀ용언: 앓-고→[알코], 앓-던→[알턴], 앓-지→[알치]

역행적 유기음화: [ㄱ, ㄷ, ㅂ] 뒤에 [ㅎ]이 이어지면 각각 [ㅋ, ㅌ, ㅍ]으로 합쳐진다.

- 체언+조사: 떡+하고→[떠카고], 밥+하고→[바파고], 옷+하고→옫하고→[오타고], 꽃+하고→꼳하고→[꼬타고], 값+하고→갑하고→[가파고], 가족+한테→[가조칸테], 닭+한테→닥한테→[다칸테]
- 2음절 한자어: 국+화→[구콰], 입+학→[이팍]
- 합성어와 파생어: 겉+흙→걷흑→[거특], 단답+형→[단다평], 졸업+하다→[조러파다], 비슷+하다→비슫하다→[비스타다], 급+히→[그피], 가득+히→[가드키]
- 구: 박 형사→[바켱사], 떡 하나→[떠카나], 꽃 한 송이→꼳한송이→[꼬탄송이], 서쪽 하늘→[서쪼카늘], 역사적 현재→[역싸저켠제], 아홉 황제→[아호퐝제], 직접 해 본다→[직쩌페본다]

심화학습

- 전라방언과 경상방언 일부에서는 역행적 유기음화가 잘 일어나지 않고 ㅎ탈락이 일어나는 경향이 있다.
  - 떡+하고→[떠가고], 밥+하고→[바바고], 옷+하고→[오다고]
  - 시작+하다→[시자가다], 졸업+하다→[조러바다], 비슷+하다→[비스다다]
  - 육+학년→[유강년], 직업+학교→[지거박꾜], 가족+호텔→[가조고텔]
  - 떡 한 조각→[떠간조각], 밥 한 술→[바반술], 옷 한 벌→[오단벌]

탐구문제

1 다음 두 말의 발음을 한글로 적고 어느 부분에서 유기음화가 일어나는지 말해 보라.

- 점잖지 않다
- 점잖잖다

2 다음과 같은 잘못된 도출을 막기 위해서는 유기음화의 적용에 어떤 조건을 달아야 하는지 생각해 보라.

- 닭+한테→[달칸테](×)
- 여덟+하고→[여덜파고](×)

9.15. 모음조화

◆ 한 단어의 모음들이 같은 종류만 나타나는 현상을 모음조화라 한다.

◆ 현대한국어에서는 용언에 모음어미가 붙을 때 '잡아, 접어'처럼 어미의 두음이 [ㅏ]와 [ㅓ]로 교체하는 현상을 모음조화로 기술한다.

> **모음조화: 다음의 경우에 모음어미의 두음 [ㅓ]가 [ㅏ]로 바뀐다.**
> **① 다음절 ㅡ용언의 끝에서 둘째 음절 모음이 [ㅏ, ㅗ]일 때**
> **② 르불규칙용언의 끝에서 둘째 음절 모음이 [ㅏ, ㅗ]일 때**
> **③ 다음절 ㅡ용언이나 르불규칙용언이 아니면서 말음절 모음이 [ㅏ, ㅗ]일 때**

① 따르-어→따르아→따라, 고프-어→고프아→고파, 가냘프-어→가냘프아→가냘파
② 다르-어→달르아→달라, 모르-어→몰르아→몰라
③ 가-어→가아→가, 잡-어→잡아, 오-어→오아→와, 녹-어→녹아, 자라-어→자라아→자라, 비꼬-어→비꼬아, 비좁-어→비좁아

◆ 다음과 같은 경우에는 위의 모음조화가 적용되지 않는다.

- 다음절 ㅡ용언의 끝에서 둘째 음절 모음이 [ㅏ, ㅗ]가 아닐 때: 기쁘-어→기뻐, 슬프-어→슬퍼
- 르불규칙용언의 끝에서 둘째 음절 모음이 [ㅏ, ㅗ]가 아닐 때: 기르-어→길르어→길러, 흐르-어→흘르어→흘러
- 다음절 ㅡ용언이나 르불규칙용언이 아니면서 말음절 모음이 [ㅏ, ㅗ]가 아닐 때: 비-어, 베-어, 내-어, 뀌-어, 두-어, 서-어→서, 뜨-어→떠, 접-어, 늦-어, 읽-어, 뺏-어, 이기-어, 설레-어, 가두-어, 꾸짖-어, 수줍-어, 다듬-어
- 선어말어미 '-으시-, -었-, -겠-' 뒤: 잡-으시-어→잡으셔, 잡-겠-어→잡겠어, 잡-었-어→잡았어, 잡-었-겠-어→잡았겠어

◆ 모음어미의 두음이 [ㅓ]와 [ㅏ]로 발음되는 데에 관한 규칙이 방언에 따라 조금씩 다르다. 중앙어에서도 '잡아, 달라, 가냘파' 등을 '잡어, 달러, 가냘퍼'와 같이 발음하는 경우가 있다.

심화학습

- 15세기에는 [ㆍ, ㅗ, ㅏ]가 양성모음, [ㅡ, ㅜ, ㅓ]가 음성모음이었으나 지금은 [ㅏ, ㅗ]만 양성모음이고 나머지 단순모음은 모두 음성모음이다.

- 기원적으로 단어 내부의 모음은 모두 양성모음이거나 모두 음성모음이었다. 이것이 모음조화의 원래 모습이다. 중세한국어와 근대한국어를 거치면서 모음조화가 점차 약화되어 왔지만 그래도 용언에 모음어미가 붙을 때와 의성의태어 및 색채어는 모음조화를 꽤 잘 지키는 편이다. 의성어 '도란도란, 두런두런', 의태어 '아롱아롱, 어룽어룽', 색채어 '노랗다, 누렇다' 등이 그 예이다.

- 용언 활용형에서의 모음조화를 대치라는 음운현상으로 기술하는 것은 모음조화의 본질을 잘 표현하지 못하는 면이 있다. 본래 모음조화란 기본형이 다른 형태로 발음이 바뀔 때 나타나는 현상이 아니기 때문이다.

탐구문제

1 용언 말음절의 모음이 모음어미의 두음을 [ㅏ]로 결정하면 양성모음, [ㅓ]로 결정하면 음성모음, [ㅓ]와 [ㅏ]를 결정하지 못하면 중성모음이다. 다음 용언들의 말음절 모음 [ㅡ]가 이 셋 중 무엇인지 말해 보라.

- 끄-어→꺼, 트-어→터
- 부르트-어→부르터, 가냘프-어→가냘프아→가냘파

2 ㅂ불규칙용언의 경우 '구워, 부러워, 고마워, 까다로워' 등이 '구우-어, 부러우-어, 고마우-어, 까다로우-어' 등에서 만들어졌다고 보면 [ㅜ] 뒤의 [ㅓ]는 설명된다. 그러나 '곱-[2], 돕-'의 경우(8.9절) '고우-어→고와, 도우-어→도와'는 모음조화를 어긴 듯 보인다. 이것을 설명하는 방안을 생각해 보라.

9.16. 반모음화

반모음화: 용언말모음 [ㅣ, ㅗ, ㅜ]가 모음어미 앞에서 반모음으로 바뀐다.

◇ ㅣ, ㅗ, ㅜ용언에 모음어미가 붙을 때 반모음화가 일어난다. 반모음의 종류에 따라 j반모음화와 w반모음화로 나눌 수 있다.

j반모음화: ㅣ용언의 말음 [ㅣ]가 어미두음 [ㅓ] 앞에서 /j/로 바뀐다.

- 기-어 /ki-ʌ/→겨 /kjʌ/
- 이기-어 /iki-ʌ/→이겨 /ikjʌ/

◇ j반모음화는 단음절 ㅣ용언의 활용에서는 수의적이지만(기어~겨) 다음절 ㅣ용언의 활용에서는 필수적이다(이겨). 그래서 다음절 ㅣ용언의 경우 표준어에서는 '이기어, 비비어, 흔들거리어' 등도 맞는 형태로 인정하나 현실어에서는 이들 대신 '이겨, 비벼, 흔들거려' 등만 쓴다.

w반모음화: ㅗ용언, ㅜ용언의 말음 [ㅗ, ㅜ]는 어미두음 [ㅓ, ㅏ] 앞에서 /w/로 바뀐다.

- 두-어 /tu-ʌ/→둬 /twʌ/
- 가두-어 /katu-ʌ/→가둬 /katwʌ/
- 보-어 /po-ʌ/→보아 /poa/→봐 /pwa/
- 돌보-어 /torpo-ʌ/→돌보아 /torpoa/→돌봐 /torpwa/

◇ w반모음화는 용언의 음절 수에 관계없이 수의적이지만(두어~둬, 가두어~가둬, 보아~봐, 돌보아~돌봐), 말음절 초성에 자음이 없는 '오-, 데우-, 배우-, 비우-, 싸우-, 드리우-' 등의 활용에서는 필수적이다. 그래서 표준어에서는 '데우어, 배우어, 비우어, 싸우어, 드리우어' 등도 맞는 형태로 인정하나 현실어에서는 이들 대신 '데워, 배워, 비워, 싸워, 드리워' 등만 쓴다.

심화학습

- 단음절 ㅣ용언에 모음어미가 결합할 때 그 사이에 /j/가 첨가된 발음도 가능하다. 예를 들어 '기-어 /ki-ʌ/'를 [기여] /kijʌ/로 발음할 수도 있다. 결국 '기-어'는 두 가지 표기와 세 가지 발음이 가능하다.

표기	발음
기어	[기어] /kiʌ/ [기여] /kijʌ/
겨	[겨] /kjʌ/

- 북한의 맞춤법은 '기어, 비어, 시어, 피어' 등을 틀린 표기로, '기여, 비여, 시여, 피여' 등을 옳은 표기로 규정한 점에서 남한과 다르다.

탐구문제

1. w반모음화를 통해서는 이중모음 [ㅘ, ㅝ]가 형성되지만 j반모음화를 통해서는 이중모음 [ㅕ]만 형성되고 [ㅑ]는 형성되지 않는다. 그 이유를 말해 보라.

2. '기-어→겨, 두-어→둬, 보-어→보아→봐'에서 일어나는 변화를 축약으로 보는 것이 가능한지 생각해 보라.

9.17. 모음탈락

매개모음 ㅡ탈락: 매개모음어미의 두음 [ㅡ]가 모음이나 [ㄹ] 뒤에서 탈락한다.

- 모음 뒤: 가-으면→가면, 가-으시-고→가시고, 가-은→간
- [ㄹ] 뒤: 놀-으면→놀면, 놀-으시-고→노시고, 놀-은→논

용언말음 ㅡ탈락: 용언의 말음 [ㅡ]가 모음어미 앞에서 탈락한다.

- 끄-어→꺼, 치르-어→치러, 따르-어→따르아→따라

ㅣ탈락: ㅣ용언 가운데 [지, 찌, 치]로 끝난 용언의 말음 [ㅣ]가 모음어미 앞에서 탈락한다.

- 지-어→져 [저], 찌-어→쪄 [쩌], 치-어→쳐 [처]
- 가지-어→가져 [가저], 가르치-어→가르쳐 [가르처]
- 닫히[다치]-어→닫혀 [다처], 붙이[부치]-어→붙여 [부처], 맞히[마치]-어→맞혀 [마처], 앉히[안치]-어→앉혀 [안처]

◇ '져, 쪄, 쳐, 가져, 가르쳐, 닫혀, 붙여, 맞혀, 앉혀' 등의 표기에 'ㅕ'가 있지만 [ㅕ]가 아닌 [ㅓ]로 발음되므로 [ㅣ]가 탈락한 것이다.

ㅏ탈락: 모음어미의 두음 [ㅏ]가 ㅏ용언에 붙을 때 탈락한다.

- 가-어→가아→가, 만나-어→만나아→만나

ㅓ탈락: 모음어미 두음 [ㅓ]가 ㅓ용언에 붙을 때 반드시 탈락하며, ㅔ용언, ㅞ용언에 붙을 때 수의적으로 탈락한다.

- 서-어→서, 펴-어→펴, 건너-어→건너
- 내 [네]-어→내 [네], 지내 [지네]-어→지내 [지네]
- 베-어→베, 설레-어→설레, 되 [뒈]-어→돼 [뒈], 꿰-어→꿰

심화학습

- ㅓ탈락을 표준어와 맞춤법을 기준으로 기술하면 다음과 같다.

> **ㅓ탈락: 모음어미 두음 [ㅓ]가 ㅓ용언에 붙을 때 반드시 탈락하며, ㅐ용언, ㅔ용언, ㅚ용언, ㅞ용언에 붙을 때 수의적으로 탈락한다.**

- '되-어→돼'는 표준발음에서는 /ø/+/ʌ/→/wɛ/와 같이 w반모음화로 기술하지만 현실발음에서는 [뒈-어]→[뒈]와 같이 ㅓ탈락으로 기술할 수 있다.

- '가-어→가아→가, 만나-어→만나아→만나'에서의 ㅏ탈락과 '서-어→서, 펴-어→펴, 건너-어→건너'에서의 ㅓ탈락은 [ㅏㅏ], [ㅓㅓ]와 같이 같은 모음끼리 이어질 때 그중 하나가 탈락하는 것이다. 그런데 탈락하는 것이 앞모음인지 뒷모음인지 분명치 않다. 본문에서는 ㅐ용언, ㅔ용언, ㅚ용언, ㅞ용언과 모음어미의 연결에서 어미두음 [ㅓ]가 탈락하므로 [ㅏㅏ], [ㅓㅓ]에서도 어미두음이 탈락하는 것으로 기술했다.

탐구문제

1. 다음과 같은 경우에 용언말음 [ㅡ]와 어미두음 [ㅡ]가 만나면 어느 것이 탈락하는지 말해 보라.
   - 끄-으면→끄면
   - 따르-을까→따를까

2. 만약 다음 활용형들의 발음을 ㅣ탈락으로 기술하지 않는다면 어떻게 기술해야 할지 생각해 보라.
   - 닫히-어→닫혀
   - 붙이-어→붙여
   - 맞히-어→맞혀
   - 앉히-어→앉혀

한국어음운론의
기초

10

한자어의 발음

입사를 축하해요.
평생직장이라 생각하고
열심히들 해요.
社訓
何己失音
官頭登可
사장 나일만
사훈이 한문!
어찌… 자기가
소리를… 잃었나??
…???…
하기실음
관두등가

10.1. 한중일 한자음의 관계

◇ 현대 한중일 한자음은 고대중국어의 한자음으로부터 분화된 결과이다.

◇ 고대에 한국과 일본이 중국으로부터 한자를 받아들이면서 중국인의 한자 발음을 흉내 낼 때부터 세 나라의 한자음은 달라지기 시작했다. 그 후 세 나라의 한자음은 각기 다른 음운변화를 겪어 지금에 이르렀다.

◇ 한중일 한자음은 뿌리가 같으므로 어느 정도 규칙적인 대응을 보인다.

◇ 중국한자음이 /di/로 시작하는 한자는 한국에서 구개음화를 겪었기 때문에 [ㅈ]으로 시작한다.

- 低(di–저), 地(di–지), 弟(di–제), 點(dian–점), 調(diao–조), 頂(ding–정)

◇ 한국한자음이 [기]인 한자는 중국에서 구개음화를 겪었기 때문에 /tɕʰi]로 발음된다(이 발음의 로마자표기는 'qi').

- [기]–/tɕʰi/: 其, 期, 奇, 起, 企, 氣, 器

◇ 한국한자음의 종성 [ㄴ, ㅁ]은 중국한자음과 일본한자음의 /n/에 대응하고, [ㅇ]은 중국한자음의 종성 /ŋ/, 일본한자음의 장음에 대응한다.

한자	한국한자음	중국한자음	일본한자음
山	산 /san/	shan /ʂan/	san /san/
三	삼 /sam/	san /san/	san /san/
上	상 /saŋ/	shang /ʂaŋ/	jou /zjoː/

◇ 한국한자음과 중국한자음은 모두 한 음절로 되어 있다. 일본한자음도 대부분 1음절이지만 2음절인 것도 있다.

- 2음절 일본한자음: 愛(ai /ai/), 學(gaku /gaku/), 月(getsu /gecɯ/ [getsɯ]), 一(ichi /ici/ [itʃi])

심화학습

- 한중일의 한자는 발음뿐만 아니라 표기도 조금 차이가 있다.
- 중국에서는 1960년대에 획수를 줄인 간체자(簡體字)를 사용하기 시작했다. 대만은 한국처럼 번체자(繁體字)를 쓴다.
- 일본도 20세기 들어 획수를 줄인 약자(略字)를 사용하게 되었다. 획수를 줄이지 않은 한자는 정자(正字)라 한다. 중국의 번체자보다 일본의 약자가 더 적어서 한국인에게는 일본의 한자가 더 친숙하게 보인다.

한국한자음	생활	사회	한국	태풍	용두사미
한국 한자	生活	社會	韓國	颱風	龍頭蛇尾
일본 한자	生活	社会	韓国	台風	竜頭蛇尾
중국 한자	生活	社会	韩国	台风	龙头蛇尾

- 한중일이 각각 만들어 서로 통하지 않는 한자도 있다.
  - 한국 고유한자: 답(畓), 대(垈), 돌(乭), 시(媤)
  - 중국 고유한자: lā(啦), kǎ(卡), tā(她), pīng(乒), pāng(乓)
  - 일본 고유한자: donburi(丼), tsuji(辻), hatake(畑), waku(枠)

탐구문제

1 다음 표에서 알 수 있는 한중일 한자음의 대응관계를 말해 보라.

한자	一	七	八	物	活
한국	일	칠	팔	물	활
일본	ichi /ici/	sichi /sici/	hachi /haci/	butsu /bucɯ/	katsu /kacɯ/
중국	i /i/	qi /tɕʰi/	ba /ba/	wu /u/	huo /huo/

2 획수를 줄인 한자를 한국은 거의 안 쓰고 일본은 조금 쓰고 중국은 더 많이 쓴다. 그럴 수밖에 없는 이유를 조사해 보라.

10.2. 한자음의 음절구조의 특징

◇ 한자음 음절과 고유어 음절의 공통점

- 중성으로 모음이 반드시 있어야 한다.
- 초성과 종성으로 아무 분절음도 쓰이지 않을 수 있다.
- 19자음 중 [ㅇ]이 초성으로 쓰일 수 없다.

◇ 한자음 초성의 특징

- [ㄹ]이 초성으로 많이 쓰인다. 10.3절 참조.
- [ㄸ, ㅃ, ㅉ]이 초성으로 쓰일 수 없다.
- [ㄲ, ㅆ]이 초성으로 쓰인 한자는 '끽(喫), 쌍(雙), 씨(氏)'뿐이다.
- 초성이 [ㅋ]인 한자음은 '쾌(快, 儈)' 한 가지이다.

◇ 한자음 중성의 특징

- 표준발음에서 [ㅒ]를 뺀 모음 20개가 중성으로 쓰인다.
- 현실발음에서 [ㅞ]를 뺀 모음 17개가 중성으로 쓰인다.

◇ 한자음 종성의 특징

- 고유어 음절의 종성에 쓰이는 7자음 중 [ㄷ]이 빠진 6자음 [ㄱ, ㄴ, ㄹ, ㅁ, ㅂ, ㅇ]만 쓰인다.
- 중국한자음 종성으로는 /n/, /ŋ/만, 일본한자음 종성으로는 /n/만 가능하므로 한국한자음 종성이 가장 다양하다.

◇ 초성과 중성의 연결 중 [댜, 뎌, 됴, 듀, 디, 뎨, 탸, 텨, 툐, 튜, 티, 톄]로 시작하는 한자음은 없다. 1700년경에 일어난 구개음화로 이들 음절의 초성 [ㄷ, ㅌ]이 모두 [ㅈ, ㅊ]으로 바뀌었기 때문이다.

- 뎌(低)>저, 뎨(第)>제, 됴(朝)>조, 디(地)>지, 탹(着)>착, 텬(天)>천, 톄(體)>체, 튱(忠)>충, 티(治)>치

◇ 표준발음의 관점에서 한자음 음절은 550여 가지이다. 발음 가능한 음절의 전체 가짓수 3048가지(표준발음 기준) 중 한자음으로 존재하지 않는 음절이 많은 것이다. 예를 들어 한자음에 '품(品), 풍(風)'은 있지만 '푸, 푹, 푼, 푿, 풀, 풉'은 없다.

심화학습

- '먹을끽(喫), 두쌍(雙), 성씨씨(氏)'는 《훈몽자회》(1527)에 다음과 같이 훈과 음이 달려 있다. ('각시'는 '각각의 성씨'라는 뜻이다.)
  - 喫 머글긱, 雙 두솽, 氏 각시시
- '긱>끽', '솽>쌍〉', '시>씨'의 변화는 그 후에 일어난 것이다. 즉 16세기까지만 해도 초성이 경음인 한자음은 전혀 없었던 것이다.

탐구문제

1 다음 이름들이 한자로 지은 이름이 아니라고 말할 수 있는 음운론적 근거는 무엇인가?

- 임꺽정, 김빛나, 이한샘, 나르샤

2 다음 한자음을 가진 한자가 있는지 조사해 보라.

- 갸, 갹, 갼, 걀, 걈, 걉, 걍
- 따, 딱, 딴, 딸, 땀, 땁, 땅
- 라, 락, 란, 랄, 람, 랍, 랑
- 러, 럭, 런, 럴, 럼, 럽, 렁
- 무, 묵, 문, 물, 뭄, 뭅, 뭉
- 이, 익, 인, 일, 임, 입, 잉
- 훠, 훡, 훤, 훨, 훰, 훱, 훵

10.3. 두음법칙

◆ 두음법칙은 한자음 초성 [ㄴ]과 [ㄹ]이 어두에서 탈락하거나 [ㄹ]이 [ㄴ]으로 바뀌는 현상이다.

> **'ㄴ'에 관한 두음법칙: 어두 한자음 초성 [ㄴ]은 중성이 [ㅣ, ㅕ, ㅛ, ㅠ, ㅖ]일 때 탈락한다.**

- ㄴ→Ø: 은닉(隱匿)/익명(匿名), 남녀(男女)/여자(女子), 기념(記念)/염려(念慮), 당뇨(糖尿)/요소(尿素)

> **'ㄹ'에 관한 두음법칙: 어두 한자음 초성 [ㄹ]은 중성이 [ㅣ, ㅑ, ㅕ, ㅛ, ㅠ, ㅖ]일 때 탈락하고 그 밖의 모음일 때 [ㄴ]으로 바뀐다.**

- ㄹ→Ø: 무리(無理)/이론(理論), 이력(履歷)/역사(歷史), 재료(材料)/요리(料理), 어류(魚類)/유형(類型), 사례(謝禮)/예의(禮儀)
- ㄹ→ㄴ: 추락(墜落)/낙하(落下), 거래(去來)/내일(來日), 과로(過勞)/노동(勞動), 이론(理論)/논문(論文), 비루(鄙陋)/누추(陋醜)

◆ 한자음 '렬(列, 烈, 裂), 률(率, 律)'은 어두뿐만 아니라 비어두에서도 모음이나 [ㄴ] 뒤에서는 '열, 율'이 된다. 예를 들어 '나렬(羅列), 진렬(陳列)'이 아닌 '나열, 진열'이 된다.

- 列: 일렬(一列) / 열거(列擧), 나열(羅列), 진열(陳列)
- 烈: 열렬(熱烈) / 열녀(烈女), 치열(熾烈), 선열(先烈)
- 裂: 지리멸렬(支離滅裂) / 열상(裂傷), 파열(破裂), 분열(分裂)
- 率: 확률(確率), 할증률(割增率) / 비율(比率), 환율(換率), 할인율(割引率)
- 律: 법률(法律) / 율동(律動), 규율(規律), 운율(韻律)

◆ 북한에서는 두음법칙을 인정하지 않는다.

- ㄴ: 닉명(匿名), 녀자(女子), 념려(念慮), 뇨소(尿素)
- ㄹ: 리론(理論), 력사(歷史), 류형(類型), 라렬(羅列), 운률(韻律)

심화학습

- 두음법칙의 두음은 어두음, 즉 단어 첫음절의 초성을 가리킨다. 그런데 사자성어(四字成語)의 구조가 '2음절+2음절'이면 뒤의 2음절이 단어이든 아니든 두음법칙이 일어난다. 예를 들어 '오비이락(烏飛梨落)'에서 '梨落'이 단어로 존재하지 않지만 두음법칙이 적용되어 '리락'이 아닌 '이락'이 된다. 그리고 '남존여비(男尊女卑)'에서도 '女卑'가 단어가 아니지만 두음법칙이 적용되어 '여비'가 된다. 다만 이때는 '남존'과 '여비' 사이에서 ㄴ첨가가 일어나 [남존녀비]로 발음한다.

- 같은 한자가 반복된 경우에 두 번째 한자에 두음법칙을 적용해 적는 단어도 있고 그러지 않는 단어도 있다.
  - 두 번째 한자에 두음법칙을 적용해 적는 단어: 누누이(累累이), 연연불망(戀戀不忘), 유유상종(類類相從)
  - 두 번째 한자에 두음법칙을 적용하지 않고 적는 단어: 연년생(年年生), 희희낙락(喜喜樂樂), 낭랑하다(朗朗하다), 냉랭하다(冷冷하다), 역력하다(歷歷하다), 늠름하다(凜凜하다)

탐구문제

1. 다음 단어들에서 밑줄 친 한자의 원래 한자음이 무엇인지 말해 보라.
   - 난리(亂離), 민란(民亂)
   - 난관(難關), 고난(苦難)
   - 연민(憐憫), 가련(可憐)
   - 연고(緣故), 사연(事緣)

2. 다음과 같은 현상을 어떻게 설명하는 것이 좋은지 생각해 보라.
   - '소논문(小論文)'의 '논(論)'은 원래 한자음이 '론'이다. '소논문'이라는 단어에서 어두음절이 아닌데도 '論'이 '논'으로 바뀐다.

10.4. 한자어에서의 'ㄹ' 뒤의 경음화

한자어에서의 'ㄹ' 뒤의 경음화: 한자어에서 종성 [ㄹ] 뒤의 초성 [ㄷ, ㅅ, ㅈ]이 경음으로 바뀐다.

초성의 종류		예	경음화
양순음	[ㅂ]	발병(發病), 열변(熱辯), 출발(出發), 팔백(八百)	×
전설음	[ㄷ]	발달(發達), 열대(熱帶), 출동(出動), 팔등(八等)	○
	[ㅅ]	발생(發生), 열심(熱心), 출신(出身), 팔순(八旬)	○
	[ㅈ]	발전(發展), 열정(熱情), 출전(出戰), 팔자(八字)	○
후설음	[ㄱ]	발견(發見), 열기(熱氣), 출국(出國), 팔권(八卷)	×

◇ 같은 한자가 반복될 때는 경음화가 일어나지 않는다.

- 구구절절(句句節節), 허허실실(虛虛實實), 절절하다(切切하다)

◇ 2음절과 2음절이 만나 4음절어를 형성할 때는 경음화가 일어나지 않는다.

- 계절+상품(季節商品), 현실+주의(現實主義), 혈혈+단신(孑孑單身)

◇ 2음절어를 기반으로 3음절어가 형성될 때는 경음화가 일어나는 단어도 있고 일어나지 않는 단어도 있다.

- 경음화가 일어나는 3음절어: 몰+상식(沒常識), 불+성실(不誠實), 실+생활(實生活), 졸+장부(拙丈夫), 순찰+대(巡察隊), 마술+사(魔術師), 진술+서(陳述書), 송별+식(送別式), 단결+심(團結心), 기술+자(技術者), 도살+장(屠殺場), 예술+적(藝術的), 격일+제(隔日制)
- 경음화가 일어나지 않는 3음절어: 몰+지각(沒知覺), 열+전도(熱傳導), 경찰+대(警察大), 결별+설(訣別說), 특별+시(特別市), 수술+실(手術室), 어물+전(魚物廛), 철물+점(鐵物店), 장발+족(長髮族), 과실+즙(果實汁)

심화학습

- 다음 3음절어들에서 일어나는 경음화는 한자어에서의 'ㄹ' 뒤의 경음화와 관계없다.
  - 특별+세(特別稅), 누설+죄(漏泄罪), 정밀+성(精密性), 우울+증(憂鬱症)

- 명사 '세(稅), 죄(罪)'와 접미사 '-성(性), -증(症)'은 10.6절에서 보듯이 그 앞에 항상 사이시옷을 개입시킨다. 그 사이시옷 때문에 이들의 초성이 경음으로 발음되는 것이다. 한자어에서의 'ㄹ' 뒤의 경음화는 3음절어에서 일어나지 않을 때도 있으므로 위 예들에서의 경음화는 사이시옷에 의한 경음화로 설명하는 것이 바람직하다.

탐구문제

1. 다음 표현들의 발음을 한글로 적고, 어떤 환경에서 무슨 자음이 경음화되는지 말해 보라.
   - 제1장 제1절
   - 8전 7승 / 7등신과 8등신
   - 010-1314-7384 (전화번호)

2. 다음 예들을 바탕으로 하여 제도나 방법을 뜻하는 접미사 '-제(制)'의 초성이 경음화되는 환경을 말해 보라.
   - 경음화 ×: 십부+제(十部制), 허가+제(許可制), 시간+제(時間制), 골품+제(骨品制), 실명+제(實名制), 오픈프라이스+제(open price制), 인턴+제(intern制), 팀+제(team制), 스쿨뱅킹+제(school banking制), 리콜+제(recall制), 카풀+제(car pool制), 팀파울+제(team foul制)
   - 경음화 ㅇ: 등록+제(登錄制), 월급+제(月給制), 격일+제(隔日制), 삼칠+제(三七制), 일몰+제(日沒制), 전일+제(全日制), 후불+제(後佛制), 피드백+제(feedback制), 타임아웃+제(time-out制), 핸디캡+제(handicap制)

10.5. '-적(的)', '가(價), 과(科), 권(權, 圈, 券)'과 경음화

◆ 접미사 '-적(的)'과 한자 '가(價), 과(科), 권(權), 권(圈), 권(券)'의 초성은 폐쇄음이나 [ㄹ] 뒤가 아닌데도 경음화될 때가 있다.

◆ 접미사 '-적(的)'은 2음절어를 형성하면 [쩍]으로 경음화가 일어나고 3음절어를 형성하면 경음화가 일어나지 않는다.

- 2음절어 형성: 내적(内的), 사적(私的), 시적(詩的), 지적(知的) / 단적(端的), 인적(人的), 전적(全的) / 심적(心的) / 공적(公的), 광적(狂的), 동적(動的), 병적(病的), 양적(量的)
- 3음절어 형성: 경제적(經濟的), 비교적(比較的), 천재적(天才的), 개인적(個人的), 실험적(實驗的), 가정적(家庭的), 환상적(幻想的)

◆ 한자 '가(價), 과(科), 권(權), 권(圈), 권(券)'은 다른 한자나 한자어 뒤에 붙을 때 초성 [ㄱ]이 항상 경음화된다. 이들이 고유어나 외래어 뒤에 붙을 때도 경음화가 일어난다.

- 가(價): 고가(高價), 대가(代價), 물가(物價), 평가(評價), 시중가(市中價), 원자가(原子價), 소비자가(消費者價), 세일가(sale價)
- 과(科): 분과(分科), 폐과(廢科), 기계과(機械科), 영문과(英文科), 의상디자인과(衣裳design科) / 치과(齒科), 소아과(小兒科), 이비인후과(耳鼻咽喉科) / 국화과(菊花科), 하마과(河馬科), 갯과(개科), 콩과(콩科) / 전과(前科), 죄과(罪科)
- 권(權): 기권(棄權), 월권(越權), 인권(人權), 정권(政權), 결정권(決定權), 소유권(所有權), 서브권(serve權), 채널권(channel權)
- 권(圈): 상권(商圈), 금융권(金融圈), 수도권(首都圈), 영어권(英語圈), 하위권(下位圈), 장마권(장마圈), 메달권(medal圈)
- 권(券): 여권(旅券), 증권(證券), 상품권(商品券), 입장권(入場券), 회원권(會員券), 시즌권(season券) / 천원권(千圓券), 백달러권(百dollar券)

심화학습

- 젊은 세대는 '-적(的)'이 3음절어를 형성할 때 비음 뒤에서 초성 [ㅈ]이 경음화된 발음을 많이 쓴다. 북한에서는 이러한 발음을 표준발음으로 규정한다.
  - 이론적 [이론쩍], 모범적 [모범쩍], 가정적 [가정쩍]

- '價(가)'가 경음화를 겪는 것과 달리 '家(가), 街(가), 歌(가)' 등이 경음화를 겪지 않는 것을 보면 경음화의 요인이 [가]라는 한자음에 있는 것이 아니라 '價'라는 한자형태소에 있음을 알 수 있다.
  - 흉가(凶家), 전문가(專門家) / 상가(商街), 극장가(劇場街) / 군가(軍歌), 유행가(流行歌)

탐구문제

1 다음 밑줄 친 말들에서의 경음화의 성격을 설명해 보라.

- 시가 5백만 원 상당의 반지
- 딸기는 장미과에 속하는 식물이다.
- 노동 3권은 단결권, 단체교섭권, 단체행동권을 말한다.
- 통화권을 벗어났는지 전화가 불통이다.
- 매년 상당한 금액의 새 지폐를 발권한다.

2 꽤 많은 사람이 '-적(的)'에 관해 다음과 같이 발음한다. 이 경우에 '-적(的)'의 초성 [ㅈ]이 경음화되는 규칙을 기술해 보라.

- 경음화 ㅇ: 물적(物的), 질적(質的), 간헐적(間歇的), 기술적(技術的), 노골적(露骨的), 도발적(挑發的), 본질적(本質的), 예술적(藝術的), 이질적(異質的), 전설적(傳說的)
- 경음화 ×: 물질적(物質的), 실질적(實質的), 역설적(逆說的), 직설적(直說的), 폭발적(爆發的), 학술적(學術的), 다혈질적(多血質的)

10.6. 사이시옷에 의한 경음화

◇ 한자 중에는 항상 **사이시옷**을 앞세워 경음화를 일으키는 것들이 있다.

◇ 명사 '급(級), 법(法), 병(病), 세(稅), 죄(罪)'와 접미사 '–기(氣), –대(臺), –성(性), –증(症), –증(證)'이 앞말과 결합하여 합성어나 파생어를 형성할 때 그 앞에 사이시옷이 끼어들어 초성 자음이 경음화된다. 예를 들어 '동급 최강의 성능'이라고 할 때의 '동급(同級)'은 문법적으로 '동ㅅ급'의 구조가 되어 [동끕]으로 발음한다.

- 급(級): 동급(同級), 거물급(巨物級), 국보급(國寶級), 수준급(水準級), 헤비급(heavy級)
- 법(法): 민법(民法), 상법(商法), 선거법(選擧法) / 과장법(誇張法), 은유법(隱喩法) / 가정법(假定法), 경어법(敬語法) / 문법(文法), 수법(手法), 용법(用法), 이분법(二分法), 치료법(治療法)
- 병(病): 폐병(肺病), 당뇨병(糖尿病), 전염병(傳染病), 눈병(눈病)
- 세(稅): 인세(印稅), 유명세(有名稅), 재산세(財産稅), 자릿세(자리稅)
- 죄(罪): 강도죄(强盜罪), 불고지죄(不告知罪), 괘씸죄(괘씸罪)
- –기(氣): 윤기(潤氣), 빈혈기(貧血氣), 화장기(化粧氣), 물기(물氣)
- –대(臺): 만원대(萬圓臺), 삼십분대(三十分臺), 구십점대(九十點臺), 50%대(五十percent臺)
- –성(性): 당성(黨性), 가능성(可能性), 인간성(人間性), 정체성(正體性)
- –증(症): 통증(痛症), 건망증(健忘症), 불면증(不眠症), 궁금증(궁금症)
- –증(證): 사증(査證), 면허증(免許證), 수령증(受領證), 신분증(身分證)

◇ '영수증(領收證)'은 명사 '영수'에 접미사 '–증'이 붙은 파생어인데도 경음화가 일어나지 않아 예외이다.

심화학습

- 본문의 한자가 들어 있는 단어가 합성어나 파생어가 아니고 한문표현으로 형성되었으면 사이시옷이 개입하지 않고 경음화가 일어나지 않는다.
  - 급(級): 계급(階級), 등급(等級), 진급(進級), 초급(初級)
  - 법(法): 무법(無法), 방법(方法)
  - 병(病): 간병(看病), 무병(無病), 발병(發病), 중병(重病), 질병(疾病)
  - 세(稅): 과세(課稅), 면세(免稅), 조세(租稅), 증세(增稅)
  - 죄(罪): 대죄(大罪), 무죄(無罪), 범죄(犯罪), 사죄(謝罪), 중죄(重罪)
  - 기(氣): 감기(感氣), 공기(空氣), 연기(煙氣), 향기(香氣), 환기(換氣)
  - 대(臺): 등대(燈臺), 무대(舞臺), 침대(寢臺)
  - 성(性): 개성(個性), 관성(慣性), 남성(男性), 산성(酸性), 양성(陽性)
  - 증(症): 대증요법(對症療法)
  - 증(證): 검증(檢證), 논증(論證), 보증(保證), 위증(僞證), 인증(認證)

- '범법(犯法), 준법(遵法), 탈법(脫法)'과 같은 일부 단어는 한문표현으로 형성되었지만 예외적으로 경음화가 일어난다.

탐구문제

1. 밑줄 친 '사법'의 조어법에 대한 설명을 참고하여 그 발음을 말해 보라.
   - 입법(立法), 행정(行政)과 대립하는 용어인 사법(司法)은 법(法)을 맡는다(司)는 뜻의 한문표현으로부터 만들어진 단어이다.
   - 공법(公法)과 대립하는 용어인 사법(私法)은 명사 '사(私)'와 명사 '법(法)'이 결합한 합성어이다.

2. 다음 단어들에서는 '대(臺)'의 초성이 경음화되지 않는다. 이 경우의 '대'는 본문의 '-대'와 문법적으로, 그리고 의미상으로 어떻게 다른지 설명해 보라.
   - 계산대(計算臺), 분수대(噴水臺), 시험대(試驗臺), 전망대(展望臺), 탁구대(卓球臺), 화장대(化粧臺), 개수대(개수臺), 싱크대(sink臺)

한국어음운론의
기초

11

외래어의 발음

11.1. 외래어의 발음과 표기의 다양성

◆ 각 언어의 음운체계, 문법체계, 어휘체계가 다르기 때문에 어떤 언어의 요소가 다른 언어에 들어가면 변형되는 일이 많다.

◆ 외래어의 발음이 원어의 발음과 달라지는 이유는 대체로 두 언어의 음운체계가 다르기 때문이다.

- 영어 초성 /z/ ⇒ 한국어 /ㅈ/ 예 zero ⇒ [제로]
- 영어 종성 /l/ ⇒ 일본어 /ru/ 예 ball ⇒ /bo:ru/

◆ 한 외래어가 둘 이상의 형태로 쓰이기도 한다.

형태의 차이를 일으킨 요인	예	원어
기원이 되는 언어	캅셀 캡슐	독일어 Kapsel 영어 capsule
	알레르기 알러지	독일어 Allergie 영어 allergy
	몽고(蒙古) 몽골	중국어 蒙古 영어 Mongol
	에스파냐 스페인	스페인어 España 영어 Spain
들어온 시기	모빌 모바일	(20세기 중엽) 영어 mobile (20세기 말엽) 영어 mobile
차용의 경로	잠바 점퍼	←일본어 /zjampa:/ ←영어 jumper ←영어 jumper
	밧데리 배터리	←일본어 /batteri:/ ←영어 battery ←영어 battery
	낭만적(浪漫的) 로맨틱	←일본어 /ro:manteki/ ←영어 romantic ←영어 romantic

◆ 위의 형태들 중 '캅셀, 알러지, 밧데리'는 비표준어이다.

◆ '모빌'과 '모바일', '낭만적'과 '로맨틱'은 의미가 분화되었다.

심화학습

- 영어 'romantic' 또는 프랑스어 'romantique'를 19세기에 일본에서 한자음을 이용해 '浪漫的 /ro:manteki/'로 받아들였다. 한국은 일본에서 만든 한자표기 '浪漫的'을 한국한자음 [낭만적]으로 읽어서 영어나 프랑스어의 원래 발음에서 상당히 멀어진 형태를 쓰게 되었다. 요즘 일본에서는 처음 받아들였던 형태를 버리고 'ロマンチック(romanchikku)' 또는 'ロマンティック(romantikku)'로 적는다.

- 서양어에서 들어온 외래어를 일본어식으로 발음하는 습관은 1945년 이후 계속 줄어들어 왔으나 아직도 조금 남아 있다.

탐구문제

1 다음의 괄호 안에 알맞은 음소를 적어 보라.

- 현실어에서 '펜(pen), 팬(pan), 팬(fan)'을 모두 [펜]으로 똑같이 발음한다. 이들의 영어 발음은 /pen/, /pæn/, /fæn/으로 모두 다르다. 이를 통해 현실한국어의 자음체계에 (　　)과/와 (　　)의 구별이 없고 모음체계에 (　　)과/와 (　　)의 구별이 없음을 알 수 있다.

2 다음 외래어들의 표준어형이 어느것인지 조사해 보라. 그리고 두 형태가 공존하게 된 원인이 무엇인지 말해 보라.

- rock: 록 / 락
- top: 톱 / 탑
- workshop: 워크숍 / 워크샵
- bodybuilding: 보디빌딩 / 바디빌딩

11.2. 외래어 표기법과 외래어의 표준발음

◆ 외래어의 표기를 통일하기 위한 규범이 〈외래어 표기법〉이다.

◆ 현재의 〈외래어 표기법〉은 1986년에 개정한 것이다. 그 후 언어별 세칙을 몇 차례 추가했다. 주요 원칙은 다음과 같다.

- 현재 쓰고 있는 한글 자모 24개만 사용하여 적는다.
- 받침은 'ㄱ, ㄴ, ㄹ, ㅁ, ㅂ, ㅅ, ㅇ'의 7개만 사용하여 적는다.
- 경음자 'ㄲ, ㄸ, ㅃ'을 쓰지 않는다. 다만 2004년 12월에 추가된 타이어와 베트남어 표기법에서는 'ㄲ, ㄸ, ㅃ'을 쓴다. 예 푸껫(타이어 Phuket).
- 경음자 'ㅆ, ㅉ'도 일부 언어에 대해서만 사용한다. 'ㅆ'은 중국어, 일본어, 베트남어의 경우에 사용하고 'ㅉ'은 중국어, 타이어, 베트남어의 경우에 사용한다. 예 쓰촨(중국어 Sichuan 四川), 쓰시마(일본어 Tsushima 對馬島), 마오쩌둥(중국어 Mao Zedong 毛澤東), 호찌민(베트남어 Ho Chi Minh).
- '쟈, 져, 죠, 쥬, 쟤, 졔'와 같이 'ㅈ' 뒤에 j계 이중모음이 이어진 글자를 사용하지 않는다. 'ㅉ, ㅊ'의 경우도 마찬가지이다. 4.10절 참조. 예 주스(juice), 초콜릿(chocolate)
- 외국어의 장모음을 반영하지 않는다. 예 뉴욕(New York /nju: jɔ:rk/), 도쿄(とうきょう /to:kjo:/)

◆ 외래어의 표준표기는 〈외래어 표기법〉이 규정하고 있고 국어사전에 표준표기대로 외래어가 실려 있다. 그러나 외래어의 표준발음은 정해져 있지 않다. 당분간은 표준표기에 음운현상을 적용하여 발음하는 것이 표준발음이라고 가정할 수 있다.

- 'gas'의 표준표기는 '가스'이므로 표준발음은 [가스]이다.
- 'home run'의 표준표기는 '홈런'이므로 표준발음은 [홈넌]이다.

심화학습

- 〈외래어 표기법〉의 전체 내용은 국립국어원 홈페이지(http://www.korean.go.kr/)에서 볼 수 있다.

- 1991년부터 정부와 언론사가 공동으로 새로 생긴 외래어의 표기를 심의하는 회의를 자주 열고 있다. 〈외래어 표기법〉이 꽤 복잡해 모든 사람이 다 잘 익혀 활용하기 어려운 면이 있으므로 새로 들어오는 외래어에 대해서는 옳은 표기를 정해 발표하는 것이다. 또 〈외래어 표기법〉에 미처 규정되어 있지 않은 문제가 생기는 경우에도 이 심의회는 중요한 역할을 한다. 국립국어원 홈페이지에서 이 회의 결과를 포함하여 외래어의 표기 용례를 검색할 수 있다.

탐구문제

1 다음 외래어들의 표기에서 틀린 부분을 찾아 고치고 그 근거를 말해 보라.

- 마아가린(margarine)
- 슈퍼마켙(supermarket)
- 텔레비젼(television)
- 꽁트(프랑스어 conte)
- 나가사끼(일본어 nagasaki)
- 까레이스키(러시아어 kareiskiy)

2 다음과 같은 외래어에서 원어의 /s/를 [ㅆ]으로 발음하는 경우가 많다. 이들의 표기에서 'ㅅ'을 'ㅆ'으로 바꾸는 방안의 장단점을 말해 보라.

- 가스(gas), 버스(bus), 사이렌(siren), 사이즈(size), 사인(sign), 샘플(sample), 서비스(service), 세미나(seminar), 세일(sale), 센스(sense), 소스(sauce), 솔로(solo), 시리즈(series), 시즌(season)

11.3. 외국어의 어말 /p, t, k/의 수용

◇ 외국어의 어말 폐쇄음 /p, t, k/는 한국어에서 [ㅂ, ㅅ, ㄱ] 중의 하나로 바뀐다.

◇ 영어의 /p, k/는 초성에서 각각 [ㅍ, ㅋ]이 되지만 종성에서는 각각 [ㅂ, ㄱ]이 된다.

- 'captain, taxi'는 '캪틴, 탴시'가 아닌 '캡틴, 택시'가 된다.

◇ 이 때문에 어말 /p, k/도 각각 [ㅂ, ㄱ]이 된다.

- 'coffee shop, snack'을 '커피숖, 스낵'이 아닌 '커피숍, 스낵'으로 받아들인다.

종류	단독형	이/가	은/는/ㄴ	도	만
ㅂ체언	커피숍 [커피숍]	커피숍이 [커피쇼비]	커피숍은 [커피쇼븐]	커피숍도 [커피숍또]	커피숍만 [커피숌만]
ㄱ체언	스낵 [스낵]	스낵이 [스내기]	스낵은 [스내근]	스낵도 [스낵또]	스낵만 [스냉만]

◇ 영어의 어말 /p, k/가 [ㅂ, ㄱ]이 되는 것을 보면 영어의 어말 /t/는 [ㄷ]이 될 법하다. 그런데 어말 /t/를 가진 외래어에 모음조사가 붙으면 그 자음이 [ㄷ]이 아닌 [ㅅ]으로 발음된다. 어말 /t/를 가진 외래어를 ㄷ체언이 아닌 ㅅ체언으로 받아들이는 것이다. 이것은 고유어나 한자어에도 ㄷ체언이 전혀 없는 것과 관련된다.

- 'out'은 '아웉'이 아닌 '아웃'으로 받아들인다.

종류	단독형	이/가	은/는/ㄴ	도	만
ㅅ체언	아웃 [아웃]	아웃이 [아우시]	아웃은 [아우슨]	아웃도 [아웃또]	아웃만 [아운만]

심화학습

외국어의 어말 폐쇄음 /p, t, k, b, d, g/를 종성으로 받아들이기도 하지만 여기에 모음 [ㅡ]를 붙여 초성으로 받아들이기도 한다. 아래의 빗금 왼쪽은 종성으로 받아들인 예이고 오른쪽은 초성으로 받아들인 예이다.

- b: 아랍(Arab), 웹(web), 클럽(club) / 튜브(tube), 허브(herb)
- p: 그룹(group), 컵(cup) / 수프(soup), 파이프(pipe), 히프(hip)
- d: 굿(good), 아이팟(iPod) / 머드팩(mud pack), 아이패드(iPad)
- t: 슛(shoot), 아웃(out), 인터넷(internet) / 네트(net), 보트(boat)
- g: 빅뱅(Big-Bang), 핸드백(handbag) / 머그컵(mug cup), 태그(tag)
- k: 스낵(snack), 올림픽(Olympic) / 노크(knock), 쇼크(shock)

탐구문제

1 영어 'robot'의 외래어에 대한 다음 표를 완성해 보고 두 형태 중 어느것이 표준어형인지 확인해 보라.

종류	단독형	이/가	도	만
	로봇 [로볻]	[ ]	[ ]	[ ]
─체언	로보트 [로보트]	[ ]	[ ]	[ ]

2 다음은 〈외래어 표기법〉에서 영어의 종성 /p, t, k/에 관해 제시한 용례이다. 이로부터 이러한 /p, t, k/를 받침 'ㅂ, ㅅ, ㄱ'으로 적느냐 모음자 'ㅡ'를 붙여 '프, 트, 크'로 적느냐에 관한 규칙을 추론해 보라.

- gap /gæp/ 갭, cat /kæt/ 캣, book /buk/ 북
- cape /keip/ 케이프, part /pɑ:t/ 파트, make /meik/ 메이크

한국어음운론의
기초

부록

1. 표준 발음법

2. 탐구문제 풀이

1. 표준 발음법

제1장 총 칙

제1항 표준 발음법은 표준어의 실제 발음을 따르되, 국어의 전통성과 합리성을 고려하여 정함을 원칙으로 한다.

제2장 자음과 모음

제2항 표준어의 자음은 다음 19개로 한다.

ㄱ	ㄲ	ㄴ	ㄷ	ㄸ	ㄹ	ㅁ	ㅂ	ㅃ	ㅅ
ㅆ	ㅇ	ㅈ	ㅉ	ㅊ	ㅋ	ㅌ	ㅍ	ㅎ	

제3항 표준어의 모음은 다음 21개로 한다.

ㅏ	ㅐ	ㅑ	ㅒ	ㅓ	ㅔ	ㅕ	ㅖ	ㅗ	ㅘ	ㅙ
ㅚ	ㅛ	ㅜ	ㅝ	ㅞ	ㅟ	ㅠ	ㅡ	ㅢ	ㅣ	

제4항 'ㅏ ㅐ ㅓ ㅔ ㅗ ㅚ ㅜ ㅟ ㅡ ㅣ'는 단모음(單母音)으로 발음한다.

[붙임] 'ㅚ, ㅟ'는 이중 모음으로 발음할 수 있다.

제5항 'ㅑ ㅒ ㅕ ㅖ ㅘ ㅙ ㅛ ㅝ ㅞ ㅠ ㅢ'는 이중 모음으로 발음한다.

다만 1. 용언의 활용형에 나타나는 '져, 쪄, 쳐'는 [저, 쩌, 처]로 발음한다.

가지어 → 가져[가저]　　찌어 → 쪄[쩌]　　다치어 → 다쳐[다처]

다만 2. '예, 례' 이외의 'ㅖ'는 [ㅔ]로도 발음한다.

계집[계:집/게:집]　　계시다[계:시다/게:시다]
시계[시계/시게](時計)　　연계[연계/연게](連繫)
메별[메별/메별](袂別)　　개폐[개폐/개페](開閉)
혜택[혜:택/헤:택](惠澤)　　지혜[지혜/지헤](智慧)

다만 3. 자음을 첫소리로 가지고 있는 음절의 'ㅢ'는 [ㅣ]로 발음한다.

늴리리	닁큼	무늬	띄어쓰기	씌어	틔어
희어	희떱다	희망	유희		

다만 4. 단어의 첫 음절 이외의 '의'는 [ㅣ]로, 조사 '의'는 [ㅔ]로 발음함도 허용한다.

주의[주의/주이]	협의[혀븨/혀비]
우리의[우리의/우리에]	강의의[강 : 의의/강 : 이에]

제3장 음의 길이

제6항 모음의 장단을 구별하여 발음하되, 단어의 첫 음절에서만 긴소리가 나타나는 것을 원칙으로 한다.

(1) 눈보라[눈 : 보라]	말씨[말 : 씨]	밤나무[밤 : 나무]
많다[만 : 타]	멀리[멀 : 리]	벌리다[벌 : 리다]
(2) 첫눈[천눈]	참말[참말]	쌍동밤[쌍동밤]
수많이[수 : 마니]	눈멀다[눈멀다]	떠벌리다[떠벌리다]

다만, 합성어의 경우에는 둘째 음절 이하에서도 분명한 긴소리를 인정한다.

반신반의[반 : 신 바 : 늬/반 : 신 바 : 니]	재삼재사[재 : 삼 재 : 사]

[붙임] 용언의 단음절 어간에 어미 '-아/-어'가 결합되어 한 음절로 축약되는 경우에도 긴소리로 발음한다.

보아 → 봐[봐 :]	기어 → 겨[겨 :]	되어 → 돼[돼 :]
두어 → 둬[둬 :]	하여 → 해[해 :]	

다만, '오아 → 와, 지어 → 져, 찌어 → 쪄, 치어 → 쳐' 등은 긴소리로 발음하지 않는다.

제7항 긴소리를 가진 음절이라도, 다음과 같은 경우에는 짧게 발음한다.

1. 단음절인 용언 어간에 모음으로 시작된 어미가 결합되는 경우

감다[감 : 따] — 감으니[가므니]	밟다[밥 : 따] — 밟으면[발브면]
신다[신 : 따] — 신어[시너]	알다[알 : 다] — 알아[아라]

다만, 다음과 같은 경우에는 예외적이다.

끌다[끌:다] — 끌어[끄:러]	떫다[떨:따] — 떫은[떨:븐]
벌다[벌:다] — 벌어[버:러]	썰다[썰:다] — 썰어[써:러]
없다[업:따] — 없으니[업:쓰니]	

2. 용언 어간에 피동, 사동의 접미사가 결합되는 경우

감다[감:따] — 감기다[감기다]	꼬다[꼬:다] — 꼬이다[꼬이다]
밟다[밥:따] — 밟히다[발피다]	

다만, 다음과 같은 경우에는 예외적이다.

끌리다[끌:리다]	벌리다[벌:리다]	없애다[업:쌔다]

[붙임] 다음과 같은 합성어에서는 본디의 길이에 관계없이 짧게 발음한다.

밀-물	썰-물	쏜-살-같이	작은-아버지

제4장 받침의 발음

제8항 받침소리로는 'ㄱ, ㄴ, ㄷ, ㄹ, ㅁ, ㅂ, ㅇ'의 7개 자음만 발음한다.

제9항 받침 'ㄲ, ㅋ', 'ㅅ, ㅆ, ㅈ, ㅊ, ㅌ', 'ㅍ'은 어말 또는 자음 앞에서 각각 대표음 [ㄱ, ㄷ, ㅂ]으로 발음한다.

닦다[닥따]	키읔[키윽]	키읔과[키윽꽈]	옷[옫]
웃다[욷:따]	있다[읻따]	젖[젇]	빚다[빋따]
꽃[꼳]	쫓다[쫃따]	솥[솓]	뱉다[밷:따]
앞[압]	덮다[덥따]		

제10항 겹받침 'ㄳ', 'ㄵ', 'ㄼ, ㄽ, ㄾ', 'ㅄ'은 어말 또는 자음 앞에서 각각 [ㄱ, ㄴ, ㄹ, ㅂ]으로 발음한다.

넋[넉]	넋과[넉꽈]	앉다[안따]
여덟[여덜]	넓다[널따]	외곬[외골]
핥다[할따]	값[갑]	없다[업:따]

다만, '밟-'은 자음 앞에서 [밥]으로 발음하고, '넓-'은 다음과 같은 경우에 [넙]으로 발음한다.

(1) 밟다[밥 : 따] 밟는[밥 : 는 → 밤 : 는]	밟소[밥 : 쏘] 밟게[밥 : 께]	밟지[밥 : 찌] 밟고[밥 : 꼬]
(2) 넓-죽하다[넙쭈카다]	넓-둥글다[넙뚱글다]	

제11항 겹받침 'ㄺ, ㄻ, ㄿ'은 어말 또는 자음 앞에서 각각 [ㄱ, ㅁ, ㅂ]으로 발음한다.

닭[닥]	흙과[흑꽈]	맑다[막따]	늙지[늑찌]
삶[삼 :]	젊다[점 : 따]	읊고[읍꼬]	읊다[읍따]

다만, 용언의 어간 말음 'ㄺ'은 'ㄱ' 앞에서 [ㄹ]로 발음한다.

맑게[말께]	묽고[물꼬]	얽거나[얼꺼나]

제12항 받침 'ㅎ'의 발음은 다음과 같다.

1. 'ㅎ(ㄶ, ㅀ)' 뒤에 'ㄱ, ㄷ, ㅈ'이 결합되는 경우에는, 뒤 음절 첫소리와 합쳐서 [ㅋ, ㅌ, ㅊ]으로 발음한다.

놓고[노코]	좋던[조 : 턴]	쌓지[싸치]
많고[만 : 코]	않던[안턴]	닳지[달치]

[붙임 1] 받침 'ㄱ(ㄺ), ㄷ, ㅂ(ㄼ), ㅈ(ㄵ)'이 뒤 음절 첫소리 'ㅎ'과 결합되는 경우에도, 역시 두 음을 합쳐서 [ㅋ, ㅌ, ㅍ, ㅊ]으로 발음한다.

각하[가카]	먹히다[머키다]	밝히다[발키다]
맏형[마텽]	좁히다[조피다]	넓히다[널피다]
꽂히다[꼬치다]	앉히다[안치다]	

[붙임 2] 규정에 따라 'ㄷ'으로 발음되는 'ㅅ, ㅈ, ㅊ, ㅌ'의 경우에도 이에 준한다.

옷 한 벌[오탄벌]	낮 한때[나탄때]
꽃 한 송이[꼬탄송이]	숱하다[수타다]

2. 'ㅎ(ㄶ, ㅀ)' 뒤에 'ㅅ'이 결합되는 경우에는, 'ㅅ'을 [ㅆ]으로 발음한다.

닿소[다쏘]	많소[만 : 쏘]	싫소[실쏘]

3. 'ㅎ' 뒤에 'ㄴ'이 결합되는 경우에는, [ㄴ]으로 발음한다.

놓는[논는]	쌓네[싼네]

[붙임] 'ㄶ, ㅀ' 뒤에 'ㄴ'이 결합되는 경우에는, 'ㅎ'을 발음하지 않는다.

않네[안네]	않는[안는]	뚫네[뚤네 → 뚤레]	뚫는[뚤는 → 뚤른]

* '뚫네[뚤네 → 뚤레], 뚫는[뚤는 → 뚤른]'에 대해서는 제20항 참조.

4. 'ㅎ(ㄶ, ㅀ)' 뒤에 모음으로 시작된 어미나 접미사가 결합되는 경우에는, 'ㅎ'을 발음하지 않는다.

낳은[나은]	놓아[노아]	쌓이다[싸이다]	많아[마ː나]
않은[아는]	닳아[다라]	싫어도[시러도]	

제13항 홑받침이나 쌍받침이 모음으로 시작된 조사나 어미, 접미사와 결합되는 경우에는, 제 음가대로 뒤 음절 첫소리로 옮겨 발음한다.

깎아[까까]	옷이[오시]	있어[이써]	낮이[나지]
꽂아[꼬자]	꽃을[꼬츨]	쫓아[쪼차]	밭에[바테]
앞으로[아프로]	덮이다[더피다]		

제14항 겹받침이 모음으로 시작된 조사나 어미, 접미사와 결합되는 경우에는, 뒤엣것만을 뒤 음절 첫소리로 옮겨 발음한다.(이 경우, 'ㅅ'은 된소리로 발음함.)

넋이[넉씨]	앉아[안자]	닭을[달글]	젊어[절머]
곬이[골씨]	핥아[할타]	읊어[을퍼]	값을[갑쓸]
없어[업ː써]			

제15항 받침 뒤에 모음 'ㅏ, ㅓ, ㅗ, ㅜ, ㅟ' 들로 시작되는 실질 형태소가 연결되는 경우에는, 대표음으로 바꾸어서 뒤 음절 첫소리로 옮겨 발음한다.

밭 아래[바다래]	늪 앞[느밥]	젖어미[저더미]
맛없다[마덥따]	겉옷[거돋]	헛웃음[허두슴]
꽃 위[꼬뒤]		

다만, '맛있다, 멋있다'는 [마신따], [머신따]로도 발음할 수 있다.

[붙임] 겹받침의 경우에는, 그 중 하나만을 옮겨 발음한다.

넋 없다[너겁따]	닭 앞에[다가페]
값어치[가버치]	값있는[가빈는]

제16항 한글 자모의 이름은 그 받침소리를 연음하되, 'ㄷ, ㅈ, ㅊ, ㅋ, ㅌ, ㅍ, ㅎ'

의 경우에는 특별히 다음과 같이 발음한다.

디귿이[디그시]	디귿을[디그슬]	디귿에[디그세]
지읒이[지으시]	지읒을[지으슬]	지읒에[지으세]
치읓이[치으시]	치읓을[치으슬]	치읓에[치으세]
키읔이[키으기]	키읔을[키으글]	키읔에[키으게]
티읕이[티으시]	티읕을[티으슬]	티읕에[티으세]
피읖이[피으비]	피읖을[피으블]	피읖에[피으베]
히읗이[히으시]	히읗을[히으슬]	히읗에[히으세]

제5장 음의 동화

제17항 받침 'ㄷ, ㅌ(ㄾ)'이 조사나 접미사의 모음 'ㅣ'와 결합되는 경우에는, [ㅈ, ㅊ]으로 바꾸어서 뒤 음절 첫소리로 옮겨 발음한다.

곧이듣다[고지듣따]	굳이[구지]	미닫이[미다지]
땀받이[땀바지]	밭이[바치]	벼훑이[벼훌치]

[붙임] 'ㄷ' 뒤에 접미사 '히'가 결합되어 '티'를 이루는 것은 [치]로 발음한다.

굳히다[구치다]	닫히다[다치다]	묻히다[무치다]

제18항 받침 'ㄱ(ㄲ, ㅋ, ㄳ, ㄺ), ㄷ(ㅅ, ㅆ, ㅈ, ㅊ, ㅌ, ㅎ), ㅂ(ㅍ, ㄼ, ㄿ, ㅄ)'은 'ㄴ, ㅁ' 앞에서 [ㅇ, ㄴ, ㅁ]으로 발음한다.

먹는[멍는]	국물[궁물]	깎는[깡는]	키읔만[키응만]
몫몫이[몽목씨]	긁는[긍는]	흙만[흥만]	닫는[단는]
짓는[진 : 는]	옷맵시[온맵씨]	있는[인는]	맞는[만는]
젖멍울[전멍울]	쫓는[쫀는]	꽃망울[꼰망울]	붙는[분는]
놓는[논는]	잡는[잠는]	밥물[밤물]	앞마당[암마당]
밟는[밤 : 는]	읊는[음는]	없는[엄 : 는]	값매다[감매다]

[붙임] 두 단어를 이어서 한 마디로 발음하는 경우에도 이와 같다.

책 넣는다[챙넌는다]	흙 말리다[흥말리다]	옷 맞추다[온마추다]
밥 먹는다[밤멍는다]	값 매기다[감매기다]	

제19항 받침 'ㅁ, ㅇ' 뒤에 연결되는 'ㄹ'은 [ㄴ]으로 발음한다.

담력[담 : 녁]	침략[침냑]	강릉[강능]
항로[항 : 노]	대통령[대 : 통녕]	

[붙임] 받침 'ㄱ, ㅂ' 뒤에 연결되는 'ㄹ'도 [ㄴ]으로 발음한다.

막론[막논 → 망논]	백리[백니 → 뱅니]
협력[협녁 → 혐녁]	십리[십니 → 심니]

제20항 'ㄴ'은 'ㄹ'의 앞이나 뒤에서 [ㄹ]로 발음한다.

(1) 난로[날 : 로]	신라[실라]	천리[철리]
광한루[광 : 할루]	대관령[대 : 괄령]	
(2) 칼날[칼랄]	물난리[물랄리]	줄넘기[줄럼끼]
할는지[할른지]		

[붙임] 첫소리 'ㄴ'이 'ㅀ', 'ㄾ' 뒤에 연결되는 경우에도 이에 준한다.

닳는[달른]	뚫는[뚤른]	핥네[할레]

다만, 다음과 같은 단어들은 'ㄹ'을 [ㄴ]으로 발음한다.

의견란[의 : 견난]	임진란[임 : 진난]	생산량[생산냥]
결단력[결딴녁]	공권력[공꿘녁]	동원령[동 : 원녕]
상견례[상견녜]	횡단로[횡단노]	이원론[이 : 원논]
입원료[이붠뇨]	구근류[구근뉴]	

제21항 위에서 지적한 이외의 자음 동화는 인정하지 않는다.

감기[감 : 기](×[강 : 기])	옷감[옫깜](×[옥깜])
있고[읻꼬](×[익꼬])	꽃길[꼳낄](×[꼭낄])
젖먹이[전머기](×[점머기])	문법[문뻡](×[뭄뻡])
꽃밭[꼳빧](×[꼽빧])	

제22항 다음과 같은 용언의 어미는 [어]로 발음함을 원칙으로 하되, [여]로 발음함도 허용한다.

되어[되어/되여]	피어[피어/피여]

[붙임] '이오, 아니오'도 이에 준하여 [이요, 아니요]로 발음함을 허용한다.

제6장 경음화

제23항 받침 'ㄱ(ㄲ, ㅋ, ㄳ, ㄺ), ㄷ(ㅅ, ㅆ, ㅈ, ㅊ, ㅌ), ㅂ(ㅍ, ㄼ, ㄿ, ㅄ)' 뒤에 연결되는 'ㄱ, ㄷ, ㅂ, ㅅ, ㅈ'은 된소리로 발음한다.

국밥[국빱]	깎다[깍따]	넋받이[넉빠지]
삯돈[삭똔]	닭장[닥짱]	칡범[칙뻠]
뻗대다[뻗때다]	옷고름[옫꼬름]	있던[읻떤]
꽂고[꼳꼬]	꽃다발[꼳따발]	낯설다[낟썰다]
밭갈이[받까리]	솥전[솓쩐]	곱돌[곱똘]
덮개[덥깨]	옆집[엽찝]	넓죽하다[넙쭈카다]
읊조리다[읍쪼리다]	값지다[갑찌다]	

제24항 어간 받침 'ㄴ(ㄵ), ㅁ(ㄻ)' 뒤에 결합되는 어미의 첫소리 'ㄱ, ㄷ, ㅅ, ㅈ'은 된소리로 발음한다.

신고[신:꼬]	껴안다[껴안따]	앉고[안꼬]	얹다[언따]
삼고[삼:꼬]	더듬지[더듬찌]	닮고[담:꼬]	젊지[점:찌]

다만, 피동, 사동의 접미사 '-기-'는 된소리로 발음하지 않는다.

안기다	감기다	굶기다	옮기다

제25항 어간 받침 'ㄼ, ㄾ' 뒤에 결합되는 어미의 첫소리 'ㄱ, ㄷ, ㅅ, ㅈ'은 된소리로 발음한다.

넓게[널께]	핥다[할따]	훑소[훌쏘]	떫지[떨:찌]

제26항 한자어에서, 'ㄹ' 받침 뒤에 연결되는 'ㄷ, ㅅ, ㅈ'은 된소리로 발음한다.

갈등[갈뜽]	발동[발똥]	절도[절또]	말살[말쌀]
불소[불쏘](弗素)	일시[일씨]	갈증[갈쯩]	물질[물찔]
발전[발쩐]	몰상식[몰쌍식]	불세출[불쎄출]	

다만, 같은 한자가 겹쳐진 단어의 경우에는 된소리로 발음하지 않는다.

허허실실[허허실실](虛虛實實)	절절-하다[절절하다](切切-)

제27항 관형사형 '-(으)ㄹ' 뒤에 연결되는 'ㄱ, ㄷ, ㅂ, ㅅ, ㅈ'은 된소리로 발음한다.

할 것을[할꺼슬]	갈 데가[갈떼가]	할 바를[할빠를]
할 수는[할쑤는]	할 적에[할쩌게]	갈 곳[갈꼳]
할 도리[할또리]	만날 사람[만날싸람]	

다만, 끊어서 말할 적에는 예사소리로 발음한다.

[붙임] '-(으)ㄹ'로 시작되는 어미의 경우에도 이에 준한다.

할걸[할껄]	할밖에[할빠께]	할세라[할쎄라]
할수록[할쑤록]	할지라도[할찌라도]	할지언정[할찌언정]
할진대[할찐대]		

제28항 표기상으로는 사이시옷이 없더라도, 관형격 기능을 지니는 사이시옷이 있어야 할(휴지가 성립되는) 합성어의 경우에는, 뒤 단어의 첫소리 'ㄱ, ㄷ, ㅂ, ㅅ, ㅈ'을 된소리로 발음한다.

문-고리[문꼬리]	눈-동자[눈똥자]	신-바람[신빠람]
산-새[산쌔]	손-재주[손째주]	길-가[길까]
물-동이[물똥이]	발-바닥[발빠닥]	굴-속[굴:쏙]
술-잔[술짠]	바람-결[바람껼]	그믐-달[그믐딸]
아침-밥[아침빱]	잠-자리[잠짜리]	강-가[강까]
초승-달[초승딸]	등-불[등뿔]	창-살[창쌀]
강-줄기[강쭐기]		

제7장 음의 첨가

제29항 합성어 및 파생어에서, 앞 단어나 접두사의 끝이 자음이고 뒤 단어나 접미사의 첫 음절이 '이, 야, 여, 요, 유'인 경우에는, 'ㄴ' 음을 첨가하여 [니, 냐, 녀, 뇨, 뉴]로 발음한다.

솜-이불[솜:니불]	홑-이불[혼니불]	막-일[망닐]
삯-일[상닐]	맨-입[맨닙]	꽃-잎[꼰닙]
내복-약[내:봉냑]	한-여름[한녀름]	남존-여비[남존녀비]
신-여성[신녀성]	색-연필[생년필]	직행-열차[지캥녈차]
늑막-염[능망념]	콩-엿[콩녇]	담-요[담:뇨]
눈-요기[눈뇨기]	영업-용[영엄뇽]	식용-유[시굥뉴]
국민-윤리[궁민뉼리]	밤-윷[밤:뉻]	

다만, 다음과 같은 말들은 'ㄴ' 음을 첨가하여 발음하되, 표기대로 발음할 수 있다.

이죽-이죽[이중니죽/이주기죽]	야금-야금[야금냐금/야그먀금]
검열[검:녈/거:멸]	욜랑-욜랑[욜랑뇰랑/욜랑욜랑]
금융[금늉/그뮹]	

[붙임 1] 'ㄹ' 받침 뒤에 첨가되는 'ㄴ' 음은 [ㄹ]로 발음한다.

들-일[들:릴]	솔-잎[솔립]	설-익다[설릭따]
물-약[물략]	불-여우[불려우]	서울-역[서울력]
물-엿[물렫]	휘발-유[휘발류]	유들-유들[유들류들]

[붙임 2] 두 단어를 이어서 한 마디로 발음하는 경우에도 이에 준한다.

한 일[한닐]	옷 입다[온닙따]	서른여섯[서른녀섣]
3 연대[삼년대]	먹은 엿[머근녇]	
할 일[할릴]	잘 입다[잘립따]	스물여섯[스물려섣]
1 연대[일련대]	먹을 엿[머글렫]	

다만, 다음과 같은 단어에서는 'ㄴ(ㄹ)' 음을 첨가하여 발음하지 않는다.

6 · 25[유기오]	3 · 1절[사밀쩔]
송별-연[송:벼련]	등-용문[등용문]

제30항 사이시옷이 붙은 단어는 다음과 같이 발음한다.

1. 'ㄱ, ㄷ, ㅂ, ㅅ, ㅈ'으로 시작하는 단어 앞에 사이시옷이 올 때는 이들 자음만을 된소리로 발음하는 것을 원칙으로 하되, 사이시옷을 [ㄷ]으로 발음하는 것도 허용한다.

냇가[내:까/낻:까]	샛길[새:낄/샏:낄]
빨랫돌[빨래똘/빨랟똘]	콧등[코뜽/콛뜽]
깃발[기빨/긷빨]	대팻밥[대:패빱/대:팯빱]
햇살[해쌀/핻쌀]	뱃속[배쏙/밷쏙]
뱃전[배쩐/밷쩐]	고갯짓[고개찓/고갣찓]

2. 사이시옷 뒤에 'ㄴ, ㅁ'이 결합되는 경우에는 [ㄴ]으로 발음한다.

콧날[콛날 → 콘날]	아랫니[아랟니 → 아랜니]
툇마루[퇻:마루 → 퇸:마루]	뱃머리[밷머리 → 밴머리]

3. 사이시옷 뒤에 '이' 음이 결합되는 경우에는 [ㄴㄴ]으로 발음한다.

베갯잇[베갣닏 → 베갠닏]	깻잎[깯닙 → 깬닙]
나뭇잎[나묻닙 → 나문닙]	도리깻열[도리깯녈 → 도리깬녈]
뒷윷[뒫:뉻 → 뒨:뉻]	

2. 탐구문제 풀이

1.1. ① 대한민국의 법률 〈도로법〉 제114조에서는 정당한 사유 없이 도로에 흙이나 돌, 나무 등 장애물을 쌓아 놓는 행위를 금지하고 있고 이를 지키지 않은 사람에게 2년 이하의 징역이나 2천만 원 이하의 벌금에 처한다고 규정하고 있다. 도로에는 보도도 포함된다. 현실에서는 가게 앞에 보도 일부분을 차지하고 물건들을 진열해 놓는 일이 흔하다. 그러나 이에 대한 처벌은 거의 없다.

② 에서야 C: '오늘에서야'는 '오늘에야'의 잘못이지만 현실어에서 쓰이고 있다.

윈도우 C.

떨구다 B.

뷖 A: '뷖'은 '부엌'의 준말로서 표준어이나 현실표기에서는 사용하지 않는다.

방구, 끼다 C: '방귀, 뀌다'의 비표준어이지만 현실어에서 많이 사용한다.

[버스] A: '버스'라는 표기 그대로 발음해야 표준어이겠지만 현실어에서는 그렇게 발음하지 않는다.

[쎈치] C: '센티'라는 표기 그대로 발음해야 표준어이겠지만 현실어에서는 [쎈치]라는 발음이 일반적이다.

1.2. ① 교과서 [교:과서], 식용유 [시굥뉴]

비곗살 [비계쌀/비겓쌀/비게쌀/비겓쌀]: 《표준국어대사전》의 발음표시는 [-계쌀/-겓쌀]이다. 이것은 [비계쌀/비겓쌀]을 간략히 표시한 것이다. 이 사전에서는 〈표준 발음법〉에서 규정한 표준발음의 원칙발음과 허용발음을 모두 보여 주지는 않는다. [비계쌀]과 같이 모든 자음과 모음을 원칙대로 발음한 원칙발음 하나와 [비겓쌀]과 같이 모든 자음과 모음을 허용 규정대로 발음한 허용발음 하나만 보여 주고 있다. 〈표준 발음법〉의 원칙적인 규정과 허용 규정을 조합하면 이 사전에 나와 있지 않은 [비겓쌀]과 [비게쌀]도 가능한 표준발음이다. 이 사전에서 표준발음을 확인할 때는 이 점을 주의해야 한다.

독하다 [도카다]

놓다 [노타], 놓지 [노치], 놓았겠어요 [노앋께써요]

② 남한: 독립 [동닙] / 사건 [사:껀], 창고 [창고] / 인간적 [인간적] / 같이 [가치] / 독하다 [도카다]

북한: 독립 [동립] / 사건 [사껀], 창고 [창꼬] / 인간적 [인간쩍] / 같이 [가치] / 독하다 [독카다]

'같이'의 표준발음은 같고 나머지 단어들의 표준발음은 조금씩 다르다.

1.3. ① 눈이 많이 와서 길이 끊겼대요/끊겼데요.

도저히 있을 수가 없는 일이라고 말했다.

② 빗/빚/빛: 빗으로 머리를 빗는다. / 빚을 내서 땅을 샀다. / 앞쪽에서 빛이 번쩍거린다.

결재/결제: 부장님이 기획안을 결재했다. / 신용카드로 5만원을 결제했다.

금궤/금괴: 금궤 안에는 오래된 문서가 들어 있었다. / 금괴 1kg 가격이 6천만원을 넘어섰다.

마치다/맞히다: 12시가 넘어서야 일을 마쳤다. / 공을 던져서 나무를 정확히 맞혔다.

2.1. ① 들이쉬는 숨을 이용해 발음해야 하는 경우는 없다. 한국어의 모든 음성은 허파로부터 출발하는 내쉬는 숨을 이용해 발음한다. 사실 이것은 언어보편적인 특징이다. 어떤 언어에서는 혀를 차는 소리과 같이 구강에서 빨아들이는 공기를 이용해 내는 자음이 있기는 하지만 극히 예외적인 음성이다.

② 바람 소리, 학 울음소리, 닭 울음소리, 개 짖는 소리를 한글로 적을 수 있다는 것은 이러한 여러가지 소리를 원래 소리와 똑같이 적을 수 있다는 뜻이 아니라 그런 소리를 흉내 낸 의성어 '휘이이이, 뚜르르, 꼬끼오, 멍멍' 등을 제대로 적을 수 있다는 뜻이다. 여기에는 그러한 의성어를 한자로는 정확히 적을 수 없다는 함축이 깔려 있다. 정인지의 주장은 한자 대신 한글을 사용하면 세상의 모든 소리를 다 정확하게 적을 수 있다는 것이 아니라 한국어를 소리 나는 대로 완전하게 적을 수 있다는 것이다.

2.2. ① [압]의 [ㅂ]은 오래 발음할 수 없다. 입은 다문 입술로 막혀 있고 코로 통하는 길은 목젖으로 막혀 있어서 공기를 내보낼 수 없기 때문이다. 반면에 [암]의 [ㅁ]은 숨이 계속되는 한 계속 발음할 수 있다. 입은 막혀 있지만 목젖이 코로 통하는 길을 막지 않아 코로 공기가 계속 새어나오기 때문이다. 5.9절에서 보듯이 [ㅂ]은 순간음이고 [ㅁ]은 지속음이다.

② 소곤대는 식으로 말하는 것이 효과가 크다. 소곤대는 것은 모든 음성을 무성음으로 바꾸어 작게 발음하는 것이다. 유성음은 작게 소리를 내는 데 한계가 있다. 성문을 통과하는 공기의 압력이 너무 낮아지면 성대가 진동하지 않기 때문이다. 무성음은 공기의 압력이 낮아도 만들어질 수 있다. 공기의 압력이 낮아지면 무성음

의 크기가 작아진다.

2.3. 1 [마, 바, 아, 파, 하]는 혀를 움직이지 않고 발음하며, 나머지는 모두 혀를 움직여야 발음할 수 있다. 예를 들어 [가]는 후설을 연구개에 대고 발음하고, [나]는 설단을 윗니에 대고 발음하며, [사]는 설단을 치조에 접근시켜 발음한다.

2 첫째, 윗니는 아랫입술과 만나 [f], [v]와 같은 순치음(脣齒音)을 만든다. 이에 반해 아랫니와 윗입술이 만나 만들어 내는 음성은 없다. 윗니가 아랫니보다 더 앞으로 나와 있어서 윗니와 아랫입술의 거리가 아랫니와 윗입술의 거리보다 훨씬 더 가깝기 때문에 순치음은 윗니와 아랫입술의 만남으로 만들어진다.

둘째, 혀는 아래턱에 달려 있고 위턱을 향해 움직이게 되어 있다. 구강에서의 공기의 흐름을 변화시키려면 혀는 위턱에 붙은 윗니, 윗잇몸, 경구개, 연구개와 만나야 한다. 이에 반해 아랫니와 아랫잇몸과 만나서 공기의 흐름을 변화시킬 기관이 위턱 쪽에는 없다.

3.1. 1 음절: 물, 도, 공, 기, 만, 큼, 소, 중, 하, 다 (10개)

분절음: ㅁ, ㅜ, ㄹ, ㄷ, ㅗ, ㄱ, ㅗ, ㅇ, ㄱ, ㅣ, ㅁ, ㅏ, ㄴ, ㅋ, ㅡ, ㅁ, ㅅ, ㅗ, ㅈ, ㅜ, ㅇ, ㅎ, ㅏ, ㄷ, ㅏ (25개)

음절 : 분절음=10 : 25=1 : 2.5

2 모음 하나로 이루어진 단어가 그런 예가 된다. 숫자 '2'를 뜻하는 수사 '이'는 'ㅣ'라는 모음 하나로 이루어진 단어이다. 이 '이'는 분절음 [ㅣ] 하나이고 음절 [이] 하나이고 형태소 '이' 하나이고 단어 '이' 하나이다.

3.2. 1 [tal]과 [tari]에서 [l]과 [r]은 서로 다른 음성이 분명하다. 그런데 이 둘을 한글로 적을 때 같은 글자 'ㄹ'을 쓴다. 그것은 [l]과 [r]이 한국어에서 같은 음소이기 때문이다. 그러므로 한글은 음소 하나를 낱글자 하나로 적는 음소문자이다.

2 ① 지갑 [지갑], 직업 [지겁]: 둘째 음절의 모음이 [ㅏ]와 [ㅓ]로 달라서 단어가 달라졌으므로 최소대립어이다.

② 반달 [반달], 발달 [발딸]: [ㄴㄷ]과 [ㄹㄸ]이 달라서 단어가 달라졌으므로 대립하는 쌍은 맞지만 분절음 둘이 차이가 나므로 최소대립어가 아니다. 한편 표준어에서는 '반달'의 발음이 [반:달]이므로 음장도 달라서 최소대립어는 더욱 아니다.

③ 같지 [갇찌], 갔지 [갇찌]: 둘의 발음이 똑같은 동음어이다. 단어는 다르지만 발음이 같으므로 대립하지 않는다. 최소대립어가 아니다.

④ 어떻게 [어떠께], 어떡해 [어떠케]: 현실어에서는 둘의 발음이 똑같은 동음어이다. 단어는 다르지만 발음이 같으므로 대립하지 않는다. 최소대립어가 아니다. 표준어에서는 '어떡해'의 발음이 [어떠캐]로서 '어떻게[어떠케]'와 모음 하나만 다르므로 최소대립어가 된다.

3.3. ① 15세기 한국어의 상성은 경남방언의 L에, 함경방언의 H에, 전남방언의 장음에 대응하고, 거성은 경남방언의 H에, 함경방언의 L에, 전남방언의 단음에 대응한다. 더 많은 자료를 조사하면 성조에 관한 대응관계는 이보다 더 복잡하게 나타난다.

② 성조는 단어마다 정해져 있고 단어와 단어를 구별하는 요소이므로 표제어의 발음을 표시할 때 성조도 표시해야 한다. 가능하다면 예문에도 성조 표시를 하는 것이 바람직할 것이다.

3.4. ① 반감(反感) [반:감] 반대하는 감정, 반감(半減) [반:감] 반으로 줄어듦: 동음어.

의사(醫師) [의사] 치료를 하는 사람, 의사(義士) [의:사] 의로운 일을 하는 사람: 동음어 아님.

제설(除雪) [제설] 눈을 치움, 제설(製雪) [제:설] 눈을 만듦: 동음어 아님.

② '보아, 두어'가 각각 '봐, 둬'로 바뀌는 것은 2음절이 1음절이 되는 것이다. 음절 수가 줄어들면 발음에 걸리는 시간도 짧아진다. 이 시간적 손실을 보상하는 것이 모음 발음 시간을 늘리는 장음화라고 할 수 있다.

3.5. ① '꾸벅꾸벅 [꾸벅꾸벅] 존다.'에 비해 '꾸벅꾸벅 [꾸벅:꾸벅] 존다.'는 고개를 꾸벅거리는 시간적 간격이 더 큰 느낌을 준다.

② 표현적 장음이 나타날 수 있는 단어: 두툼하다 [두툼하다/두툼:하다], 묵직하다 [묵찌카다/묵찌:카다], 시름시름 [시름시름/시름:시름], 아장아장 [아장아장/아장:아장]

표현적 장음이 나타날 수 없는 단어: 솔직하다[솔찌카다], 신기하다, 깡충깡충, 수군수군

4.1. ① (1) 'ㅟ'를 입술을 움직이면서 발음하면 4.6절에서 보듯이 [ɥi]와 같은 이중모음으로 발음된다. 처음에 [ɥ] 발음을 시작할 때는 입술이 작게 오므라져 있다가 [i]를 발음하면서 펴진다.

(2) 처음에 작게 오므라진 입술 모양을 그대로 유지하면서 발음하면 [y]가 발음된다. [y]는 단순모음이다.

② (1) 영어에서는 /j, w/를 자음으로 분류한다.

(2) 영어에서 /ja, wa/ 등 /j, w/로 시작하는 발음을 이중모음으로 분석하지 않고 '자음+모음'으로 분석한다.

국제음성기호 도표에서도 [j, w]를 자음으로 분류한다. 자음 중에서 [j]는 경구개접근음으로, [w]는 양순연구개접근음으로 분류한다. 접근음은 구강에서 공기가 빠져나가는 틈이 모음보다는 좁고 마찰음보다는 넓을 때 발음되는 자음이다. [j]는 모음 [i]보다 혀와 입천장의 간격이 더 좁고, [w]는 [u]보다 입술을 더 작게 오므린다. 그러므로 영어의 /j, w/는 국제음성기호의 용법 그대로 자음이다. 한국어

의 /j, w/는 국제음성기호 [j, w]와 조금 다르다.

4.2. ① (1)의 상태에서는 [ㅣ], [ㅜ]를 자연스럽게 발음할 수 있지만 [ㅏ]를 자연스럽게 발음하기 어렵다. 반면에 (2)의 상태에서는 [ㅏ]를 자연스럽게 발음할 수 있지만 [ㅣ], [ㅜ]의 발음이 부자연스럽다. 이로써 모음의 종류와 개구도의 관계를 이해할 수 있다.

② '엄마, 아빠'는 어린아이가 처음 배우는 말들이다. 음성기관의 움직임이 아직 둔한 어린아이들이 입을 벌려서 쉽게 발음할 수 있는 모음이 [ㅏ]이다. 그래서 어린아이들이 초기에 배우는 단어들에 모음 [ㅏ]가 많이 쓰인다.

4.3. ① 중앙어에서는 '네 이름'을 '니 이름'으로 바꾸어 발음함으로써 '내 이름'과 구별하는 경향이 있다. 이것이 [ㅔ]와 [ㅐ]가 서로 다른 음소임을 증명하는 것은 아니다. '네'의 모음 'ㅔ'를 /e/로 발음하면서 'ㅐ /ɛ/'와 구별해야 [ㅔ]와 [ㅐ]가 각각 음소로 인정될 수 있는 것이다. 'ㅔ'와 'ㅐ'가 똑같이 발음되었는지 다르게 발음되었는지를 판단하는 일은 사실 쉽지 않다. 녹음된 자신의 발음을 듣고 어느 쪽을 발음한 것인지를 알아맞힐 수 있는지 실험해 보는 것이 좋은 방법이다.

② 단순모음 [ㅟ], [ㅚ]와 비슷한 단순모음이 영어와 일본어에는 없다. 프랑스어와 독일어에는 둘 다 있고, 중국어에는 [ㅟ]와 비슷한 단순모음이 있다. 프랑스어 'tu(너) /ty/, deux(둘) /dø/', 독일어 'müde(지친) /myːdə/, Öl(기름) /øːl/', 중국어 '雨(yǔ) /y/, 旅(lǚ) /ly/, 去(qù) /tɕʰy/, 許(xǔ) /ɕy/' 등.

4.4. ① 경상도 지역 대부분에서 '글, 걸'과 '증상, 정상'을 각각 똑같이 발음한다. 그러나 일부 지역은 [ㅡ]와 [ㅓ]의 음소적 구별이 존재하므로 이들 쌍을 발음으로 구별할 수 있다. 더욱이 경상도의 젊은층은 [ㅡ]와 [ㅓ]를 구별할 수 있는 사람이 많아지고 있다. 그러므로 경상도 출신은 모두 [ㅡ]와 [ㅓ]를 구별하지 못한다고 전제하지 말고 그 발음을 정확하게 관찰하는 것이 필요하다.

② [ɞ]는 국제음성기호의 모음표에서 중설원순저모음이다. 단순모음체계에서 중설모음을 후설모음과 구별하지 않고 후설모음으로 분류하면 후설원순저모음 칸에 [ㆍ]를 넣을 수 있다. 제주방언의 노년층의 단순모음체계는 다음과 같다.

혀의 앞뒤 위치 / 입술 모양 / 혀의 높이	전설모음	후설모음	
	평순모음	평순모음	원순모음
고모음	ㅣ	ㅡ	ㅜ
중모음	ㅔ	ㅓ	ㅗ
저모음	ㅐ	ㅏ	ㆍ

4.5. ① [ㅏ] [ㅓ], [ㅗ], [ㅜ] 앞에 /j/를 넣으면 각각 [ㅑ], [ㅕ], [ㅛ], [ㅠ]가 된다. 그러므로 더 찍은 점은 반모음 /j/로 시작하는 이중모음임을 뜻한다.

② 영어의 /aɪ/, /ɔɪ/는 이중모음이므로 각각 한 음절이다. 한국어의 [아이], [오이]는 각각 두 음절이다. 영어의 이들 이중모음에서 /ɪ/는 반모음 역할을 한다. 한국어의 [이]는 단순모음 [ㅣ]로만 이루어진 음절이다.

4.6. ①

발음(한글)	[ㅘ]	[ㅝ]	[ㅞ]	[ㅟ]
발음(음성기호)	/wa/	/wʌ/	/we/	/wi/
표기	ㅘ	ㅝ	ㅞ, ㅙ, ㅚ	ㅟ

② 한글 창제 때 단순모음 7개 중 'ㅣ'를 제외한 6개는 양성모음 3개(ㆍ, ㅗ, ㅏ)와 음성모음 3개(ㅡ, ㅜ, ㅓ)로 이루어져 있었다. 그리고 한 단어의 모든 모음은 양성모음이거나 음성모음이어야 하는 현상, 즉 모음조화가 상당히 강했다. 그래서 낱글자를 결합할 때도 양성모음 'ㅗ'와 양성모음 'ㅏ'를 결합하여 'ㅘ'를 만들고 음성모음 'ㅜ'와 음성모음 'ㅓ'를 결합하여 'ㅝ'를 만들었던 것이다.

4.7. ① 원칙발음 [의:의] /ɯiːɯi/, 허용발음 [의:이] /ɯiːi/

② 'ㆋ'라는 글자는 ㅟ용언의 활용형 '뀌어, 뉘어, 뒤어, 뛰어, 쉬어, 쥐어, 취어, 튀어, 휘어, 사귀어, 야위어, 할퀴어' 등을 줄인 발음을 적을 때 필요하다. 그러므로 '뀌여, 뉘여, 뒤여, 뛰여, 쉬여, 쥐여, 취여, 튀여, 휘여, 귀여, 위여, 퀴여' 등의 음절자가 생기게 될 것이다. 나아가 이들 용언에 어미 '-었-'이 붙어 줄어든 음절을 적으려면 '뀌였, 뉘였, 뒤였, 뛰였, 쉬였, 쥐였, 취였, 튀였, 휘였, 귀였, 위였, 퀴였' 등의 음절자도 생기게 될 것이다.

4.8. ① 표준어의 허용발음에서 이중모음 [ㅟ] /wi/는 원칙발음의 이중모음 목록에 없던 것이므로 추가되어야 한다. 그러나 이중모음 [ㅚ] /we/는 원칙발음의 이중모음 [ㅞ] /we/와 똑같은 것이므로 추가될 수 없다.

② 상승이중모음과 하강이중모음의 '상승(rising, ascending), 하강(falling, descending)'은 혀의 높이에 관한 표현이 아니다. 이중모음을 구성하는 두 분절음의 기능을 생각하여 단순모음을 중심부로, 반모음을 주변부로 본다. 그리고 '반모음+단순모음'은 주변부에서 중심부로 이동하는 발음이므로 '상승'으로 비유하고 '단순모음+반모음'은 그 반대 방향의 발음이므로 '하강'으로 비유한 것이 상승이중모음과 하강이중모음이라는 용어이다. 현대한국어에는 상승이중모음만 있다. 15세기 한국어의 'ㅐ, ㅔ, ㅚ, ㅟ'는 4.9절에서 보듯이 각각 하강이중모음 /aj/, /ʌj/, /oj/, /uj/였다.

4.9. ① 모음 낱글자 10개를 순서대로 나열한 것은 'ㅏ, ㅑ, ㅓ, ㅕ, ㅗ, ㅛ, ㅜ, ㅠ, ㅡ, ㅣ'이다. 조합된 글자 11개는 각 글자의 구조를 고려하여 낱글자들 사이사이에 배열한다. 예를 들어 'ㅐ'는 'ㅏㅣ'의 구조이므로 'ㅏ' 바로 뒤에 배열하고 'ㅒ'는 'ㅑㅣ'의 구조이므로 'ㅑ' 바로 뒤에 배열한다. 또 'ㅘ'는 'ㅗㅏ'의 구조이므로 'ㅗ' 바로 뒤에, 'ㅙ'는 'ㅘㅣ'의 구조이므로 'ㅘ' 바로 뒤에 배열한다. 모음자 21개의 배열은 발음이 아닌 글

자의 구조가 기준이다.

② 북한의 모음자 순서는 'ㅏ, ㅑ, ㅓ, ㅕ, ㅗ, ㅛ, ㅜ, ㅠ, ㅡ, ㅣ, ㅐ, ㅒ, ㅔ, ㅖ, ㅚ, ㅟ, ㅢ, ㅘ, ㅝ, ㅙ, ㅞ'이다. 그 배열의 원리는 다음과 같다. (1) 낱글자 10개를 먼저 배열한다. (2) 낱글자에 모음자 'ㅣ'가 조합된 글자들을 그 낱글자의 순서에 따라 배열한다(ㅐ, ㅒ, ㅔ, ㅖ, ㅚ, ㅟ, ㅢ). (3) 낱글자에 다른 모음자가 조합된 글자들을 그 낱글자의 순서에 따라 배열한다(ㅘ, ㅝ). (4) (3)의 글자들에 모음자 'ㅣ'가 조합된 글자들을 (3)의 글자의 순서에 따라 배열한다(ㅙ, ㅞ).

북한사전 《조선말 대사전》(초판 1992, 증보판 2005)에서 단어 몇 개를 찾아보면 남북한의 자모 순서가 꽤 다름을 느낄 수 있다.

4.10. ① 건졌다 [건절따], 놓쳤다 [논철따], 멋졌다 [먼쩔따], 앉혔다 [안철따]

② 맞춤법 제25항은 두음법칙을 인정하지 않는다는 뜻이다. 이에 따라 한자음 [례](禮)를 어두에서도 유지하여 '예절(禮節)' 대신 '례절'로 적는다.

맞춤법 제26항에 따라 한자음 [폐]를 인정하지 않고 '페'로 적는다. 따라서 '폐지(廢止), 화폐(貨幣)'를 '페지, 화페'로 적는다. 나머지 '계속, 시계, 차례, 실례, 예술, 혜성, 은혜'는 남한과 표기가 같다.

발음법 제4항은 '계, 례, 혜'를 각각 [게], [레], [헤]로 발음한다고 규정한다. 이에 따라 '계속 [게속], 시계 [시게], 례절 [레절], 차례 [차레], 실례 [실레], 혜성 [헤성], 은혜 [은헤]'로 발음한다. 나머지는 표기대로 '예술 [예술], 페지 [페지], 화페 [화페]'로 발음한다.

4.11. ① 본문의 예들을 분류하면 다음과 같다.

고유어: 늴리리, 무늬, 보늬, 띄다, 씌다, 틔우다, 희다, 너희

한자어: 희망

외래어: (없음)

고유어에는 'ㄴ, ㄸ, ㅆ, ㅌ, ㅎ'가 모두 쓰인다. 한자어에는 '희'만 쓰인다. 외래어에는 쓰이는 글자가 없다.

② 체언+관형격조사: 목의[긔], 밖의[끠], 손의[늬], 발의[릐], 점의[믜], 입의[븨], 옷의[싀], 낮의[즤], 빛의[츼], 부엌의[킈], 밑의[틔], 앞의[픠]. 그러나 [듸], [희], [띄], [삐], [씨], [찌]는 만들어질 수 없다.

발음이 '의'인 한자를 포함한 한자어: 격의[긔], 논의[늬], 결의[릐], 혐의[믜], 협의[븨]. 그러나 [듸], [싀], [즤] 등 다른 음절들은 만들어질 수 없다.

5.1. ① 금방: 연구개음(ㄱ, ㅇ), 양순음(ㅁ, ㅂ) / 낙동강 [낙똥강]: 치음(ㄴ, ㄸ), 연구개음(ㄱ, ㅇ) / 단감: 치음(ㄷ, ㄴ), 연구개음(ㄱ), 양순음(ㅁ) / 풋밤 [푿빰]: 양순음(ㅍ, ㅃ, ㅁ), 치음(ㄷ). / '단감'의 자음들이 세 조음위치에서 발음되므로 가장 다양하다.

② /f, v/는 윗니와 아랫입술을 닿을락말락하게 접근시킨 상태에서 그 좁은 틈으로

공기를 내보내 발음하는 음성이다. 입술(脣 순)과 이(齒 치)를 이용하므로 순치음(脣齒音)이라 부른다. 한국어의 [ㅍ, ㅂ]은 윗입술과 아랫입술을 이용하는 양순음이다. 순치음과 양순음은 아랫입술을 이용하는 점에서는 같지만 윗니를 이용하느냐 윗입술을 이용하느냐 하는 점에서 조음위치가 조금 다르다. 또 /f, v/는 마찰음인데 [ㅍ, ㅂ]은 폐쇄음이라는 조음방식의 차이도 있다.

5.2. ① '안녕하십니까 [안녕하심니까]'의 정밀전사: [anɲʌŋhaʃimɲik'a]. 따라서 [녕, 니]의 [ㄴ]이 경구개음 [ɲ]이고, [심]의 [ㅅ]이 경구개음 [ʃ]이다.

② 음성학적 관점에서는 '나 [na]'와 '냐 [ɲa]', '사 [sa]'와 '샤 [ʃa]'의 차이가 자음의 차이이다. 치음 [n]과 경구개음 [ɲ]이 다르고 치조음 [s]와 경구개음 [ʃ]가 다르다. 그러나 음소의 관점에서는 [ɲ]이 /nj/로, [ʃ]가 /sj/로 분석된다. 그러면 '나 /na/'와 '냐 /nja/', '사 /sa/'와 '샤 /sja/'의 차이는 모음 /a/와 /ja/의 차이가 된다. 한글은 음소문자이므로 '나, 냐', '사, 샤'라는 표기에서도 각각의 차이는 'ㅏ'와 'ㅑ'의 차이, 즉 모음의 차이로 반영되어 있다.

5.3. ① 공감각: 초성 [ㄱ] 셋은 외파음이고 종성 [ㄱ]은 불파음이다.

반복법 [반복뻡]: 초성 [ㅂ] 둘과 초성 [ㅃ]은 외파음이고 종성 [ㄱ, ㅂ]은 불파음이다.

포도밭 [포도받]: 초성 [ㅍ, ㄷ, ㅂ]은 외파음이고 종성 [ㄷ]은 불파음이다.

② 염분: 종성 [ㅁ]을 발음할 때 두 입술이 이미 붙어 있으므로 바로 뒤의 [ㅂ]을 발음할 때 두 입술이 다시 붙는 단계, 즉 ①단계가 없다.

안타: 종성 [ㄴ]을 발음할 때 혀끝과 윗니가 이미 붙어 있으므로 바로 뒤의 [ㅌ]을 발음할 때 혀끝이 윗니에 다시 붙는 단계, 즉 ①단계가 없다.

앙금: 종성 [ㅇ]을 발음할 때 후설과 연구개가 이미 붙어 있으므로 바로 뒤의 [ㄱ]을 발음할 때 후설이 연구개에 다시 붙는 단계, 즉 ①단계가 없다.

5.4. ① 당분간: [taŋbungan]. [ㄷ, ㅂ, ㄱ]은 각각 [t], [b], [g].

불교도: [pulgjodo]. [ㅂ, ㄱ, ㄷ]은 각각 [p], [g], [d].

관동별곡: [kwandoŋbjʌlgok˺]. [ㄱ, ㄷ, ㅂ, ㄱ]은 각각 [k], [d], [b], [g].

비단고둥: [pidangoduŋ]. [ㅂ, ㄷ, ㄱ, ㄷ]은 각각 [p], [d], [g], [d].

② 한국어의 [비]의 [ㅂ]은 [pi]로 발음되므로 영어 'puppy /pʌpi/ [p^hʌpi]'의 [pi]와 발음이 비슷하다. 그러나 한국어 [퍼비]에서의 [ㅂ]은 [bi]로 발음되어 [pi]와 달라지게 된다. 한국어 화자는 두 모음 사이의 [ㅂ]을 자동적으로 유성음 [b]로 발음하므로 영어 [p^hʌpi]의 [p]를 제대로 발음할 수 없는 것이다.

5.5. ① 의성어 '붕, 뿡, 풍'의 뜻풀이에서 "막혀 있던 공기나 가스가 약간 큰 구멍으로 터져 빠질 때 나는 소리."라고 한 부분은 똑같다. '뿡'은 '붕'보다 센 느낌을 주고 '풍'은 '붕'보다 거센 느낌을 준다고 한 점에 차이가 있다. 센 느낌과 거센 느낌은 폭발력이 큰 것과 관련이 있는 것으로 볼 수 있다. 또 거센 느낌은 센 느낌에 비해 폭발 후에

나오는 공기의 양이 많은 것과 관련이 있는 것으로 볼 수 있다. 폭발력이 큰 것은 근육의 긴장에 대응하고 공기의 양은 기식에 대응한다고 보면 평음, 경음, 유기음의 음성적 차이를 이용해 소리의 느낌이 다른 것을 표현한 것이라고 할 수 있다.

② '겹받침, 납빛, 답변, 입법, 톱밥'에서 'ㅂ+ㅂ'의 발음은 [ㅃ]이 아닌 [ㅂㅃ]이다. 'ㅂ' 뒤에서 'ㅂ'이 [ㅃ]으로 경음화되는 것이다. 그러므로 발음에서는 [ㅂ]+[ㅂ]→[ㅃ]이라는 규칙이 있다고 할 수는 없다. 그렇지만 실제 발음에서는 [ㅂㅃ]과 [ㅃ]이 분명하게 구별된다고 하기는 어려운 면이 있다. 만약 [ㅂㅃ]이 [ㅃ]으로도 발음된다고 본다면 [ㅂ]+[ㅂ]→[ㅂㅃ]→[ㅃ]이 되어 결과적으로 [ㅂ]+[ㅂ]→[ㅃ]처럼 기술할 수도 있을 것이다.

5.6. ① 달구지: [talguʤi]. 초성 [ㄷ, ㄱ, ㅈ]은 각각 [t], [g], [ʤ].

창작자 [창작짜]: [ʧʰaŋʤak˺ʧ'a]. 초성 [ㅊ, ㅈ, ㅉ]은 각각 [ʧʰ], [ʤ], [ʧ'].

자초지종: [ʧaʧʰoʤiʤoŋ]. 초성 [ㅈ, ㅊ, ㅈ, ㅈ]은 각각 [ʧ], [ʧʰ], [ʤ], [ʤ].

성장촉진제 [성장촉찐제]: [sʌŋʤaŋʧʰok˺ʧ'inʤe]. 초성 [ㅅ, ㅈ, ㅊ, ㅉ, ㅈ]은 각각 [s], [ʤ], [ʧʰ], [ʧ'], [ʤ].

② 첫문장의 뜻: 어두에서는 유기음 [ㅍ, ㅌ, ㅊ, ㅋ]의 기식이 강하므로 평음 [ㅂ, ㄷ, ㅈ, ㄱ]이 기식이 약간 있더라도 음성적 거리가 충분해서 발음이 혼동될 가능성이 없다. 비어두에서는 유기음의 기식이 조금 약해져서 평음과의 음성적 거리가 가까워진다. 이때 유기음과 평음의 음성적 거리를 충분히 유지하기 위해 평음을 기식이 전혀 없는 유성음으로 발음하게 된다.

둘째 문장의 뜻: [ㅅ]은 대응하는 유기음이 없다. 그래서 비어두에서 [ㅅ]이 유기음과의 음성적 거리를 유지하기 위해 유성음으로 발음될 필요가 없다. 그러므로 [ㅅ]은 평음이 유성음으로 발음되는 환경에서도 유성음 [z]로 발음되지 않는다. 예를 들어 [다]에서 무성음 [t]로 발음되는 [ㄷ]이 [아다]에서는 유성음 [d]로 발음되지만 [사, 아사]의 두 [ㅅ]은 똑같이 무성음 [s]로만 발음된다.

5.7. ① '닥밭 [닥빧]'의 네 자음: [ㄷ, ㄱ, ㅃ, ㄷ].

이들과 같은 조음위치의 비음은 각각 [ㄴ, ㅇ, ㅁ, ㄴ]이다. 그 결과는 [낭만]이 된다. 즉 '닥밭'을 발음하는 것처럼 하면서 목젖을 내려뜨려 코로 공기가 통하게 하면 [낭만]이라는 발음이 난다는 것이다.

② [n]은 치음이므로 혀끝을 윗니에 댄 채 발음이 끝난다. [ʤ], [ʧʰ]는 경구개음이므로 전설이 경구개에 붙는 단계부터 발음이 시작된다. [n] 바로 뒤에 [ʤ], [ʧʰ]를 발음할 때 윗니에 닿은 혀끝을 떼고 전설을 경구개에 붙이는 것은 번거롭다. 혀끝이 윗니에 닿은 채로 전설을 경구개에 붙여 [ʤ], [ʧʰ] 발음을 시작하면 혀를 덜 움직여도 된다. 나아가 이 [ㄴ]을 [n]으로 발음하지 않고 [ɲ]으로 발음해도 귀에 들리는 음가는 별 차이가 없다. 그래서 실제로는 아예 [n] 대신 [ɲ]을 발음하는 것

이 일반적이다. 그때의 발음을 정밀전사하면 [aɲʤa], [iɲʧʰi]가 된다. 이것은 [ㅈ], [ㅊ]의 조음위치에 [ㄴ]이 동화되는 현상이라고 볼 수 있다.

5.8. ① 아라라라라라라 [aɾaɾaɾaɾaɾaɾa]: [ㄹ]은 탄설음으로 발음된다.
알랄랄랄랄라 [allallallallalla]: [ㄹ]은 설측음으로 발음된다.

② '모를 [moɾɯl], 몰라 [molla]'에서 [ㄹ]이 들어 있는 음절은 [ɾɯl], [mol], [la]이다. 중국인은 초성 [l]이 들어 있는 [la]를 발음할 수 있으나 [ɾɯl], [mol]의 [ɾ], [l]을 발음하기 어렵다. 일본인은 [ɾɯl]의 초성 [ɾ]을 발음할 수 있으나 [ɾɯl], [mol], [la]의 [l]을 발음하기 어렵다.

5.9. ① [aɾɯmdaunmaɯm]: [d]만 장애음이고 나머지 음성은 모두 공명음이다.
[ʧ^{h}ʌkp'ak^{h}ant^{h}oʤi]: [ʧ^h, k, p', k^h, t^h, ʤ]가 장애음이고 [ʌ, a, a, n, o, i]가 공명음이다.

② 음성전사 자료에서 자음만 남겨 조음위치를 '양(양순음), 치(치음), 조(치조음), 경(경구개음), 연(연구개음), 성(성문음)'으로 표시하면 다음과 같다.

[hŋbgn] 성연양연치 / [klk^h] 연조연 / [mnk^{h}k^{h}ndmn] 양치연연치치양치 / [nnngʃ] 치치치연경 / [ɲd] 경치 / [ʧgngslgʤgd] 경연치연조조연경연치 / [kmɦg] 연양성연 / [mnʤk^{h}lʧ'ɾndmn] 양치경연조경조치치양치 / [knn] 연치치 / [hŋbk^{h}nsɾmd] 성연양연치조조양치.

양순음 8개, 치음 19개, 치조음 7개, 경구개음 6개, 연구개음 17개, 성문음 3개. 따라서 치음과 연구개음의 사용빈도가 가장 높을 것으로 추측할 수 있다. 이 자료에서는 치음이 연구개음보다 조금 더 많이 나타났지만 전체에서 차지하는 비율을 생각하면 둘의 차이는 작은 차이라고 할 수 있으므로 실제 언어에서 어느 쪽의 사용빈도가 더 높을지는 예상하기 어렵다.

5.10. ①

조음방식 \ 조음위치			양순음	전설음	후설음	성문음
장애음	폐쇄음	평음	ㅂ	ㄷ	ㄱ	
공명음	비음		ㅁ	ㄴ	ㅇ	
	유음			ㄹ		

② 많이 사용된 자음을 순서대로 나열하면 다음과 같다. 괄호 속은 횟수이다.

구분	1958년	2008년
남자	ㅇ(5), ㅅ(4), ㄱ/ㄹ/ㅊ/ㅎ(1)	ㄴ(6), ㅈ(4), ㅎ(2), ㅁ/ㅅ(1)
여자	ㅇ/ㄱ(5), ㅅ(4), ㅁ/ㅈ/ㅎ(1)	ㄴ(5), ㅅ(4), ㅁ(2), ㅈ/ㅎ(1)
합계	ㅇ(9), ㅅ(8), ㄱ(6), ㅎ(2), ㄹ/ㅁ/ㅈ/ㅊ(1)	ㄴ(11), ㅅ/ㅈ(5), ㅁ/ㅎ(3), ㅈ(1)

남자의 경우 많이 쓰인 자음이 [ㅇ, ㅅ]에서 [ㄴ, ㅈ]으로 바뀌었다. 여자의 경우 많이 쓰인 자음이 [ㅇ, ㄱ, ㅅ]에서 [ㄴ, ㅅ]으로 바뀌었다. [ㅇ]이 많이 쓰이다가 [ㄴ]이 많이 쓰이게 된 것은 남자와 여자가 같다. 그리고 남자와 여자를 합쳐서 많이 쓰인 자음은 [ㅇ, ㅅ, ㄱ]에서 [ㄴ, ㅅ, ㅈ]으로 바뀌었다. 1958년에 가장 많이 쓰인 [ㅇ]이 2008년에는 한 번도 안 쓰였고 1958년에 한 번도 안 쓰인 [ㄴ]이 2008년에는 압도적으로 많이 쓰인 것이 두드러진 특징이다. 이러한 경향은 일부 음절이 이름에 반복적으로 쓰인 현상과 관계가 있다. 특히 1958년에 남녀 이름의 첫음절 10개 모두가 중성이 [ㅕ]이고 종성이 [ㅇ]이다. 그중에서도 [영]이라는 음절은 10개 중 6번이나 쓰였다. 또 1958년의 여자 이름의 둘째 음절 5개 중 4개가 [숙]이다.

5.11. ① 'ㄲ, ㅆ'은 '밖, 있-, -었-, -겠-' 같은 말의 말음으로 나타나므로 종성자로 사용해야 한다. 그러나 'ㄸ, ㅃ, ㅉ'은 어떤 말의 말음으로도 나타나지 않으므로 종성자로 사용할 이유가 없다.

② 북한의 자음자 순서는 'ㄱ, ㄴ, ㄷ, ㄹ, ㅁ, ㅂ, ㅅ, ㅇ(종성자), ㅈ, ㅊ, ㅋ, ㅌ, ㅍ, ㅎ, ㄲ, ㄸ, ㅃ, ㅆ, ㅉ, ㅇ(초성자)'이다. 'ㅇ'이 종성자일 때는 'ㅅ'과 'ㅈ' 사이에 놓이지만 초성자일 때는 맨 끝에 위치하는 점이 특별하다. 이것은 초성자 'ㅇ'이 음가가 없음을 나타내는 기호이기 때문에 자음을 나타내는 종성자 'ㅇ'과 분리한 것이다. 그리고 경음자는 경음이라는 독립적인 음소를 표시하기 때문에 'ㄱ~ㅎ'으로부터 분리하여 배열했다. 'ㅇ'과 경음자의 이러한 배열은 자음자의 발음을 중시한 결과이다. 남한의 자음자 순서가 철저하게 글자 기준인 것과 다른 점이다.

6.1. ① 받침이 있는 음절자는 '낮, 빛, 옆, 길, 흰, 폅, 겠'이고 이 중에서 음절로 조재할 수 없는 것은 '낮, 빛, 옆, 흰, 겠'이다. '낮, 빛, 옆, 겠'은 받침이 항상 다른 자음으로 바뀌어 발음되고 '흰'은 항상 [힌]으로 발음되기 때문이다. '길'은 '길목'에서 보듯이, '폅'은 '폅시다 [폅씨다]'에서 보듯이 음절로도 존재할 수 있다.

② 2음절어가 가장 많다. 《표준국어대사전》(1999)의 주표제어 440,594개에 대한 통계(이운영, 《〈표준국어대사전〉의 연구 분석》, 국립국어원 보고서, 2002)에 따르면 2음절 표제어가 141,765개로 전체의 32.18%를 차지해 가장 많고 그 다음은 3음절 표제어(121,368개, 27.55%), 4음절 표제어(102,895개, 23.35%) 순이다. 이 사전의 표제어로 단어가 아닌 단위들(조사, 어미, 접사, 어근, 구)도 소수 포함되어 있으므로 이것을 한국어 단어 전체에 대한 정확한 통계로 단정할 수는 없지만 대체적인 경향은 이와 비슷할 것이다. 한편 기초어휘 2700단어에 대한 통계(배주채, 〈국어 어휘의 통계적 특징〉, 《한국어의 어휘와 사전》, 태학사, 2014)에서는 2음절어가 1371개(50.78%), 3음절어가 606개(22.44%), 4음절어가 426개(15.78%)이다. 일상적으로 많이 쓰는 단어 중에서는 2음절어가 압도적 다수인 것이다.

6.2. 1 전체 음절 수 24개. ① (없음) (0개). ② 지, 하, 려, 기, 지, 베, 서, 조, 지, 사, 마, 거, 러, 떼, 가, 타 (16개, 66.7%). ③ 운 (1개, 4.2%). ④ 철, 금, 멀, 만, 동, 갈, 만 (7개, 29.1%).

②, ③, ④의 비율은 별 차이가 없으나 ①의 비율이 차이가 꽤 크다. 위의 연구에서는 10%가 넘었으나 이 예문에서는 0%이다. 표본의 양이 24음절밖에 안 되므로 일반적인 결과와 조금 달리 나왔을 수 있다. 종합적으로 보면 초성이 없는 음절보다 있는 음절이 훨씬 많고 종성이 있는 음절(폐음절)보다 없는 음절(개음절)이 훨씬 많음을 알 수 있다. 또 '초성+중성' 구조인 ②가 전체의 2/3 정도를 차지하여 가장 많이 쓰이는 음절유형임을 알 수 있다.

2 주어진 영시에서 각운은 각 행의 끝 단어들에 나타나 있다. 'wood, stood, could'의 /ʊd/가 각운이 되고, 'both, undergrowth'의 /oʊθ/가 각운이 된다. /ʊd/, /oʊθ/는 각 음절의 '중성+종성'에 해당한다. 각 음절의 초성은 다르나 '중성+종성'이 일치하는 것이 영시 각운의 본질이다.

6.3. 1 '낫, 났, 낮, 낯, 낳, 낢' 등의 받침은 발음되지 않거나 7자음 중의 하나로 바뀌어 발음되기 때문이다. 즉 '낫다, 났다, 낮다, 낯짝이'의 '낫, 났, 낮, 낯'은 모두 [낟]으로 발음되고 '낳은'의 '낳'은 [나]로 발음되며 '낢'은 [남]으로 발음된다. 종성제약과 같은 음절구조제약은 음절자가 아닌 음절을 대상으로 기술하므로 발음에 나타나지 않는 '낫, 났, 낮, 낯, 낳, 낢' 등을 모두 부적격한 예로 처리하게 된다.

2 glimpsed /glɪmpst/ ⇒ [글림프스트]: 중성이 될 수 있는 모음은 /ɪ/이다. /ɪ/와 가장 비슷한 [ㅣ]를 중성으로 삼는다. /ɪ/ 앞의 /gl/은 초성이 되어야 하고 /mpst/는 종성이 되어야 한다. 그러나 초성제약 때문에 /gl/이 모두 초성이 될 수는 없으므로 /l/만 초성으로 삼고 그 앞에 /g/를 위한 중성 [ㅡ]를 넣는다. 또 종성제약 때문에 /mpst/가 모두 종성이 될 수는 없으므로 /m/만 /종성으로 삼고 /p/, /s/, /t/ 뒤에 각각 [ㅡ]를 넣어 모두 독립된 음절로 만든다. 그렇게 하면 [그림프스트]가 된다. 여기서 /l/의 음가에 가깝게 발음하기 위해 [ㄹ] 대신 [ㄹㄹ]을 발음한 결과가 [글림프스트]이다.

strike /straɪk/ ⇒ [스트라이크]: 중성이 될 수 있는 모음은 /a/와 /ɪ/이다. /aɪ/라는 이중모음이 없으므로 각각을 중성으로 삼아 [아이]라는 두 음절로 발음한다. /str/이 모두 초성이 될 수는 없으므로 /r/만 초성으로 삼고 /s/, /t/ 뒤에 각각 [ㅡ]를 넣어 둘 다 독립된 음절로 만든다. /k/는 종성 [ㄱ]이 될 수 있으나 [ㅋ]에 가까운 음가를 살리기 위해 그 뒤에 [ㅡ]를 넣어 독립된 음절로 만든다. 그 결과가 [스트라이크]이다.

6.4. 1 '읻, 귄'은 음절자로 쓰이지 않는다. '갇'은 '갇히다'에 음절자로 쓰인다. 음절자로 쓰이는지를 조사할 때는 인터넷을 통해 이용할 수 있는 웹사전《표준국어대사전》

(http://stdweb2.korean.go.kr/main.jsp)의 '자세히 찾기' 메뉴를 사용하여 표제어에 쓰인 예가 있는지를 먼저 확인하는 것이 좋다.

② 뤈: 1원 [이뤈], 설원 [서뤈], 철원 [처뤈]

뻥: 눈병 [눈뼝], 물병 [물뼝], 복병 [복뼝], 약병아리 [약뼝아리]

슫: 비슷비슷 [비슫삐슫], 어슷비슷 [어슫삐슫]

퀘: 협회 [혀퀘], 급회전 [그풰전]

6.5. ① 현실발음 초성 19가지, 중성 18가지, 종성 8가지를 곱한 2736가지(=19×18×8) 중에서 개음절은 종성이 1가지인 경우(즉 자음이 없는 경우)이므로 19×18×1=342가지이고 폐음절은 종성이 7가지인 경우이므로 19×18×7=2394가지이다. 여기서 초성 [ㅈ, ㅉ, ㅊ]과 중성 [ㅑ, ㅕ, ㅛ, ㅠ, ㅖ, ㅒ]가 연결된 음절을 각각 빼야 한다. 즉 개음절의 경우 초성 3가지, 중성 6가지, 종성 1가지를 곱한 3×6×1=18가지를 빼면 324가지(=342−18)이고, 폐음절의 경우 초성 3가지, 중성 6가지, 종성 7가지를 곱한 3×6×7=126가지를 빼면 2268가지(=2394−126)이다. 그러므로 개음절의 가짓수는 324가지, 폐음절의 가짓수는 2268가지이고 둘의 비율은 1:7이다. 개음절과 폐음절의 종성의 가짓수 비율이 1:7이므로 음절의 가짓수 비율도 1:7이 나오는 것은 당연하다.

② 중성이 단순모음인 음절은 초성 19가지, 중성 단순모음 10가지, 종성 8가지를 곱한 1520가지이다.

중성이 이중모음인 음절은 초성 19가지, 중성 이중모음 11가지, 종성 8가지를 곱한 1672가지이다. 여기서 초성 [ㅈ, ㅉ, ㅊ]과 중성 [ㅑ, ㅕ, ㅛ, ㅠ, ㅖ, ㅒ]가 연결된 음절을 빼야 한다. 즉 초성 3가지, 중성 6가지, 종성 8가지를 곱한 3×6×8=144가지를 빼면 1528가지(=1672−144)이다.

그러므로 표준발음(원칙발음)의 음절 3048가지 중에서 중성이 이중모음인 음절이 단순모음인 음절보다 8가지가 더 많다.

6.6. ① 한국어의 음절 중에서 한자의 발음으로 존재하지 않는 것은 표기하기 어렵다. 예를 들어 "너를 다시 만난 것이 꿈만 같다."는 한자음을 이용해 "너를 多時 萬難 去時 꿈萬 같多."와 같이 적을 수 있을 것이다. 〈한글〉 프로그램에서 해당 음절 뒤에 커서를 놓고 'F9' 키 또는 '한자' 키를 눌러서 이와 같이 한자로 변환해 보라. 여기서 '너, 를, 꿈, 갇 [갇]'과 같은 발음을 가진 한자가 없으므로 이들은 한자로 적지 못한다. 이러한 한자음의 제한성에 대해서는 10.2절 참조.

② 한글표기 '기초, 캐나다'는 'ㄱ, ㅣ, ㅊ, ㅗ, ㅋ, ㅐ, ㄴ, ㅏ, ㄷ, ㅏ'와 같이 분절음을 낱글자로 대응시켜 적고 있으므로 음절문자가 아니다. 음소문자이다.

한자표기 '基礎, 加拿大'는 2음절어와 3음절어를 각각 두 글자와 세 글자로 적고 있으므로 각 글자가 음절 단위와 일치한다. 그렇지만 각 글자가 나타내는 것은 본질적으로 형태소이다. 형태소 하나에 글자 하나가 대응한다. 그래서 한자는 형태소문자이다. 형태소는 의미를 가진 최소 단위이므로 형태소문자는 표의문자에 속한다. 중국어에서 형태소 하나가 일반적으로 음절 하나로 발음되기 때문에 한자가 음절문자처럼 보이는 것일 뿐이다.

가나표기 'きそ, カナダ'는 글자 하나하나가 분절음이나 형태소가 아닌 음절을 나타낸다. 그러므로 음절문자이다.

6.7. ① 귀, 뉘, 뒤, 뤼, 뮈, 뷔, 쉬, 위, 쥐, 취, 퀴, 튀, 퓌, 휘, 뀌, 뛰, 쀠, 쒸, 쮜.

실제로 쓰이는 음절자: 귀(귀청), 뉘(뉘다), 뒤(뒤쪽), 뤼(브뤼셀), 뮈(카뮈), 뷔(데뷔), 쉬(쉬다), 위(위쪽), 쥐(생쥐), 취(취미), 퀴(할퀴다), 튀(튀다), 퓌(퓌레), 휘(휘다), 뀌(뀌다), 뛰(뛰다).

실제로 쓰이지 않는 음절자: 쀠, 쒸, 쮜.

② 음절표의 구성이 철저하게 규칙적이므로 본문의 음절표만 보아도 초성자와 중성자가 결합하는 원리를 이해할 수 있다. 그리고 개음절자 아래쪽에 종성자(받침)를 쓴다는 것만 더 배우면 나머지 음절자들은 표를 보지 않고서도 그 모양을 쉽게 예측할 수 있게 된다. 그래서 음절자를 익히기 위해 다른 음절표들을 동원할 필요는 없다.

6.8. ① [교웽] ①, [쑬엽] ④, [움쩌] ②, [화받] ③, [듁민] ②, [긔긔] ③.

② 앞음절의 종성 자음이 7가지이고 뒤음절의 초성 자음이 18가지이므로 7×18=126가지가 가능하다.

6.9. ① 적격: [ㅂㄲ], [ㅂㅊ], [ㄴㄱ], [ㄴㅆ], [ㄴㅌ], [ㄴㅎ], [ㄴㅁ], [ㄴㄴ].

부적격: [ㅂㄷ], [ㅂㅎ], [ㅂㅁ], [ㅂㄴ], [ㅂㄹ], [ㄴㄹ].

② [ㄱㄲ](색깔, 북극), [ㄱㄸ](딱따구리, 흙담), [ㄱㅃ](식빵, 떡방아), [ㄱㅆ](싹쓸이, 악수), [ㄱㅉ](북쪽, 벽지), [ㄱㅋ](식칼, 킥킥), [ㄱㅌ](낙타, 약통), [ㄱㅍ](목표, 속표지), [ㄱㅊ](녹차, 먹칠). 웹사전 《표준국어대사전》(http://stdweb2.korean.go.kr/main.jsp)의 '자세히 찾기' 메뉴를 활용하는 것이 좋다.

6.10. ① 웹사전 《표준국어대사전》에 따른 결과는 다음과 같다.

종류＼예	동	겊	골	넹	닉	렴	쁘	츰	힙	뭅
첫음절자	○	×	×	×	○	×	×	×	○	×
끝음절자	○	○	×	×	○	○	×	○	×	×

예: 동쪽/자동, ×/헝겊, 닉슨/테크닉, ×/수렴, ×/차츰, 힙합/×.

② 끝말잇기를 음절 기준으로 하면 참여자들이 아는 단어라 할지라도 표기와 발음이 다를 때 그 정확한 발음이 무엇인지에 대해 참여자들이 금방 확인하고 합의할

수 있어야 한다. 경우에 따라서는 발음을 확인하는 것이 어렵거나 번거로워 놀이의 원활한 진행을 방해한다. 그 반면에 참여자들이 아는 단어는 그 표기도 대개 알고 있거나 쉽게 확인할 수 있으므로 음절자를 기준으로 하면 놀이가 순탄하게 진행된다.

7.1. ①

명사와 조사의 발음이 바뀌지 않는다.	감독까지, 감독께
명사의 발음만 바뀐다.	감독마다, 감독만
조사의 발음이 바뀐다.	감독대로, 감독도, 감독밖에, 감독보다, 감독부터, 감독조차, 감독과
명사와 조사의 발음이 모두 바뀐다.	감독하고, 감독한테

'감독마다, 감독만'에서는 명사의 말음 [ㄱ]이 [ㅇ]으로 바뀐다(비음화). '감독대로' 등에서는 조사의 두음 [ㄷ, ㅂ, ㅈ, ㄱ]이 각각 [ㄸ, ㅃ, ㅉ, ㄲ]으로 바뀐다(경음화). '감독하고, 감독한테'에서는 명사의 말음 [ㄱ]과 조사의 두음 [ㅎ]이 합쳐져 [ㅋ]이 된다(유기음화).

② 주어진 예문에서 '이다'의 활용형 '이고/고', '이다/다'가 자음 뒤에서 '이고, 이다'로 나타나고 모음 뒤에서 '고, 다'로 나타난 점은 ㅣ계 조사와 같다. 그런데 모음 뒤에서 '이고, 이다'로도 나타날 수 있는 점은 ㅣ계 조사와 다르다. 즉 '배다'와 '배이다', '배고'와 '배이고'가 모두 가능하다. 그러나 ㅣ계 조사 '이나/나'의 경우 '배나'를 '배이나'라고 할 수는 없는 것이다.

7.2. ①

어종		한자어	외래어
모음체언		가수, 축하	벤치, 카드
자음체언	단일자음체언	시간, 정답	게임, 컵
	자음군체언	(없음)	(없음)

② 표준발음(원칙발음): 소야 [소야], 나무야 [나무야], 열쇠야 [열:쐬야], 줄넘기야 [줄럼끼야], 목아 [모가], 달아 [다라], 꽃아 [꼬차], 무릎아 [무르파], 장난감아 [장난까마], 몫아 [목싸], 닭아 [달가], 삶아 [살:마], 값아 [갑싸].

현실발음: 소야 [소야], 나무야 [나무야], 열쇠야 [열쒜야], 줄넘기 [줄럼끼야], 목아 [모가], 달아 [다라], 꽃아 [꼬사/꼬다], 무릎아 [무르바], 장난감아 [장난까마/장낭까마], 몫아 [모가], 닭아 [다가], 삶아 [살마/사마], 값아 [가바].

표준발음과 현실발음이 다른 경우와 관련해서는 7.6절을 참조.

7.3. ① 본문의 표에서 단일자음체언으로서 단독형일 때 말음이 바뀌는 것은 '밖→[박],

잎→[입], 밑→[믿], 부엌→[부억], 낮→[낟], 꽃→[꼳], 맛→[맏]'이다. 이들의 말음 [ㄲ, ㅍ, ㅌ, ㅋ, ㅈ, ㅊ, ㅅ]은 모두 장애음 중에서 평음도 아니고 폐쇄음도 아닌 자음들이다. 즉 평폐쇄음(ㅂ, ㄷ, ㄱ)이 아닌 장애음들이다. 이들은 체언이 단독형일 때 모두 평폐쇄음화(9.3절)에 따라 평폐쇄음으로 바뀌게 된다.

② 단순어 ㅋ체언은 '녘(의존명사), 부엌'뿐이다. '부엌'의 준말 '벜'이 '부엌'에 포함된다고 보면 단순어 ㅋ체언은 이 두 단어에 불과하다. 7.4절에서 보듯이 '키읔'은 표기와 달리 ㄱ체언이다. 복합어로는 '녘, 부엌'으로 끝난 '남녘, 들녘, 샐녘, 새벽녘, 아랫녘, 저물녘, 한뎃부엌' 등이 있다.

7.4. ① '히읗'은 기본형 [히읏]을 표기에 반영하지 않은 예이다. 자음 자모 이름은 '초성+ㅣ+으+종성'의 2음절 구조로서 초성과 종성은 해당 자음과 같은 글자로 적는 것이 원칙이다. 이 원칙에 따라 둘째 음절의 종성을 기본형과 관계없이 'ㅎ'으로 적는 것이다. 음운론적 정확성보다 표기의 시각적 효과를 중시한 것이라 할 수 있다.

② 다음 표들에서 굵은 선으로 표시한 'ㄱ, ㄷ, ㅅ'과 'ㄲ, ㄸ, ㅃ, ㅆ, ㅉ'에 대한 남북한의 자모 이름이 다르다.

자모	ㄱ	ㄴ	ㄷ	ㄹ	ㅁ	ㅂ	ㅅ
남한	기역	니은	디귿	리을	미음	비읍	시옷
북한	기윽	니은	디읃	리을	미음	비읍	시읏

자모	ㅇ	ㅈ	ㅊ	ㅋ	ㅌ	ㅍ	ㅎ
남한	이응	지읒	치읓	키읔	티읕	피읖	히읗
북한	이응	지읒	치읓	키읔	티읕	피읖	히읗

자모	ㄲ	ㄸ	ㅃ	ㅆ	ㅉ
남한	쌍기역	쌍디귿	쌍비읍	쌍시옷	쌍지읒
북한	된기윽	된디읃	된비읍	된시읏	된지읒

남한은 《훈몽자회》 이래의 전통적인 이름을 그대로 따르고 있고 북한은 전통적인 이름 가운데 불규칙한 것들을 규칙화했다. 또 경음자를 남한은 글자 모양을 기준으로 같은 글자가 두 번 쓰였다는 뜻의 '쌍(雙)'을 붙여 명명하고 있는데 북한은 발음을 기준으로 '된소리'라는 뜻의 '된'을 붙여 명명하고 있다.

7.5. ① 삯일→삭일→삭닐→[상닐], 여덟아홉→여덜아홉→[여더라홉], 값어치→갑어치→[가버치], 까닭 없이→까닥 업씨→[까다겁씨]: 체언말자음군이 조사나 접미사가 아닌 '일, 아홉, 없이' 앞에서 단일자음으로 바뀌어 발음된다. '-어치'는 접미사이지만 체언말자음군이 단일자음으로 바뀌게 만드는 예외이다.

② ㄱ체언으로 변한 '닭, 흙'을 '닥, 닥이, 닥을, 닥도, 닥까지, 닥만', '흑, 흑이, 흑을,

흑도, 흑까지, 흑만'과 같이 표기한다면 발음과 표기가 규칙적으로 대응한다는 장점이 있다. 그러나 여기에 쓰인 체언이 닭과 흙을 뜻한다는 것을 보여 주는 시각적 효과가 약화되는 단점이 있다. 독해의 편의를 생각하면 발음의 변화와 무관하게 표기를 당분간 '닭, 흙'으로 유지하는 것이 좋을 것이다. 그러나 세월이 흐른 뒤 언젠가는 발음과 일치하는 '닥, 흑'으로 표기를 바꾸는 것이 더 편리할 수 있을 것이다.

7.6. ①

언어	종류	단독형	이/가	만
표준어	ㅍ체언	무릎[무릅]	무릎이[무르피]	무릎만[무름만]
현실어	ㅂ체언	무릅[무릅]	무릅이[무르비]	무릅만[무름만]

② 표기에서 '빗, 빚, 빛'을 그대로 유지한다면 문어를 통한 의사소통에서는 혼동이 없을 것이다. 그러나 구어에서는 이 세 단어가 어쩔 수 없이 동음어가 되어 의사소통에 혼란이 생길 수 있다. 예를 들어 "빗이/빚이/빛이 없이 생활하는 것이 가능할까?"와 같은 문장에서 '빗이, 빚이, 빛이'를 모두 [비시]로 발음하게 되어 '빗, 빚, 빛' 중 어느 단어가 쓰인 것인지를 알 도리가 없다. 그렇지만 이 세 단어가 쓰인 문맥이 세 단어를 구별해 주는 경우가 많다. 예를 들어 "빗에 머리카락이 묻어 있다.", "갚아야 할 빚이 있다.", "창문으로 밝은 빛이 들어온다."와 같은 문장들에서는 '빗, 빚, 빛'을 '빗'처럼 발음하더라도 문맥 때문에 혼동의 염려가 없다. '배(인체), 배(교통수단), 배(과일)' 같은 동음어처럼 '빗, 빚, 빛'이 동음어가 되어도 의사소통에 큰 불편을 주지 않을 가능성이 있는 것이다.

7.7. ①

'번'의 발음	예
[번]	한 번, 두 번, 세 번, 네 번
[뻔]	다섯 번, 여섯 번, 일곱 번, 여덟 번, 아홉 번, 열 번

[번]은 '한~네' 뒤에, [뻔]은 '다섯~열' 뒤에 나타나므로 수의 크기에 따라 두 발음이 구별되는 것처럼 보일 수도 있다. 그러나 [번]의 앞말은 [ㄴ]이나 모음으로 끝나고 [뻔]의 앞말은 [ㄴ] 이외의 자음으로 끝난다고 하는 것이 정확하다. '다섯 [다섣], 여섯 [여섣], 일곱, 아홉' 뒤에서 [뻔]으로 발음되는 것은 폐쇄음 뒤의 경음화(9.7절)이다. '여덟 [여덜], 열 [열]' 뒤에서 [뻔]으로 발음되는 것은 본문에 제시된 바와 같이 '여덟, 열' 뒤에서 수식을 받는 명사의 두음이 경음화된다는 특별한 규칙 때문이다.

② '한 명, 두 명, 세 명' 식으로 계속 세어 나가면 '삼백일흔두 명'이 정상적인 표현이다. '300'은 '삼백'이라고 말하는 수밖에 없지만 '72'에 대한 '한 명, 두 명, 세 명'과 같은 계열을 이루는 표현은 '일흔두 명'인 것이다(고유어계 수사). 그런데 '70'처럼 큰 수를 고유어계 수사로 '일흔'이라고 하기보다 한자어계 수사를 써서 '칠십'이라고 하는 것이 더 편리한 면이 있다. 70이 7과 10의 곱이라는 수학적 관계는 '칠, 십, 칠십' 같은 한자어계 수사에서 분명히 나타나고 '일곱, 열, 일흔' 같은 고유어계 수사에서는 불분명하기 때문이다. 그래서 '삼백칠십사 명'이 금방 떠오르는 표현이기 쉽다. 그리고 '삼백칠십네 명'은 '삼백일흔네 명'과 '삼백칠십사 명'이 뒤섞인 표현이다. '네 명'은 많이 쓰이는 표현이므로 입에 익어 있지만 '70명'은 '일흔 명'보다 '칠십 명'이 더 편리하므로 '74명'을 '칠십네 명'이라 말할 수 있다. 세 가지 표현 중 '삼백칠십사 명'이 가장 많이 쓰이고 나머지 두 표현은 비교적 덜 쓰인다. 방송에서 아나운서들은 의식적으로 '삼백일흔네 명'이라는 표준적인 표현을 쓴다.

8.1. ①

활용형과 그 발음	용언+어미(+어미+……)
오는[오는]	오-+-는
올[올]	오-+-을
왔다[왇따]	오-+-었-+-다
오시었다[오시얻따] / 오셨다[오셛따]	오-+-으시-+-었-+-다

② 간: 가-(집에 간 사람), 갈-(칼을 간 사람)

가셨다: 가-(할아버지께서 잔치에 가셨다.), 갈-(할아버지께서 칼을 가셨다.), 가시-(아픔이 가셨다.)

가지는: 가-(혼자 가지는 않을 것이다.), 가지-(관심을 가지는 이유)

기운: 깁-(여러 군데를 기운 옷), 기울-(대세는 기운 것 같다.)

알려: 알-(더 자세히 알려 하지는 마.), 알리-(나한테도 꼭 알려.)

자라고: 자-(잠을 자라고 한다.), 자라-(나무가 잘 자라고 있다.)

8.2. ① ㅁ어미 '-ㅂ니다'는 모음이나 [ㄹ] 뒤에 나타난다. ㅅ어미 '-습니다'는 [ㄹ] 이외의 자음 뒤에 나타난다.

② 동사 '하-'의 활용형 '할, 할까, 할수록, 하라, 하려고, 하리라'에 대응하는 동사 '잡-'의 활용형은 '잡을, 잡을까, 잡을수록, 잡으라, 잡으려고, 잡으리라'이다. 여기에 쓰인 어미들은 매개모음 'ㅡ'를 가질 수 있는 매개모음어미이며 기본형은 각각 '-을, -을까, -을수록, -으라, -으려고, -으리라'이다.

8.3. ①

어미	활용형의 예	형태	
		표기	발음
-었-	갔다[갇따], 갔어[가써]	ㅆ	[ㄷ], [ㅆ]
	먹었다[머걷따], 먹었어[머거써]	었	[얻], [었]
	놓았다[노앋따], 놓았어[노아써]	았	[앋], [았]

② '{가-}+{-어서}→가-아서→가서'에서 '가서'의 첫음절 모음 [ㅏ]가 용언에 속하는지 어미에 속하는지 불분명하다. 1안은 용언에 속하는 것으로, 2안은 어미에 속하는 것으로 본다. (본문에서는 1안을 따랐다.) 또 '{크-}+{-으면}→크면'에서 '크면'의 첫음절 모음 [ㅡ]도 용언에 속하는지 어미에 속하는지 불분명하다. 1안은 용언에 속하는 것으로, 2안은 어미에 속하는 것으로 본다. (본문에서는 2안을 따랐다.) 한편 '{가-}+{-으면}→가면'과 '{크-}+{-어서}→커서'에서는 첫음절 모음이 용언에 속하는지 어미에 속하는지가 분명하다. 전자의 [ㅏ]는 용언에, 후자의 [ㅓ]는 어미에 속한다.

8.4. ① 굽-(허리가): "늙으면 허리가 굽는다."이므로 동사.
낡-: "세월이 흐르면 건물이 낡는다."이므로 동사.
늙-: "고생을 많이 하면 늙는다."이므로 동사.
젊-: "나는 아직도 젊다."이므로 형용사.
모자라-: "돈이 천 원이 모자란다."이므로 동사.
부족하-: "돈이 천 원이 부족하다."이므로 형용사.

② '-었-'은 '-어 있->-엤->-었-'과 같이 발달했고 '-겠-'은 '-게 해 있->-게 했->-겠-'과 같이 발달했다. 그러므로 두 어미의 말음 [ㅆ]은 형용사 '있-'의 흔적이다. 형용사 '있-'에 {-는다}, {-는구나}가 붙으면 '있다, 있구나'가 된다. '-었-, -겠-' 뒤에 {-는다}, {-는구나}가 붙을 때에도 '-었다, -겠다, -었구나, -겠구나'가 된다. '-었-, -겠-' 앞에 동사가 있더라도 '-었는다, -겠는다, -었는구나, -겠는구나'가 되지 않는다. 동사 바로 뒤에는 '-는다, -는구나'가 쓰이지만 그 사이에 '-었-, -겠-'이 끼어들면 '-다, -구나'가 쓰인다. '-었-, -겠-' 속에 숨어 있는 형용사 '있-'의 흔적이 계속 '-다, -구나'를 요구하는 것이다.

8.5. ① '꿉-'은 규칙용언이다. '꿉-'의 활용양상은 중앙어의 규칙용언 '굽-[1]'과 같다. ㅂ불규칙용언의 말음은 15세기에 [ㅸ]이었는데 중앙어에서는 모음 사이의 'ㅸ>w'의 변화로 '구버>구워'가 되었고 경상방언에서는 모음 사이의 'ㅸ>ㅂ'의 변화로 '구버>구버'가 되었다. 즉 15세기의 ㅂ용언과 ㅸ용언은 중앙어에서 각각 ㅂ규칙용언과 ㅂ불규칙용언이 되었는데 경상방언에서는 둘 다 ㅂ규칙용언이 된 것이다.

② '크-어, 담그-어'가 각각 '커, 담가'가 되는 것은 ㅡ탈락이라는 규칙적인 음운현상

의 결과로 설명된다. 9.17절의 용언말음 ㅡ탈락 참조. 그리고 이들을 ㅡ불규칙용언으로 보면 ㅡ규칙용언은 존재하지 않는다는 점에서 불합리하다.

'알-으시-고, 만들-으시-고'가 각각 '아시고, 만드시고'가 되는 것은 ㄹ탈락이라는 규칙적인 음운현상의 결과로 설명된다. 9.11절의 ㄹ탈락 참조. 그리고 이들을 ㄹ불규칙용언으로 보면 ㄹ규칙용언은 존재하지 않는다는 점에서 불합리하다.

8.6. ① 체언말음으로 쓰이지 않는 단일자음: [ㄷ, ㅃ, ㄸ, ㅉ, ㅆ, ㅎ]

용언말음으로 쓰이지 않는 단일자음: [ㅃ, ㄸ, ㅋ, ㅉ, ㅇ]

공통적으로 쓰이지 않는 단일자음은 [ㅃ, ㄸ, ㅉ]이다. 모두 경음이다.

② 《표준국어대사전》에 실린 1음절~3음절 ㅊ용언, ㅆ용언, ㄴ용언은 다음과 같다.

ㅊ용언: 맟-('마치다(끝마치다)'의 준말), 믳-('미치다(영향을)'의 준말), 좇-, 쫓-, 내쫓-, 뉘웇-('뉘우치다'의 준말), 다좇-(다급히 좇다), 다좇-('다좇치다'의 준말), 되쫓-, 뒤쫓-, 들쫓-, 붙좇-, 내려쫓-, 내리쫓-.

ㅆ용언: 있-, 값있-, 뜻있-, 맛있-, 멋있-, 빛있-, 재밌-, 가만있-, 관계있-, 다기있-, 상관있-, 재미있-, 지멸있-.

ㄴ용언: 논-('노느다'의 준말), 문-('무느다'의 준말), 신-, 안-, 껴안-, 꿰신-, 끌안-, 덧신-, 떠안-, 붙안-, 싸안-, 가로안-, 거머안-, 걷어안-, 곧추안-, 그러안-, 끌어안-, 받아안-, 부여안-, 쓸어안-, 얼싸안-, 지르신-

현실어에서 잘 쓰이지 않는 준말들을 제외하면, ㅊ용언은 '좇-, 쫓-'과 그것이 참여한 복합어들이고, ㅆ용언은 '있-'과 그것이 참여한 복합어들이며, ㄴ용언은 '신-, 안-'과 그것이 참여한 복합어들이다. 단순어만 따지면 수가 매우 적다는 것이 특징이다.

8.7. ①

종류	예	활용형의 발음		
		-고	-으면	-어
ㄺ용언	맑-	[말꼬]	[말그면]	[말가]
ㄼ용언	떫-	[떨꼬]	[떨브면]	[떨버]
ㅀ용언	닳-	[달코]	[다르면]	[다라]

② 이들에 대한 《표준국어대사전》의 어원 표시는 다음과 같다.

괜찮-: 【←괜 [<空然] +하-+-지+아니-+하-】

귀찮-: 【←귀[<貴]+하-+-지+아니+하-】

하찮-: 【←*하-[<하다〈용가〉]+-지+아니+하-】

만만찮-: 【←만만+하-+-지+아니+하-】

시원찮-: 【←시원+하-+-지+아니+하-】

'하찮-'은 《용비어천가》에 처음 등장하는 '하-'('많다'를 뜻함)에 -지 아니하-'가 붙은 구조에서 유래했다는 뜻이다.

'편찮-'의 어원정보는 《표준국어대사전》에 나와 있지 않으나 【←편(便)+하-+-지+아니+하-】와 같은 어원 표시가 가능할 것이다. 이들의 말자음군 [ㄶ]은 모두 '않-(←아니+하-)'의 말자음군 [ㄶ]에서 유래한 것이다.

8.8. ①

용언	어미 '-어'가 붙은 활용형	
	본말	준말
쬐-	쬐었다 [쮀얻따/쮀엳따]	쬈다 [쮇따]
꿰-	꿰었다 [꿰얻따/꿰엳따]	꿨다 [꿛따]

② '(눈에) 띄어, (귀신이) 씌어, (얼굴이) 희어' 등의 활용형을 각각 [떠], [쎠], [혀]로 발음할 수 있고, '여의어'를 [여여]로 발음할 수도 있다는 뜻이다. 물론 이 준말들을 맞춤법에 맞게 표기할 방법은 없다.

8.9. ①

용언 / 어미	섧-		아니꼽-	
-고	섧고	섧-고	아니꼽고	아니꼽-고
-으면	설우면	설우-면	아니꼬우면	아니꼬우-면
-어	설워	설w-어	아니꼬워	아니꼬w-어

② '뵈다²'와 '뵙다'는 동일한 단어인데 서로 다른 단어인 것처럼 표제어로 수록한 것부터 잘못되었다. 둘을 합쳐 한 표제어로 수록해야 한다. 둘의 활용양상을 분석하면 이 사실을 확인할 수 있다.

첫째, '뵈다²'의 활용정보란에 모음어미 활용형 '뵈어/봬'와 매개모음어미 활용형 '뵈니'가 제시되어 있는 데는 문제가 없다. 그런데 '뵈다²'의 예문에 쓰인 활용형 '뵈면, 뵐, 뵈러, 뵈려던'은 모두 매개모음어미 활용형이고 자음어미 활용형이 제시되어 있지 않은 점이 수상하다. 한편 '뵙다'의 예문에 쓰인 활용형 '뵙게, 뵙고자, 뵙는'은 모두 자음어미 활용형이다. '뵙다'의 문법정보란에 '((자음 어미와 결합하여))'라고 표시한 대로이다. '뵈다²'의 자음어미 활용형이 제시되지 않고 '뵙다'의 모음어미 활용형과 매개모음어미 활용형이 제시되지 않은 것이 우연한 일치인 듯 보일 수 있다. 그러나 이것은 한 단어 '뵙-'을 활용형의 종류에 따라 '뵈다²'와 '뵙다'로 잘못 분리해 놓은 결과이다.

둘째, '뵙다'에 대해 '뵈다²'보다 더 겸양하는 뜻을 나타낸다고 한 것은 근거가 전혀 없다. 예문에 쓰인 활용형들 '뵈면, 뵐, 뵈러, 뵈려던'과 '뵙게, 뵙고자, 뵙는'은 겸양의 뜻이 더하거나 덜한 차이가 없다.

결국 표제어는 '뵙다' 하나만 싣고 '뵈다²'에 들어 있는 내용을 '뵙다'와 통합하면 문제가 해소된다.

8.10. ① 요즘 체중이 계속 붇고 있다. / 체중이 5kg만 더 불으면 다이어트를 시작해야겠다. / 체중이 불어서 옷이 맞을지 걱정이다.

② ㄷ불규칙용언 '묻-²(길을)'에 어미 '-으면'이 결합한 활용형을 '물-으면'으로 형태분석하면 ㄹ규칙용언 '물-'과 어미 '-으면'이 결합한 활용형 '물-으면'처럼 —탈락이 일어나게 된다. 그러면 '(길을) 물으면'이라는 옳은 형태 대신 '(길을) 물면'이라는 잘못된 형태가 도출된다. 잘못된 형태의 도출을 막기 위해 매개모음어미 앞에 쓰이는 '묻-²'의 형태를 '무르-'로 보아 '무르-으면→[무르면]'으로 기술하는 것이다. 맞춤법에 따른 표기 '물으면'을 형태분석하면 '물으-면'이 된다.

8.11. ① 자음어미나 매개모음어미가 붙을 때는 모두 '이르고, 이르면'처럼 활용형이 같다. 모음어미가 붙을 때는 각각 '일러, 일러, 이르러'가 되어 '이르-¹'과 '이르-²'는 같고 '이르-³'은 다르다. '이르-¹'과 '이르-²'는 똑같이 르불규칙용언1이기 때문에 활용형들이 모두 같은 반면 '이르-³'은 르불규칙용언2이기 때문에 모음어미 활용형에서 이 둘과 차이가 난다.

②

용언 / 어미	본말			준말		
	머무르-	서두르-	서투르-	머물-	서둘-	서툴-
-고	머무르고	서두르고	서투르고	머물고	서둘고	서툴고
-으면	머무르면	서두르면	서투르면	머물면	서둘면	서툴면
-어	머물러	서둘러	서툴러	머물어(×)	서둘어(×)	서툴어(×)

준말 '머물-, 서둘-, 서툴-'에 모음어미가 붙은 활용형 '머물어, 서둘어, 서툴어' 등은 표준어로 인정되지 않는다.

8.12. ① '핸다, 해구, 해지'는 자음어미 활용형, '해니까, 해면'은 매개모음어미 활용형, '해서, 했다'는 모음어미 활용형이다. 용언의 형태가 모두 '해-'이므로 기본형이 '해-'가 되고 ㅐ규칙용언(=ㅐ용언)이 된다.

② 현실어에서 '하여, 하여요'는 다음과 같이 종결형으로 쓰이지 않는다. 종결형으로는 '해, 해요'만 가능하다. 국어사전이나 표준어 규정에 종결형 '하여, 하여요'가 쓰이지 않는다는 기술이 없으므로 이들도 표준어이다.

• 그 제안에 너도 찬성하여?(×) — 응, 나도 찬성하여.(×)

• 그 제안에 영수 씨도 찬성하여요?(×) — 예, 저도 찬성하여요.(×)

8.13. ① ㅎ규칙용언 '좋으면 [조으면], 좋아 [조아]'를 참고하면 '노랗-'도 '노랗으면 [노라으면], 노랗아 [노라아]'가 될 것이다.

②

어미 / 용언	-고	-으면	-는다/ㄴ다/다	-ㅂ니다/습니다
그러-	그러고	그러면	그런다	그럽니다
그렇-	그렇고	그러면	그렇다	그렇습니다
그리하-	그리하고	그리하면	그리한다	그리합니다
그러하-	그러하고	그러하면	그러하다	그러합니다

어미 '-는다/ㄴ다/다'를 붙일 때는 '그러-, 그리하-'가 동사이고 '그렇-, 그러하-'가 형용사임을 고려해야 한다. 동사에는 '-는다/ㄴ다'가 붙고 형용사에는 '-다'가 붙기 때문이다(8.4절 참조).

9.1. ① 잎→[입]: 대치 / 설+날→[설랄]: 대치 / 넓-다→[널따]: 탈락과 대치 / 떼-어→[떼]: 탈락

② 잎→[입]: 종성에서 유기폐쇄음 [ㅍ]이 평폐쇄음 [ㅂ]으로 바뀌는 음운현상이다. 이것을 평폐쇄음화라 부른다. 9.3절 참조.

[입]→[ip˺]: 종성에서 평폐쇄음 [ㅂ]이 불파폐쇄음 [p˺]로 바뀌는 현상이다. 이것을 불파음화라 부른다. 불파음화는 [ㅂ]→[p˺]와 같이 기술할 수도 있고 [ㅂ]의 기본변이음을 [p]로 잡아 [p]→[p˺]와 같이 기술할 수도 있다.

불파음화를 어떻게 기술하든 불파음화와 평폐쇄음화는 둘 다 대치에 속하는 음운현상이라는 점이 같다. 그러나 평폐쇄음화 등 본문에서 제시한 대치는 어떤 음소가 다른 음소로 바뀌는 음운현상인 데 반해 불파음화는 어떤 음소가 어떤 변이음으로 실현되는지에 관한 음운현상이라는 점이 다르다.

불파음화와 같은 변이음의 실현에 관한 음운현상을 인정하지 않는 견해도 있다. 이 견해에 따르면 음소와 변이음의 관계를 "변화"로 기술하지 않고 "대응관계"로 기술한다. 예를 들어 음소 [ㅂ]이 종성으로 나타날 때의 변이음은 [p˺]라고만 기술하고 [ㅂ]이 [p˺]로 바뀐다고 기술하지 않는다.

9.2. ① 일+년→[일련]: [ㄹ] 때문에 [ㄴ]이 [ㄹ]로 바뀌었으므로 동화이다.

막+일→막닐→[망닐]: [ㄴ]이 첨가된 것은 동화가 아니다. 그 후에 [ㄱ]이 비음 [ㄴ] 때문에 비음 [ㅇ]으로 바뀐 것은 동화이다.

맑-다→맑따→[막따]: [ㄱ] 뒤에서 [ㄷ]이 [ㄸ]으로 바뀌었고 종성 자음군 중 [ㄹ]이 탈락했다. 둘 다 동화가 아니다.

② 읽-는→[잉는]: '읽-는'에서 [ㄹ]이 탈락한 것은 동화가 아니다. [ㄱ]이 비음 [ㄴ] 때문에 비음 [ㅇ]으로 바뀐 것이 동화이다. 이 동화는 동화음 [ㄴ]이 뒤에 있고 피동화음 [ㄱ]이 앞에 있으므로 역행동화이다. 동화음과 피동화음이 [ㅇ]과 [ㄴ]으로서 둘 다 비음이지만 똑같은 분절음이 된 것은 아니므로 부분동화이다. 동화음과 피동화음이 인접해 있으므로 직접동화이다. 동화음과 피동화음이 모두 자음이므로 자음에 의한 자음동화이다.

-ᄃᆞ록>-도록: [ㆍ]가 [ㅗ]로 바뀐 것은 '록'의 모음 [ㅗ] 때문이다. 원순모음 [ㅗ]가 평순모음 [ㆍ]를 원순모음 [ㅗ]로 바꾸었으므로 동화이다(이 음운현상을 원순모음화라 부른다). 동화음 [ㅗ]가 뒤에 있고 피동화음 [ㆍ]가 앞에 있으므로 역행동화이다. 동화음과 피동화음이 [ㅗ]와 [ㅗ]로서 똑같은 분절음이 되었으므로 완전동화이다. 동화음과 피동화음 사이에 [ㄹ]이라는 자음이 끼어 있으므로 간접동화이다. 동화음과 피동화음이 모두 모음이므로 모음에 의한 모음동화이다.

9.3. ① [ㅃ, ㄸ]이 말음인 형태소가 없다. 그래서 [ㅃ, ㄸ]은 종성에 놓이는 경우가 없고 평폐쇄음화가 일어나는 예도 없다.

② [ㅈ, ㅉ, ㅊ]의 평폐쇄음화를 종성의 경구개파찰음 [ㅈ, ㅉ, ㅊ]이 치조폐쇄음 [ㄷ]으로 바뀌는 것으로 기술하게 된다. 이것은 두 가지 변화가 동시에 일어나는 현상이다. 하나는 파찰음이 평폐쇄음으로 바뀌는 것(평폐쇄음화)이고 또 하나는 경구개음이 치조음으로 바뀌는 것(치조음화)이다. 즉 [ㅈ, ㅉ, ㅊ]이 평폐쇄음화되는 동시에 치조음화된다고 기술하게 된다. 평폐쇄음화는 본질적으로 조음방식의 변화인데 [ㅈ, ㅉ, ㅊ]의 경우에는 조음위치의 변화를 수반한다고 부연하게 되어 평폐쇄음화의 기술이 다소 부자연스러워지고 복잡해진다.

9.4. ① 폐쇄음의 비음화는 'ㅂ→ㅁ'과 'ㄷ→ㄴ'과 'ㄱ→ㅇ'의 세 가지로 나타난다. 셋 다 조음위치의 변화는 없고 조음방식만 '폐쇄음→비음'으로 바뀐다.

② 합성명사의 형성: 국+물→[궁물], 꽃+말→꼳말→[꼰말], 벽+난로→[병날로], 윷+놀이→윧노리→[윤노리]

합성동사의 형성: 겉+늙다→걷늙따→[건늑따], 끝+나다→끋나다→[끈나다], 도둑+맞다→[도둥맏따], 멋+모르다→먿모르다→[먼모르다]

주어와 서술어의 연결: 겁 많다→[검만타], 싹 나다→[쌍나다], 월급 나오다→[월금나오다], 흙 묻다→[흥묻따]

목적어와 서술어의 연결: 밥 먹다→[밤먹다], 벼락 맞다→[벼랑맏따], 속 모르다→[송모르다], 작업 나가다→[자검나가다]

9.5. ① 군량(軍糧), 변량(變量), 분량(分量), 잔량(殘量), 전량(全量): '량'은 모두 [량]으로 발음된다. 앞음절의 종성 [ㄴ]은 '군량→[굴량]과 같이 모두 [ㄹ]로 바뀐다(역행적 유음화).

발전량(發電量), 불변량(不變量), 생산량(生産量), 평균량(平均量): '량'은 모두 [냥]

으로 발음된다. '량'의 초성 [ㄹ]이 '발전량→[발쩐냥]과 같이 모두 [ㄴ]으로 바뀐다('ㄹ'의 비음화).

② 역행적 유음화가 일어나려면 앞말의 종성이 [ㄴ]이고 뒷말의 초성이 [ㄹ]이어야 한다. 고유어에서 두음이 [ㄹ]인 단어는 '리을' 하나뿐이다. 말음이 [ㄴ]인 말 뒤에 '리을'이 붙은 단어는 없다. "갈겨쓴 리을 자가 새처럼 보인다." 같이 단어와 단어 사이에서는 역행적 유음화가 일어나지 않는다. 즉 [갈겨쓸리을짜가]로 발음하지 않고 [갈겨쓴니을짜가] 또는 [갈려쓴 리을짜가]로 발음한다. 그리고 체언과 조사의 연결, 용언과 어미의 연결에서 역행적 유음화가 일어나려면 ㄹ조사, ㄹ어미가 있어야 하는데 그런 조사와 어미는 없다. 그러므로 [ㄴ]과 [ㄹ]이 만나는 환경이 고유어에서는 만들어지기 어려워 역행적 유음화 예를 찾기 어려운 것이다.

9.6. ① 빗금 왼쪽은 표준발음이고 오른쪽은 조음위치동화가 일어난 발음이다(음장은 무시함): 신문 [신문/심문], 거짓말 [거진말/거짐말], 진면목 [진면목/짐멷목] / 꽃밭 [꼳빧/꼽빧], 손바닥 [손빠닥/솜빠닥], 단팥빵 [단팓빵/담팝빵] / 인간 [인간/잉간], 잠깐 [잠깐/장깐], 삿갓구름 [삳깓꾸름/삭깍꾸름] / 갔거든 [갇꺼든/각꺼든], 낮구나 [낟꾸나/낙꾸나], 웃긴다 [욷낀다/욱낀다]

② 우선 전설음이 피동화음일 때 양순음과 후설음이 동화음이 된다. 그러므로 셋 중에서 전설음의 강도가 가장 약하다. 그리고 양순음이 피동화음일 때 후설음이 동화음이 되므로 후설음의 강도가 가장 강하다. 따라서 강도가 강한 순서로 나열하면 '후설음>양순음>전설음'이 된다.

9.7. ① 맑-고→[말고] / 넓-고→[널고] / 앉-고→[안고] / 핥-고→[할고]. 이러한 발음은 정상적인 발음이 아니므로 자음군단순화가 일어나기 전에 폐쇄음 뒤의 경음화가 일어난다고 기술할 수밖에 없다.

② 체언과 조사가 결합할 때(돈+도, 사람+과, 감동+조차), 그리고 단어와 단어가 이어질 때는(그런 사람, 물론 바쁘다, 금방 가다, 시험 잘 보다) 비음 뒤에서 경음화가 일어나지 않는다. 그러므로 경음화의 환경이 되는 비음을 "용언어간말"의 비음으로 한정해야 한다.

9.8. ① 옷감 [옫깜]: 폐쇄음 [ㄷ] 뒤에서 [ㄱ]이 경음화되었다. / 땔감 [땔깜]: 동사 '때-(불을 때다)'에 관형사형어미 '-을'이 붙은 관형사형 '땔' 뒤에서 수식받는 명사 '감'의 두음이 경음화되었다. 관형사형과 명사가 결합해 한 단어로 굳었다. / 먹성 [먹썽]: 폐쇄음 [ㄱ] 뒤에서 [ㅅ]이 경음화되었다. / 참을성 [차믈썽]: 동사 '참-'에 관형사형어미 '-을'이 붙은 관형사형 '참을' 뒤에서 수식받는 명사 '성(性)'의 두음이 경음화되었다. 관형사형과 명사가 결합해 한 단어로 굳었다.

② (1) '울듯'은 동사 '울-'에 어미 '-듯'이 바로 붙으면서 경음화가 일어나지 않아 [울듣]으로 발음된다. / '울 듯'의 '울'은 동사 '울-'에 관형사형어미 '-을'이 붙은

관형사형이므로 수식받는 의존명사 '듯'의 두음이 경음화되어 [울뜯]으로 발음된다.

(2) '죽(粥)을' 뒤에서 '준비'의 두음이 경음화되지 않는다. / 동사 '죽-'에 관형사형 어미 '-을'이 붙은 관형사형 '죽을'이 명사 '준비'를 수식하면 '준비'의 두음이 경음화되어 [주글쭌비를 하다]로 발음할 수 있다. '죽을'과 '준비를' 사이를 굳이 띄어서 발음하면 경음화 없이 [주글 준비를 하다]로 발음할 수도 있을 것이다.

9.9. ① 금메달감 [금메달깜], 나잇값 [나이깝], 일거리 [일꺼리], 해장국 [헤장꾹], 사양길 [사양낄], 구김살 [구김쌀], 조명발 [조명빨]: 명사 뒤에 '감, 값, 거리, 국, 길, 살, -발'이 붙어 합성어와 파생어를 형성하면서 사이시옷이 끼어들어 경음화가 일어난다.

② '이슬비 [이슬비]'에서 '비'에 대한 '이슬'의 의미는 '모양'이다. 비의 모양이 이슬 같다는 것이다. 모양의 의미관계일 때는 사이시옷이 끼어들지 않는다. / '가을비 [가을삐]'에서 '비'에 대한 '가을'의 의미는 '시간'이다. 가을에 내리는 비라는 뜻이다. 시간의 의미관계일 때는 사이시옷이 끼어든다. / '불고기 [불고기]'에서 '고기'에 대한 '불'의 의미는 '수단'이다. 고기를 요리하는 수단이 불이라는 것이다. 수단의 의미관계일 때는 사이시옷이 끼어들지 않는다. / 물고기 [물꼬기]'에서 '고기'에 대한 '물'의 의미는 '장소'이다. 고기가 사는 장소가 물이라는 것이다. 장소의 의미관계일 때는 사이시옷이 끼어든다. 이와 같이 의미관계에 따라 사이시옷이 끼어들고 끼어들지 않는 규칙은 대부분의 합성명사에 성립한다. 그렇지만 그 규칙성이 완전하지는 않아서 일부 예외도 있다.

9.10. ① 모음어미가 붙으면 동음형태가 된다. 예를 들어 '끌-, 끓-'에 어미 '-어'가 붙은 '끌어, 끓어'는 발음이 똑같이 [끄러]이다. '알-, 앓-'에 어미 '-어'가 붙은 '알아, 앓아'의 발음도 [아라]로 같다. 두 경우 모두 용언어간말 ㅎ탈락 때문에 동음형태가 만들어진다.

② 2음절 한자어에서 모음 뒤의 [ㅎ]이 탈락한다: 기회(機會)→[기웨], 도형(圖形)→[도영], 유희(遊戲)→[유이], 호화(豪華)→[호와].

'~하다' 동사에서 '하'의 [ㅎ]이 유음 뒤에서 탈락한다: 말하다→[마라다], 손질하다→[손지라다], 초월하다→[초워라다], 흔들흔들하다→[흔드른드라다]

'체언+조사+동사'의 구조에서 '하-' 이외의 동사의 두음 [ㅎ]이 탈락한다: 손을 흔들다→[소느른들다], 일을 해치우다→[이르레치우다], 입이 헐다→[이비얼다], 시험에 합격하다→[시어메압껴카다]

9.11. ① 만든: 매개모음어미 '-은' / 만든다: ㄴ어미 '-ㄴ다' / 만듭니다: ㅁ어미 '-ㅂ니다' / 만듭디다, 만듭시다: ㅂ어미 '-ㅂ디다, -ㅂ시다'

② 주어진 예들은 합성어와 파생어 형성에서 [ㄴ] 앞의 [ㄹ]이 탈락한 예들이다. 이

러한 합성어와 파생어에서 공시적으로 ㄹ탈락이 일어난다고 기술하게 되면 다음과 같이 ㄹ탈락이 일어나지 않는 합성어와 파생어를 설명하지 못하는 문제가 생긴다: 과일+나무→[과일라무], 귤+나무→[귤라무], 땔+나무→[땔라무], 떡갈+나무→[떡깔라무], 박달+나무→[박딸라무], 사철+나무→[사철라무], 화살+나무→[화살라무] / 달+님→[달림], 별+님→[별림], 보살+님→[보살림], 호걸+님→[호걸림] / 길+눈→[길룬], 달+나라→[달라라], 설+날→[설랄], 실+낱→[실랃], 줄+넘기→[줄럼끼]. 그러므로 합성어와 파생어에서의 ㄹ탈락은 현대한국어의 공시적 음운현상으로 인정할 수 없다. 문제에 제시된 단어들에서의 ㄹ탈락은 과거에 이미 일어난 흔적이 남은 것으로 보는 것이 옳다.

9.12. ① 전라방언에서는 'ㄺ→ㄱ', 'ㄼ→ㅂ'이고, 경상방언에서는 'ㄺ→ㄹ', 'ㄼ→ㄹ'이다. 전라방언에서는 뒷자음 또는 폐쇄음이 남고 경상방언에서는 앞자음 또는 [ㄹ]이 남는다.

② [ㄳ, ㄽ, ㅄ]에서 [ㅅ]이 탈락하므로 [ㅅ]은 [ㄱ, ㅂ, ㄹ]보다 강도가 약하다.

[ㄼ, ㄾ, ㅀ]에서 [ㄹ]이 남으므로 [ㄹ]이 [ㅂ, ㅌ, ㅎ]보다 강도가 강하다.

[ㄿ]에서 [ㄹ]이 탈락하므로 [ㅍ]이 [ㄹ]보다 강도가 강하다.

체언말자음군 [ㄺ]에서는 [ㄱ]이 남고 용언말자음군에서는 어미의 종류에 따라 [ㄹ]이 남기도 하고 [ㄱ]이 남기도 하므로 [ㄹ]과 [ㄱ]은 강도가 비슷하다.

[ㄵ, ㄶ, ㄻ]에서 [ㄴ, ㅁ]이 남으므로 [ㄴ, ㅁ]이 [ㅈ, ㅎ, ㄹ]보다 강도가 강하다.

이들을 종합하면 [ㄴ, ㅁ, ㅍ]이 강도가 가장 강하고 그 다음은 [ㄹ, ㄱ], 그 다음은 [ㅂ, ㅌ, ㅎ], 그 다음은 [ㅅ]이다. 강도를 서로 비교할 수 없는 경우도 있으므로 더 세밀한 강도 순서를 말하기는 어렵다. 자음의 종류를 고려하면 대체로 비음의 강도가 가장 강하고 폐쇄음은 중간이고 마찰음의 강도가 가장 약하다고 할 수 있을 것이다.

9.13. ① '성+여사' 구조의 표현들에 대한 발음은 사람마다 다르다. 현실어의 대체적인 발음은 '길 여사 [길려사], 김 여사 [김녀사], 박 여사 [바겨사], 신 여사 [신녀사], 엽 여사 [여벼사], 정 여사 [정녀사]'인 듯하다. 즉 '박 여사, 엽 여사'만 빼고는 ㄴ첨가가 일어나는 듯하다. 그렇다면 '여사'의 앞자음이 'ㄱ, ㅂ'일 때는 ㄴ첨가가 일어나지 않고 다른 자음일 때는 ㄴ첨가가 일어난다고 할 수 있다. 모든 사람의 발음이 이런 것은 아니므로 자신의 평소 발음과 주변 사람들의 발음을 잘 관찰해 보라.

② 주어진 예들을 검토하면 접미사가 [ㅣ, ㅕ]로 시작하면 ㄴ첨가가 일어나지 않고 [ㅑ, ㅛ, ㅠ]로 시작하면 ㄴ첨가가 일어난다고 할 수 있다. 그렇다면 〈표준 발음법〉 29항은 접미사의 첫음절이 [야, 요, 유]인 경우에 ㄴ첨가가 일어난 발음을 한다고 수정해야 할 것이다. 물론 이와 같은 결정을 내리기 위해서는 주어진 예들 외에도 더 많은 자료들을 정밀히 검토할 필요가 있다.

9.14. ① '점잖지 않다'의 준말이 '점잖잖다'이다.
점잖지 않다→[점잔치안타]: '잖-지'에서 ㅎ+ㅈ→ㅊ, '않-다'에서 ㅎ+ㄷ→ㅌ.
점잖잖다→[점잔찬타]: '잖-잖'에서 ㅎ+ㅈ→ㅊ, '잖-다'에서 ㅎ+ㄷ→ㅌ.
② 잘못된 발음 [달칸테], [여덜파고]는 자음군단순화가 일어나기 전에 유기음화가 일어난 결과이다. 유기음화는 자음군단순화 뒤에 적용되어야 한다는 조건을 달아야 한다. 닭+한테→닥한테→[다칸테]. 여덟+하고→[여덜하고].

9.15. ① 끄-어→꺼, 트-어→터: 모음어미의 두음을 [ㅓ]로 결정하므로 '끄-, 트-'의 [ㅡ]는 음성모음이다.
부르트-어→부르터, 가냘프-어→가냘프아→가냘파: '부르트-, 가냘프-'의 말음절 [ㅡ]는 모음어미의 두음을 [ㅓ]나 [ㅏ]로 결정하지 못한다. '부르트-'에서는 끝에서 둘째 음절 [르]의 모음 [ㅡ]가, '가냘프-'에서는 끝에서 둘째 음절 [냘]의 모음 [ㅑ]가 [ㅓ]와 [ㅏ]를 결정한다. 그러므로 '부르트-, 가냘프-'의 말음절 [ㅡ]는 중성모음이다. 일반적으로 말해서 단음절 ㅡ용언의 말음 [ㅡ]는 음성모음이고 다음절 ㅡ용언의 말음 [ㅡ]는 중성모음이다.
② 첫째 방안은 용언의 형태를 조정하는 것이다. '곱-², 돕-'에 모음어미가 붙을 때는 용언의 형태가 '고오-, 도오-'라고 보는 것이다. 그러면 '곱-², 돕-'은 ㅂ불규칙용언 가운데 특별한 한 부류를 형성하게 된다. 일반적인 ㅂ불규칙용언인 '굽-²'는 용언의 형태가 '굽-, 구우-'의 두 가지이나 '곱-²'는 '곱-(자음어미 앞), 고우-(매개모음어미 앞), 고오-(모음어미 앞)'의 세 가지라는 점에서 특수하다.
둘째 방안은 모음조화가 적용되는 환경을 조정하는 것이다. 다음과 같이 모음조화의 적용 환경 ④를 추가하는 것이다.

> ④ 자음어미 앞의 형태가 단음절인 ㅂ불규칙용언의 어두음절 모음이 [ㅗ]일 때

자음어미 앞의 형태가 단음절인 ㅂ불규칙용언으로서 어두음절 모음이 [ㅗ]인 것은 '곱-², 돕-'뿐이다.
두 방안 중 어느 쪽이 더 나은 기술인지 말하기 어렵다. 본문의 기술만으로 ㅂ불규칙용언에서의 모음조화를 완전히 기술하지 못하므로 이 두 방안 중 하나를 선택해야 한다는 것은 확실하다.

9.16. ① w반모음화는 모음이 [ㅗ]일 때도 일어나고 [ㅜ]일 때도 일어난다. '보-어→보아→봐, 두-어→둬'에서 보듯이 모음조화 때문에 [ㅗ] 뒤에서는 모음어미의 두음이 [ㅏ]가 되어 w반모음화로 [ㅘ]가 형성되고 [ㅜ] 뒤에서는 모음어미의 두음이 [ㅓ]가 되어 w반모음화로 [ㅝ]가 형성된다. 한편 j반모음화는 모음이 [ㅣ]일 때만 일어난다. [ㅣ]는 음성모음이므로 그 뒤의 모음어미의 두음은 [ㅓ]만 가능하고 [ㅏ]는 불

가능하다. [ㅣㅓ]의 연결에서는 j반모음화로 [ㅕ]만 형성될 수 있다.

② 첫째 방안: 'ㅣㅓ→ㅕ', 'ㅜㅓ→ㅝ', 'ㅗㅏ→ㅘ'는 두 음절이 한 음절로 줄어든다는 관점에서 보면 축약이라 할 수 있다. 즉 음운현상을 음절 단위로 기술하면 축약이라고 보게 된다. 그러나 다른 음운현상들은 분절음 단위로 기술하면서 이 경우만 음절 단위로 기술한다는 점이 문제가 된다.

둘째 방안: [ㅕ, ㅝ, ㅘ] 같은 이중모음을 두 분절음의 연결이 아니라 한 분절음이라고 보는 견해가 있을 수 있다. 그렇게 보면 분절음 단위로 기술하더라도 이 현상을 축약이라고 보게 된다. 그러나 이중모음을 한 분절음으로 보는 견해는 현대 음운이론에서 인정하지 않는다.

9.17. ① 용언말음이 모음이나 [ㄹ]이면 매개모음 [ㅡ]가 나타나지 않는다. 이것을 '가-으면→가면, 서-으면→서면, 오-으면→오면, 만들-으면→만들면'과 같이 매개모음 ㅡ탈락이 일어나는 것으로 기술한다. 그러므로 '끄-으면→끄면, 따르-을까→따를까'에서도 용언말음이 모음이므로 매개모음 ㅡ탈락이 일어나는 것으로 기술하는 것이 합리적이다. 따라서 '끄-으면→끄면'에서 탈락하는 모음은 어미두음 [ㅡ]이다.

② 다음과 같이 기술하게 된다.

닫히-어→닫혀: 닫히 [다치]-어→다쳐→[다처]
붙이-어→붙여: 붙이 [부치]-어→부쳐→[부처]
맞히-어→맞혀: 맞히 [마치]-어→마쳐→[마처]
앉히-어→앉혀: 앉히 [안치]-어→안쳐→[안처]

첫 번째 변화는 용언말음 [ㅣ]와 어미두음 [ㅓ]가 이어져 [ㅕ]가 되는 것이다. 이것은 j반모음화(9.16절)로 기술할 수 있다. 두 번째 변화는 [ㅊ]과 모음 사이에서 반모음 /j/가 탈락하는 것이다. 이것은 파찰음 뒤에 j계 이중모음이 연결되지 못한다는 초중성 연결의 제약(6.3절) 때문에 일어나는 현상이다. 즉 j탈락을 음운현상으로 추가하면 두 단계의 변화를 통해 기술할 수 있다. 본문에서는 ㅣ탈락이라는 한 단계의 변화만 일어나는 것으로 보는 것이 더 단순한 기술이기 때문에 ㅣ탈락으로 기술했다.

10.1. ① 한국한자음의 종성 [ㄹ]은 일본한자음의 'chi /ci/' 또는 'tsu /cɯ/'에 대응하며 중국한자음의 종성 'Ø'에 대응한다. 그래서 한국한자음 종성이 [ㄹ]인 한자는 일본한자음이 2음절이며 중국한자음은 종성이 없다.

② 한국어 문어는 한글로만 표기해도 의사소통에 별 불편함이 없다. 일부 한자어 동음어를 한글로만 적었을 때 혼동의 가능성이 있기는 하지만 자주 나타나는 일은 아니다. 단어의 구조를 쉽게 인식할 수 있게 해 주는 표의적 표기법(다양한 받

침의 사용과 분철표기) 덕분에 한글전용 표기의 가독성은 뛰어나다. 그러므로 한자를 잘 쓰지 않게 되어 굳이 획수를 줄일 필요가 없다.

중국은 오로지 한자로만 표기해야 하는데 전통적인 번체자는 배우기 어렵고 손으로 쓰는 데 시간이 많이 걸리는 단점이 있어서 전 국민이 기초 한자를 모두 익혀 사용하게 하려면 획수를 줄일 필요가 있다. 그래서 상당히 많은 간체자를 새로 만들 수밖에 없다.

일본어 문어는 소리 나는 대로 가나로만 표기하는 것이 가능하기는 하다. 그렇지만 한국어와 달리 소리 나는 대로만 적으면 단어의 구조를 쉽게 인식하기 어렵고 동음어들의 의미 파악이 어려워져 독해가 매우 불편해진다. 가나만으로는 한국어의 표의적 표기 같은 것이 불가능하다. 체언과 용언 등 어휘적인 요소를 한자로 표기하고 조사와 어미, 접미사 등 문법적인 요소를 가나로 표기함으로써 표의적 표기의 효과를 얻을 수 있다. 그러므로 일본어 문어에서는 가나와 한자의 혼용이 독해의 편의를 위해 필연적이다. 한자를 가나와 함께 사용해야 하기 때문에 한자의 획수를 조금 줄일 필요가 있다.

결국 한중일은 한자 사용의 비중이 다른 것이다. 다음 예문을 참고하라.

한국어(한글전용): 달은 인류가 간 적이 있는 유일한 지구 밖 천체이다. (한자 0개)
한국어(국한혼용): 달은 人類가 간 적이 있는 唯一한 地球 밖 天體이다. (한자 8개)
일본어: 月は人類が到達したことのある唯一の地球外天体である。(한자 12개)
중국어: 月球是唯一一个人类曾经登陆过的地外星球。(한자 19개)

한편 한국어의 국한혼용문에서 한자 사용률이 일본어에 가까운 것은 두 언어의 문법과 어휘의 유사성 때문이다.

10.2. ① 임꺽정, 김빛나, 이한샘, 나르샤: 발음이 [임, 정, 김, 나, 이, 한, 나]인 한자는 존재하지만 [꺽, 빛, 샘, 르, 샤]인 한자는 존재하지 않는다. '빛나'와 '한샘'은 고유어를 이용한 작명이다. '나르샤'는 외국어를 한글로 옮긴 것일 수도 있고 15세기 한국어 '나ᄅᆞ샤((하늘을) 나시어)'에 근거한 것일 수도 있다. 임꺽정은 조선 명종 때 실존했던 도둑이다. 《조선왕조실록》에서는 '林巨叱正(임거질정)'으로 표기하고 있다. '꺽'을 표기할 한자가 없으므로 그 대신 '것'으로 표기한 것이 '巨叱(거질)'이다. '꺽정'을 '것정'으로 표기한 것이다. ('叱'은 [질]이라는 발음과 관계없이 한국의 차자표기에서 종성 [ㅅ]을 표기하는 한자로 써 오던 글자이다.)

② 컴퓨터의 〈한글〉 프로그램에서 해당 음절 뒤에 커서를 놓고 'F9' 키 또는 '한자' 키를 누르면 그 발음을 가진 한자의 목록이 팝업창으로 뜬다. 팝업창이 뜨지 않으면 그 발음을 가진 한자가 없는 것이다. 한자가 있는 음절만 임의의 한자로 바꾸어 표기하면 다음과 같다.

갸, 醵, 갼, 걀, 걈, 걉, 걍
따, 딱, 딴, 딸, 땀, 땁, 땅
羅, 落, 卵, 辣, 覽, 拉, 浪
러, 럭, 런, 럴, 럼, 럽, 렁
無, 默, 文, 物, 뭄, 뭅, 뭉
二, 益, 人, 一, 任, 入, 孕
훠, 훡, 萱, 훨, 훰, 훱, 훵

10.3. ① 난리(亂離), 민란(民亂): 란(亂). '난리'에서는 두음법칙으로 '난'이 되었다.

난관(難關), 고난(苦難): 난(難). 항상 '난'으로 적는다. 다만 '곤란(困難), 논란(論難)'은 '난'을 엉뚱하게 '란'으로 적고 발음하는 예외이다.

연민(憐憫), 가련(可憐): 련(憐). '연민'에서는 두음법칙으로 '연'이 되었다.

연고(緣故), 사연(事緣): 연(緣). 항상 '연'으로 적는다.

② '론(論)'이 '논문'이라는 단어를 형성할 때 두음법칙의 적용을 받아 '논'이 되었다. 그 이후에 '소'와 '논문'이 결합할 때는 두음법칙이 이미 적용된 '논문'의 '논'이 비어두에 놓이더라도 '론'으로 되돌아가지 않는다.

일반적으로 말해서, 단어가 만들어질 때 일단 두음법칙이 적용된 한자음은 그 이후에 더 큰 단어를 형성하여 비어두에 놓이더라도 두음법칙 이전의 발음으로 되돌아가지 않는다고 할 수 있다.

10.4. ① 제1장 제1절→[제일짱 제일쩔]: '일'의 종성 [ㄹ] 뒤에서 [ㅈ]이 경음화된다.

8전 7승→[팔쩐 칠씅]: '팔, 칠'의 종성 [ㄹ] 뒤에서 [ㅈ, ㅅ]이 경음화된다.

7등신과 8등신→[칠뜽신과 팔뜽신]: '칠, 팔'의 종성 [ㄹ] 뒤에서 [ㄷ]이 경음화된다.

010-1314-7384 (전화번호)→[공일공 일싸밀싸 칠쌈팔싸]: '일, 칠, 팔'의 종성 [ㄹ] 뒤에서 [ㅅ]이 경음화된다.

② 주어진 자료에서 접미사 '-제(制)'의 초성이 경음화되지 않는 경우는 첫째, 모음이나 [ㄴ, ㅁ, ㅇ]으로 끝난 한자어나 외래어에 '-제'가 붙을 때, 둘째, [ㄹ]로 끝난 외래어에 '-제'가 붙을 때이다.

접미사 '-제(制)'의 초성이 경음화되는 경우는 첫째, 폐쇄음으로 끝난 한자어나 외래어에 '-제'가 붙을 때, 둘째 [ㄹ]로 끝난 한자어에 '-제'가 붙을 때이다.

일반적으로 말해서, 접미사 '-제(制)'의 초성은 폐쇄음 뒤에서 경음화되고 모음이나 비음 뒤에서는 경음화되지 않으며, [ㄹ] 뒤에서는 한자어 뒤에서 경음화되고 외래어 뒤에서는 경음화되지 않는다.

10.5. ① 시가(市價) [시까]: 다른 말 뒤에 결합할 때 한자 '가(價)'의 초성이 경음화된다.

장미과(薔薇科) [장미꽈]: 다른 말 뒤에 결합할 때 한자 '과(科)'의 초성이 경음화된다.

3권(三權) [삼꿘], 단결권(團結權) [단결꿘], 단체행동권(團體行動權) [단체행동꿘]: 다른 말 뒤에 결합할 때 한자 '권(權)'의 초성이 경음화된다.

통화권(通話圈) [통화꿘]: 다른 말 뒤에 결합할 때 한자 '권(圈)'의 초성이 경음화된다.

발권(發券) [발꿘]: 다른 말 뒤에 결합할 때 한자 '권(券)'의 초성이 경음화된다.

② 모두 '-적'의 앞말의 종성이 [ㄹ]이다. 그런데 '물질적 [물찔적], 폭발적 [폭빨적]'처럼 초성이 경음인 음절 [찔], [빨] 뒤에서는 '-적'의 초성이 경음화되지 않고, '질적 [질쩍], 도발적 [도발쩍]'처럼 경음이 아닌 음절 [질], [발] 뒤에서는 경음화된다. 이것은 이어진 두 음절의 초성이 모두 경음이 되는 것을 피하려는 현상, 즉 이화(異化) 현상이라고 볼 수 있다. 이 경우에는 경음화의 규칙을 다음과 같이 기술할 수 있을 것이다.

> 한자어에서의 'ㄹ' 뒤의 경음화(접미사 '-적'이 붙는 경우): '-적'의 초성은 [ㄹ] 뒤에서 경음화된다. 다만 초성이 경음인 음절 뒤에서는 경음화되지 않는다.

10.6. ① '사법(司法)'은 한문표현으로부터 만들어진 단어이므로 경음화가 일어나지 않은 [사법]으로 발음한다.

'사법(私法)'은 명사와 명사의 결합으로 만들어진 합성어이므로 '사ㅅ법'과 같이 사이시옷이 끼어들어 '법'의 초성이 경음화된 [사뻡]으로 발음한다. 반대말 '공법(公法)'도 '공ㅅ법'의 구조라서 [공뻡]으로 발음한다.

② 본문의 '-대(臺)'는 '그 값 또는 수를 넘어선 대강의 범위'의 뜻을 더하는 접미사이다. 이 '-대(臺)'의 초성은 사이시옷의 개입으로 경음화된다. 한편 '계산대' 등의 '대(臺)'는 '받침이 되는 시설이나 이용물'을 뜻하는 명사이다. 이 '대(臺)'의 초성은 사이시옷의 개입이 없어 경음화되지 않는다. 같은 한자로 된 말이라도 그 말의 문법적 지위나 의미에 따라 사이시옷의 개입 여부와 경음화 여부가 달라지는 것이다.

11.1. ① /p/, /f/, /e/, /æ/.

② '록, 톱, 워크숍, 보디빌딩'은 첫음절 모음의 영국식 발음 /ɔ/(사전에 따라 /ɒ/로 적기도 한다)를 'ㅗ'로 적은 형태이고, '락, 탑, 워크샵, 바디빌딩'은 미국식 발음 /ɑ/를 'ㅏ'로 적은 형태이다. 영국식 발음을 따른 '록, 톱, 워크숍, 보디빌딩'이 표준어형이다. 20세기 전반까지 영국영어의 영향이 절대적이었다가 20세기 후반에 미국영어의 영향이 강해지면서 같은 영어 외래어에 대해 영국식 발음과 미국식 발음이 공존

하는 경우가 생긴 것이다.

11.2. ① 마아가린(margarine)→마가린: 장모음을 무시하고 적는다.

슈퍼마켇(supermarket)→슈퍼마켓: 받침은 7개의 자음자만 사용한다.

텔레비젼(television)→텔레비전: 파찰음 뒤에 j계 이중모음이 이어진 글자를 사용하지 않는다.

꽁트(프랑스어 conte)→콩트: 프랑스어 외래어를 적을 때 경음자 'ㄲ' 대신 유기음자 'ㅋ'을 사용한다.

나가사끼(일본어 nagasaki)→나가사키: 일본어 외래어를 적을 때 경음자 'ㄲ' 대신 유기음자 'ㅋ'을 사용한다.

까레이스키(러시아어 kareiskiy)→카레이스키: : 러시아어 외래어를 적을 때 경음자 'ㄲ' 대신 유기음자 'ㅋ'을 사용한다.

② 장점: '서비스' 등을 발음대로 '써비쓰' 등으로 적으면 발음과 표기가 일치하게 되어 언어생활이 편리해진다.

단점: (1) 'ㅅ'보다 'ㅆ'은 손으로 쓸 때 획이 더 많아 불편하고 자판으로 입력할 때도 키를 한 번 더 눌러야 하므로 불편하다. (2) '미사일, 사이다, 스포츠, 시소, 아나운서' 등 /s/를 [ㅅ]으로 발음하는 단어들에서는 여전히 'ㅅ'으로 사용함으로써 /s/에 대응하는 글자가 'ㅅ'과 'ㅆ'의 둘이 되어 일관성이 없다. (3) '샐러드, 실리콘, 톰슨' 등 사람에 따라 [ㅅ]으로 발음하기도 하고 [ㅆ]으로 발음하기도 하는 단어들에 대해서는 누구의 발음을 따라 표기를 정해야 하는지 결정하기 어렵다. (4) 외래어들의 바뀐 표기를 모든 사람이 익히기 위해 들여야 할 사회적 비용이 크며 한동안 언어생활에 혼란이 지속된다.

11.3. ① '로봇'이 표준어형이다.

종류	단독형	이/가	도	만
ㅅ체언	로봇 [로볻]	로봇이 [로보시]	로봇도 [로볻또]	로봇만 [로본만]
ㅡ체언	로보트 [로보트]	로보트가 [로보트가]	로보트도 [로보트도]	로보트만 [로보트만]

② '갭, 캣, 북'처럼 'p, t, k'를 받침으로 적는 것은 이 자음들의 앞모음이 /æ/, /u/처럼 이중모음도 아니고 장모음도 아닐 때이다. '케이프, 파트, 메이크'처럼 'p, t, k'를 초성자로 적고 모음자 'ㅡ'를 붙이는 것은 이 자음들의 앞모음이 /ei/와 같은 이중모음이거나 /ɑː/와 같은 장모음일 때이다. (/ei/는 영어음운론에서 대개 /eɪ/로 적는다.)

〈외래어 표기법〉의 제3장(표기 세칙) 제1절(영어 표기) 제1항의 관련 규정은 다음과 같다.

1. 짧은 모음 다음의 어말 무성 파열음([p], [t], [k])은 받침으로 적는다.
gap[gæp] 갭, cat[kæt] 캣, book[buk] 북

3. 위 경우 이외의 어말과 자음 앞의 [p], [t], [k]는 '으'를 붙여 적는다.
cape[keip] 케이프, part[pɑːt] 파트, make[meik] 메이크

찾아보기

ㄹ

ㅁ

ㅂ

ㅅ

ㅇ

ㅈ

ㅊ

ㅋ

ㅌ

ㅍ

ㅎ

숫자

로마자

지은이 소개

지은이 배주채는 서울대학교 인문대학 국어국문학과에서 문학사(1987년), 문학석사(1989년), 문학박사(1994년) 학위를 받았다. 1996년부터 가톨릭대학교 국어국문학과 교수로 근무하고 있다.

석사학위 취득 후 지금까지 한국어학 분야의 논문을 30여 편 발표했고, 첫 저서 《국어음운론 개설》(1996)을 낸 이후 한국어학 및 언어학 분야의 책을 여러 권 냈다.

주된 연구분야는 한국어음운론과 한국어어휘론이지만 한국어학과 언어학의 모든 분야에 두루 관심을 가지고 있다. 그래서 개별적인 문제를 관찰할 때도 항상 한국어 전체의 체계와 언어의 보편성을 염두에 둔다. 그리고 연구성과를 대중이 알아들을 수 있는 언어로 푸는 일을 소명으로 생각하므로 개론서와 교양서의 저술에 관심이 많다.

전자우편 cukbjc@catholic.ac.kr
누리집 http://blog.daum.net/jolijo

한국어음운론의 기초

▎발행일 2015년 8월 15일 초판 1쇄 발행
2022년 3월 10일 초판 2쇄 발행

▎지은이 배 주 채

▎발행인 박 종 성

▎발행처 삼경문화사

▎주 소 우 04003 / 서울특별시 마포구 잔다리로 101

▎전 화 732-1244 / 팩스 332-6185

▎등 록 1998. 7. 6. 제 10-1614호

▎ISBN 978-89-88408-41-4 93710 값 25,000원